智能化融媒体新形态教材
岗课赛证融通式精品教材

成本会计

主　编　白思然　任国平　王　垚

上海交通大学出版社
SHANGHAI JIAO TONG UNIVERSITY PRESS

内容提要

为了适应高等院校会计专业教学的需要，提高学生的学习质量，培养能满足会计岗位一线需要的全面发展的高等技术专门人才，我们根据教育部最新规定制作同步教学视频，并吸收国内同类教材的先进经验编写了本书。主要内容包括成本会计概述、生产费用的归集与分配、企业常用的成本计算方法、成本报表的编制与分析、成本会计与现代科技等。

本书既可以作为高等院校会计专业的教学用书，也可以作为企业在职人员培训和自学的辅导用书。

图书在版编目(CIP)数据

成本会计 / 白思然，任国平，王垚主编. — 上海：上海交通大学出版社，2023.9

ISBN 978-7-313-28980-3

Ⅰ.①成… Ⅱ.①白… ②任… ③王… Ⅲ.①成本会计 Ⅳ.①F234.2

中国国家版本馆CIP数据核字(2023)第119756号

成本会计

CHENGBEN KUAIJI

主　　编：白思然　任国平　王　垚

出版发行：上海交通大学出版社

地　　址：上海市番禺路951号

邮政编码：200030

电　　话：021-64071208

印　　刷：杭州钱江彩色印务有限公司

经　　销：全国新华书店

开　　本：787mm×1092mm　1/16

印　　张：15.5

字　　数：348千字

版　　次：2023年9月第1版

印　　次：2023年9月第1次印刷

书　　号：ISBN 978-7-313-28980-3

定　　价：49.80元

编委会成员

主　编

白思然　任国平　王　垚

副主编

石文伶　张雯娇　张玉秀

李　倩　邢培焱

参　编

王　磊　韩小琼　王亚广

王　卓　范雅睿　李姝妍

前　言

目前，我国高等院校会计及相关专业中，一般都开设了“成本会计”课程，然而，以往的课程大多业务繁杂、晦涩难懂、涉及面窄、同工作生活关联性差，导致学生学习枯燥，所学知识适应性、灵活性差等问题。为了适应高等院校会计教学的需要，提高教学质量，培养能满足一线会计岗位需要的专业人才，我们根据教育部最新规定，制作同步教学视频，并吸收国内同类书籍的先进经验编写了本书。本书既可以作为高等院校的教学用书，也可以作为企业在职人员培训和自学的辅导用书。

本书的编写特点如下。

1. 编写思路创新。本书根据高等院校财经类会计人才培养方案和成本会计课程教学的基本要求，以项目为导向、任务为驱动设计教学内容。学生通过完成典型的工作任务学习知识和技能。

2. 编写手段创新。本书融合互联网，依据线上线下一体式教学思路，进行配套教学资源的深度开发，给学习任务配置线上资源，包括教师真人讲解、动画解析、随堂小训练、模拟企业任务工单。教师真人讲解视频能充分化解重点难点；形象有趣的动画能有效激发学习兴趣；随堂小训练可以强化知识点记忆；模拟企业任务工单起到代入实际角色的作用，整合知识体系。

3. 编写体例创新。在体例编排上，本书分为理论知识和实训部分。理论知识主要包括成本会计概述、生产费用的归集与分配、品种法、分步法、分批法、分类法，以及成本报表的编制与分析、成本会计与现代科技；实训部分主要包括 4 个实训，即品种法实训、分批法实训、逐步结转分步法实训和平行结转分步法实训。整体编排，理实结合、逐步递进，有利于学生在掌握基础知识后，通过实训进一步夯实理论基础，提升实际工作能力。

4. 编写内容创新。本书在结构上采用由易到难的循序渐进的编写方法，满足不同阶段和不同层次学生的学习需要。每个项目均设置“知识目标”“技能目标”“思政目标”“思维导图”“案例导入”等内容，方便自主学习。正文穿插“话题讨论”等模块，侧重实务训练与操作，注重实践技能的培养。

本书由白思然、任国平、王垚任主编，石文伶、张雯娇、张玉秀、李婧、邢培焱任副主编，王磊、韩小琼、王亚广、王卓、范雅睿、李姝妍参编。由于编者水平有限，书中错误之处在所难免，真诚希望广大读者和同行批评指正。

目录

项目一　成本会计概述

知识目标

1.认识成本会计。

2.掌握成本信息的作用。

3.掌握支出、费用、成本的含义及分类。

4.了解成本核算的内容。

技能目标

1.能够讲出3条成本信息的作用。

2.能够准确判断支出、费用、成本等相关数据。

思政目标

1.培养防范风险的成本意识。

2.养成勤俭节约的生活习惯。

思维导图

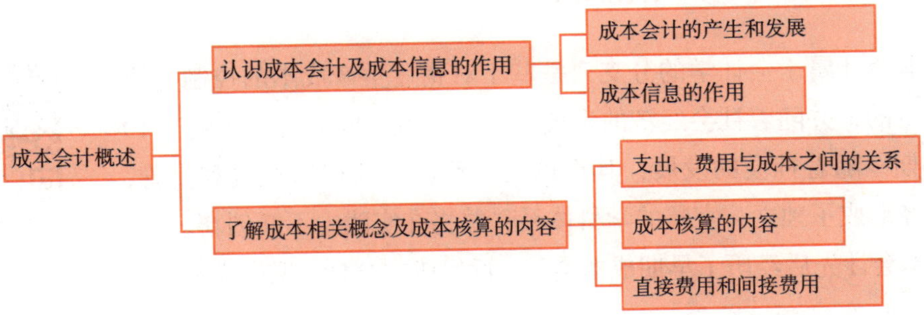

案例导入

张晓和李虹同学在一次讨论课上，为一个案例争得面红耳赤。张晓认为案例中的公司该月份的支出总额为708万元，费用619万元，生产费用464.25万元，产品成本464.25万元；李虹同学认为不对，应该是：支出总额814.5万元，费用599.5万元，生产费用484.25万元，产品成本484.25万元。该公司具体资料如下。

（1）购买设备1台，价款50万元，增值税5万元，预计设备使用10年，期末无残值。

（2）支付行政管理人员工资34.2万元，工会经费和职工教育经费一共1.05万元。

（3）支付办公费10万元。

（4）支付生产工人工资114万元，提取支付生产工人工会经费、职工教育经费3.5万元，支付车间管理人员工资11.4万元，提取支付生产工人工会经费、职工教育经费0.35万元。

（5）支付广告费50万元，为销售产品支付差旅费5万元。

（6）支付运动会赞助费20万元，行政罚款10万元。

（7）计提折旧费50万元，其中管理部门负担15万元，车间负担35万元。

（8）计算应交所得税20万元。

（9）计算应分配给投资人利润20万元。

（10）本月生产领用材料300万元，购进材料500万元。

（资料来源：来臣军，喻硕，晋江涛. 成本会计[M]. 东营：中国石油大学出版社，2020.）

案例讨论：你认为谁说的对呢？为什么？如果不能正确计算支出费用和成本，会对企业造成什么样的影响？

任务一　认识成本会计及成本信息的作用

一、成本会计的产生和发展

成本会计属于会计学的分支，是基于对企业生产成本的控制与管理而产生的，并随着社会经济的发展而逐步发展。成本会计产生于19世纪后期，随着社会的发展，其理论与实践都不断得以充实和完善，现在已经形成了独立、完整的学科体系，并将在实践中不断创新。

为什么要上成本会计课？

成本会计先后经历了早期成本会计、近代成本会计、现代成本会计和战略成本会计4个发展阶段。成本会计的计算方式和理论体系，随其发展阶段的不同而有所不同。

（一）早期成本会计阶段（1880—1920年）

随着英国产业革命的完成，机器代替了手工劳动，工厂制代替了手工工厂，企业生产规模逐步扩大，生产效率迅速提高，企业间竞争加剧。会计人员为了满足企业管理上的需要，逐渐开始在会计账簿之外用统计的方法来计算成本。此时，成本会计出现了萌芽。在早期成本会计阶段，从成本会计的计算方式来看，主要采用分批成本制度或分步成本制度；从成本会计的目的来看，主要是计算产品成本以确定存货成本及销售成本。所以，早期成本会计阶段的成本会计也称为记录型成本会计，其尚未形成一套完整的方法和理论体系，仍属于会计学体系。

（二）近代成本会计阶段（1921—1944年）

19世纪末20世纪初，在制造业中发展起来的以泰罗制为代表的科学管理，对成本会计的发展产生了深刻的影响。标准成本法的出现使成本计算方式和成本管理方法发生了巨大变化，成本会计进入了一个新的发展阶段。近代成本会计主要采用标准成本制度和成本预测，这为生产过程的成本控制提供了条件。

（三）现代成本会计阶段（1945—1980年）

从20世纪50年代起，西方国家的社会经济进入了新的发展时期。随着管理现代化以及运筹学、系统工程和电子计算机等各种科学技术成就在成本会计中的广泛应用，成本会计发展到了一个新的阶段，即成本会计的发展重点已经由如何对成本进行事中控制、事后计算和分析，转移到如何在事前进行预测、决策和规划成本，形成了新型的以管理为主的现代成本会计。

（四）战略成本会计阶段（1981年至今）

20世纪80年代以来，随着计算机技术的进步、生产方式的改变、产品生命周期的缩短，以及全球性竞争的加剧，产品成本结构与市场竞争模式大大改变了。成本管理的视角由单纯的生产经营过程管理和重视股东财富，扩展到了与客户需求及利益直接相关的包括产品设计和产品使用环节的产品生命周期管理，大数据和智能财会机器人的应用，使企业更加关注产品的客户可察觉价值；同时，成本管理要求企业更加注重内部组织管理，尽可能地消除各种增加客户价值的内耗，以获取市场竞争优势。此阶段，战略相关性成本管理信息已成为成本管理系统不可缺少的部分。

话题讨论

你在日常生活中有没有见到什么关于成本的问题呢？一起讨论一下吧。

二、成本信息的作用

现在人们正处于一个信息大爆炸的时代，信息无处不在，它帮助人们了解世界，改变人们的衣食住行。成本信息是什么样子的？它是如何为人们服务的？

成本信息是制定和选择决策方案的重要依据

（一）成本信息是制定和选择决策方案的重要依据

【例 1.1.1】

××奶茶店开张了，第一个月共获得收入 100 000 元（这个信息可以从销售小票或发票上获得）。发生的成本如下：购买水果、奶、茶等构成奶茶实体的主要用品，这些称为原材料，原材料采购一共花了 40 000 元；雇佣服务员 3 个人，共发生工资费用 16 000 元；水电费 5 000 元；其他的消耗（奶茶杯、奶茶杯盖、吸管等）一共 4 000 元；房子是租的，每月交租金 20 000 元；其他设备（如制作机器、桌子、椅子，视作固定资产）每月提折旧费 5 000 元。

因为奶茶店附近有些企业的员工习惯加班，加班后想吃夜宵、喝奶茶，可是××奶茶店到晚 9 时就关门了，奶茶店老板考虑将工作时间延长到晚 12 时，也就是延长 3 个小时，初步估计收入能增加 30%，而成本也是要相应增加的。延长 3 个小时生产，本着诚信经营的态度，绝不可以偷工减料，因此，使用的原材料自然也要增加 30%，员工的工资肯定也要增加 30%。因为延长时间不多，所以水电及其他费用增加得不会太多，按 10% 计算。最后，就是房屋租金和其他设备折旧了，它们不会有变化，不管店铺开不开门，租金都要照常支付。

（资料来源：作者根据相关资料整理）

问题

（1）工作时间延长前，××奶茶店经营一个月后能赚钱吗？

（2）工作时间延长 3 个小时可以获得额外收益吗？

解析

（1）利润 = 收入 - 费用，故经营一个月的利润为：

100 000 - 40 000 - 16 000 - 5 000 - 4 000 - 20 000 - 5 000 = 10 000（元）

因此，按照原方案，该奶茶店该月可获得利润 10 000 元，是赚钱的。

（2）工作时间延长 3 个小时后，数据变化如图 1-1-1 所示。

成本费用 ——→ ××奶茶店 ←—— 收入 100 000 增 30%

增 30% { 原材料 40 000；薪　酬 16 000 }

增 10% { 水电费 5 000；其他费 4 000 }

不变 { 房　租 20 000；折旧费 5 000 }

图 1-1-1

新方案利润 = 100 000×(1+30%)-56 000×(1+30%)-9 000×(1+10%)-25 000
= 22 300(元)

因此，新方案利润 22 300 元大于原方案利润 10 000 元，延长 3 小时的决策可行。

只凭借收入信息是无法做出最终决策的，结合成本信息后，就可以看出这个方案是否可行了，所以成本信息是制定和选择决策方案的重要依据。

话题讨论

制定和选择决策方案还有哪些可供参考的依据？

（二）成本信息是业绩评价的重要依据

【例 1.1.2】

XX 奶茶店老板购入一台新仪器，可以制作冰激凌。于是，她将店铺分为了两个部门，分别负责制作奶茶和冰激凌。一个月很快又过去了，两个部门都做了计划，并超额完成了计划，成本信息见表 1-1-1。

表 1-1-1　XX 奶茶店成本信息

单位：元

项目	奶茶部		冰激凌部	
	预算数	实际数	预算数	实际数
销售收入	15 000	16 500	15 000	15 800
部门成本				
原材料	6 000	6 300	6 000	5 500
工资	2 000	2 200	2 000	2 000
成本合计	8 000	8 500	8 000	7 500
部门毛利	7 000	8 000	7 000	8 300

（资料来源：作者根据相关资料整理）

问题

老板想要对做得好的部门进行高额奖励，可是，到底哪个部门经营得更好呢？

解析

从收入上来看，奶茶部收入 16 500 元大于冰激凌部收入 15 800 元，奶茶部卖得多，经营得更好，应该受到高额奖励。

从成本和毛利上看，奶茶部成本 8 500 元>冰激凌部成本 7 500 元，奶茶部毛利 8 000 元<冰激凌部毛利 8 300 元，冰激凌部利润更高，应该得到高额奖励。

使用哪个数据更合理呢？答案应该是毛利，因为毛利是收入减掉成本后的数据，考虑收入的同时，也考虑了成本情况，比较全面。所以，业绩考核只考虑收入是不够的，还要综合成本数据一起研究。成本信息的第二个作用就是作为业绩评价的重要依据。

话题讨论

成本信息是业绩评价的唯一依据吗？在企业发展和人们的生活中，是省钱更重要还是赚钱更重要呢？

（三）成本信息是制定价格的重要依据

成本信息是制定价格的重要依据

【例 1.1.3】

经典MBA案例里有一个传奇故事，叫“不可思议的奇迹——狮王食品公司”。狮王食品公司建立之初非常惨淡，10 年间因为同行的竞争激烈，利润少得可怜。他们先后尝试过有奖销售、抽彩票、提供免费的薄煎饼早餐、馈赠代金券、邀请美女在商场门前做表演等多种方法，可是市场反应依旧冷淡。

1967 年，店长带着公司近半年来的销售记录和一个计算器，只身前往北某州的某地，住进一家僻静的汽车旅馆。他在门上挂起“请勿打扰”的牌子，把自己反锁在这个幽暗的房间里整整 3 天。当衣衫不整、双眼红血、满脸胡茬的店长走出房间时，他的手上拿着一张拯救公司的药方：把公司货架上 3 000 余种商品大幅度削价，只要销售额能上升 50%，公司就仍处于盈利状态。一个不入流的小公司居然要抢先和大公司挑起价格战，这不是在玩火自焚吗？

公司将商品大幅度降价，在商品上贴上“全国食品最低价”的标签，以仅略高于成本价、甚至有时以低于成本价的价格出售产品，人们认为这是都市食品公司（狮王食品公司的前身叫都市食品公司）在关闭前回收资金的大甩卖，仅此一次绝无二回了，都赶来疯抢。但出乎预料的是，第一年，狮王食品公司以最低价经营着，第二年依然如此。第三年公司不仅没有倒闭，反而还购入几家中小型商店。到 2008 年时，它拥有 3.5 万名雇员，年销售额为 40 亿美元。品种全、价格低，成为其公司的口碑。但是别的公司照此方“抓药”却并不灵验，模仿它的公司纷纷倒闭破产，而只有它能做到“天天在降价”。

（资料来源：作者根据相关资料整理）

问题

为什么狮王食品公司能用那么低的价格，达到这么高的成就呢？

解析

其实，狮王食品公司能够长期维持低价的诀窍很简单，就是成本控制。

措施 1：改名风波。狮王食品公司（Food Lion Inc.）最初叫都市食品公司（Food Town Inc.），在 1982 年，都市食品公司开始打入某个地区。但很快公司受到另一家公司的指控，该公司在当地也是这个名字（Food Town Inc.），认为它侵犯了自己的名称权。当地法院判当地的食品公司胜诉，要求都市食品公司更改新建在该地的商店名称。为了彻底避免今后再卷入这类麻烦中，都市食品公司决定更换名称，最后才选定用狮王食品公司（Food Lion Inc.）这个名称。事后公司负责人拉尔夫透露，当初公司根本没有想到用“狮王”的名称，最后之所以选择了“狮王”，是因为一个雇员提出“这是一个最省钱的方案”。使用这个新名称，只需更换两个字母，即把T换成L，把W改为I，然后把I和O的位置略做调换，新名称就改好了。使用这个新名称的结果是狮王食品公司下属的 300 家商店在更换招牌的过程中省下了 10 万美元。一个年销售额为 40 亿美元的大公司在为节约 10 万美元大费周章，可见他们在竭尽所能节约成本。

措施 2：充分利用香蕉包装箱。香蕉的包装箱一般是比较结实，在香蕉摆上柜台后，该公司的员工又利用这些包装箱去装载化妆品、保健用具。当这些箱子已有些破损时，员工们又用它们去装冷冻鱼虾。最后这些反复使用的包装箱被集中起来，出售给回收公司。环保节约，物尽其用，这一点也值得我们多多学习。

措施 3：冬天取暖。狮王食品公司的速冻食品柜台是不安装暖气的，冬天员工就利用冷冻机工作时产生的热量取暖。当然了，如果节省下来的钱可以增加销量，增加收入，进而提高员工的待遇，那么大家肯定也是比较容易接受的。

措施 4：打破传统的商品库存与销售的比例，加大进货量。加大进货量可以从批发商那里获得更多的折扣，使商品成本下降。这种大规模进货或者大规模生产的情况被称为规模效应。当然了，这种规模采购，只有在商品流动很快的情况下才可以实行，如果流动不起来，那么会造成商品积压，尤其对于食品这种高消耗、易变质商品来说，这样做反而可能造成巨大的损失。

根据杂志《商业周刊》统计，该国零售业的经营开销一般来说要占销售额的 21% 左右，而狮王食品公司的经营费用只占销售额的 13% 左右，具体原因从前面的 4 条措施里就可以看出来了。

综上所述，狮王集团之所以可以使用那么低的定价策略，不仅任何企业都没能模仿超越，同时还获得了最快的发展速度，就是因为他们的成本控制得好，所以说，成本信息的第三个作用就是作为制定价格的重要依据。

话题讨论

你在生活中接触过哪些成本信息？你觉得成本信息还有其他的作用吗？

任务二　了解成本相关概念及成本核算的内容

一、支出、费用和成本之间的关系

你认识支出吗?

（一）支出

支出，指企业在生产经营过程中为获得另一项资产、为清偿债务等所发生的资产的流出。一般而言，支出可以分为资本性支出、收益性支出、所得税支出、营业外支出和利润分配支出 5 类，支出的分类如图 1-2-1 所示。

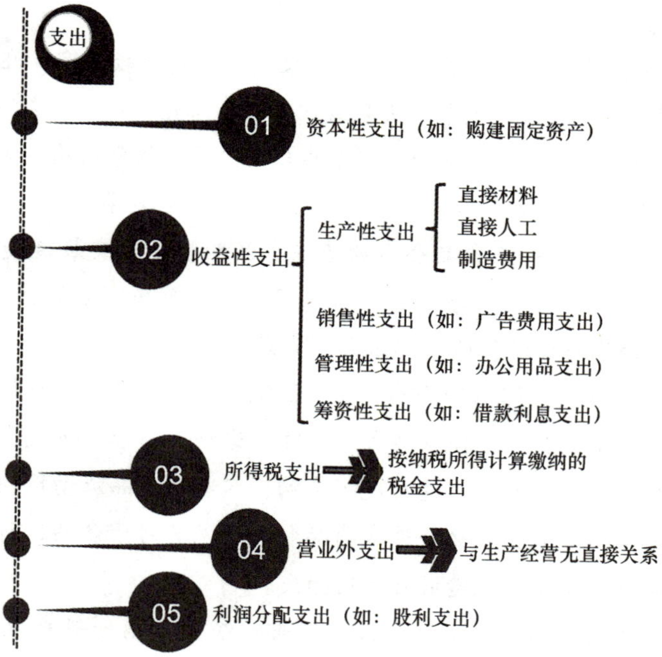

图 1-2-1　支出的分类

资本性支出是指该项支出的效益与几个会计年度相关，如购建固定资产、无形资产等的支出。其中，购建固定资产的支出形成固定资产原值，以折旧形式分期计入各期费用成本；无形资产的支出形成无形资产账面价值，以摊销形式分期计入各期管理费用。

收益性支出的效益仅与本会计年度相关，这些支出构成当期费用成本。

所得税支出是指企业在取得经营所得与其他所得的情况下，按国家税法规定向政府缴纳的税金支出。

营业外支出是指与企业的生产经营活动无直接关系的各项支出，如非常损失，支付的滞纳金、罚款、违约金、赔偿金，以及企业对外赞助、捐赠性支出等。

利润分配支出是指股利支出等，是指在利润分配环节的开支。

（二）费用

费用是指企业为销售商品、提供劳务等日常活动而发生的经济利益的总流出，支出和费用的关系如图 1-2-2 所示。费用按其同产品生产的关系可以分为生产费用和期间费用。

你知道费用及生产费用吗?

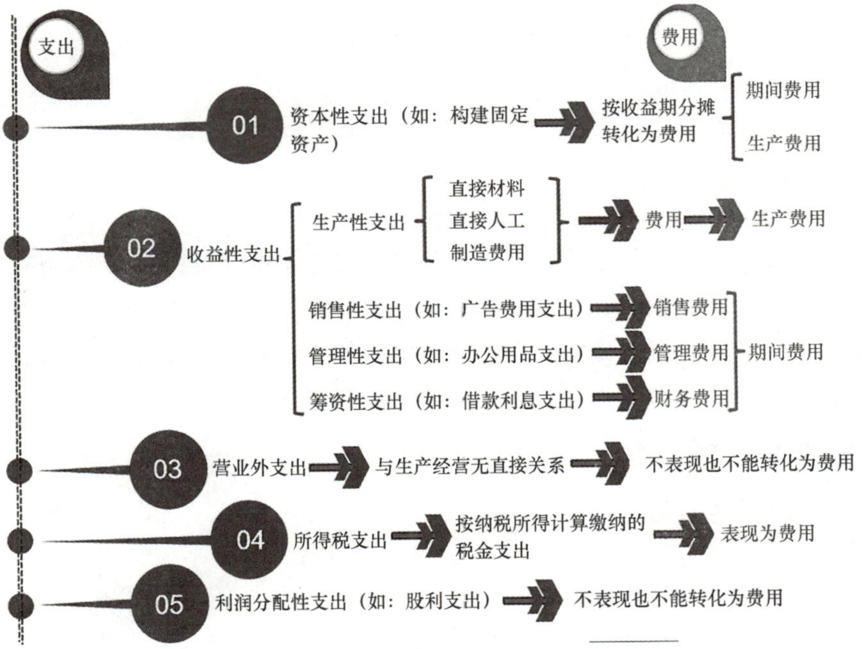

图 1-2-2　支出和费用的关系

生产费用是指直接用于产品生产的各项费用，首先包括产品生产过程中耗用的原材料、包装物、低值易耗品等直接材料的费用；其次包括支付给生产工人的工资、奖金、津贴、福利等直接人工的费用；最后包括企业各生产单位为组织和管理生产而发生的各项制造费用。制造费用属于间接费用，需要采用一定标准将其分配计入有关产品成本。

期间费用是指不构成产品生产成本，而直接冲减当期损益的各种费用，包括管理费用、财务费用和销售费用。

（三）成本

什么是成本?

成本是指企业为生产产品、提供劳务而发生的各种耗费，是对象化的费用。本书所指的成本是狭义的成本，即仅指产品成本。

成本与费用的概念既有紧密联系又有一定区别。费用是指企业在获得当期收入的过程中，对企业所拥有或控制的资产的耗费，是会计期间与收入相配比的成本。成本代表经济资源的牺牲，而费用是会计期间为获得收益而发生的成本。企业的支出、费用、成本之间的关系如图 1-2-3 所示。

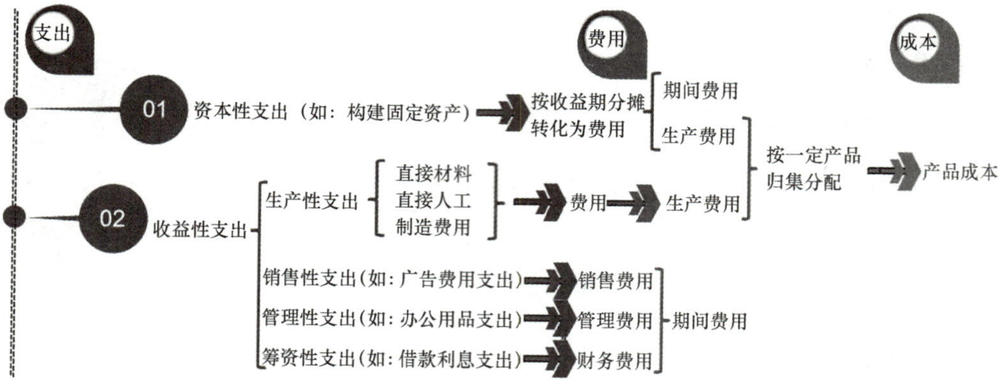

图 1-2-3　支出、费用与成本之间的关系

二、成本核算的内容

成本核算的内容是指企业日常生产经营发生的各项生产费用和期间费用的合计，可以将它们统称为成本费用。为了科学地进行成本管理和成本核算，必须对企业日常生产经营发生的各项成本费用进行合理分类。成本费用的分类方式有两种，一种是按照经济内容分类，一种是按照经济用途分类。

什么是要素费用和成本项目？

（一）按照经济内容分类

1. 外购材料

外购材料是指企业耗用的一切从外部购进的原料及主要材料、半成品、辅助材料、包装物、修理用备件和低值易耗品等。

2. 外购燃料

外购燃料是指企业耗用的一切从外部购进的燃料，包括固体、液体、气体燃料。从理论上说，外购燃料通常情况下应该包括在外购材料中，但是，由于燃料属于重要能源，有些制造企业需要单独考核，因而，将其单独列作一个要素进行核算。

3. 外购动力

外购动力是指企业未进行生产而耗用的从外部购进的各种动力，如电、蒸汽、热力等。

4.职工薪酬

职工薪酬是指企业为获得职工提供的劳动而给予各种形式的报酬以及其他相关支出，包括职工在职期间和离职时企业提供给职工的全部货币性薪酬和非货币性福利。

5.折旧费

折旧费是指企业按照规定计算的固定资产折旧费用。以经营租赁方式出租的固定资产的折旧费计入其他业务支出，不包含在产品制造成本中。

6.利息费用

利息费用是指企业的借款利息费用减去利息收入后的净额。

7.税金

税金即企业应缴纳的各种税，包括房产税、车船税、印花税、城镇土地使用税等。

8.其他费用

其他费用即不属于以上各要素的费用，如邮电费、差旅费、租赁费、外部加工费等。在这一要素中，物质消耗与非物质消耗很难严格划分。在需要划分时，可以按照国家统计部门的规定进行。

（二）按照经济用途分类

1.生产费用按经济用途分类

为了反映计入产品成本的生产费用的具体用途，还应将其进一步划分为若干个项目，即产品生产成本项目，简称成本项目。根据生产特点和管理要求，制造业一般可以设立以下 5 个成本项目。

（1）直接材料：直接用于产品生产、构成产品实体的原料和主要材料，以及有助于产品形成的辅助材料。

（2）燃料及动力：直接用于产品生产的外购和自制的燃料和动力。由于不同制造业的生产特点不同，如该项目的费用较少，则可将该项费用并入其他成本项目中。

（3）直接人工：直接参加产品生产的工人的工资薪酬。

（4）制造费用：直接用于产品生产，但不便于直接计入产品成本，因而没有专设成本项目的费用（如机器设备折旧费用），以及间接用于产品生产的各项费用（如机器物资消耗、车间厂房折旧费用等）。

（5）废品损失：企业在生产过程中，因产出了不符合产品质量要求的废品而产生的损失，包括可修复废品的修复费用和不可修复废品的生产成本。这些损失应由当期合格品承担，所以废品损失也构成了合格品产品生产成本的一个项目。但如果该项目费用较少，则可将其并入其他成本项目中。

为了使成本项目更好地适应制造业的生产特点和管理要求，企业主管机构可以对上述成本项目进行适当调整。在规定或者调整成本项目时，应该考虑以下 3 个问题：第一，费用在管理上有无单独反映、控制和考核的需要；第二，费用在产品成本中比重的大小；第三，为某种费用专设成本项目所增加的核算工作量的多少。对于管理上需要单独反映、控制和考核的费用，以及产品成本中比重较大的费用，应该专设成本项目，否则，为了简化核算工作，不必专设成本项目。

2.期间费用按经济用途分类

（1）管理费用：主要核算内容包括公司经费、职工教育经费、业务招待费、税金、技术转让费、无形资产摊销、咨询费、诉讼费、开办费摊销、上缴上级管理费、劳动保险费、待业保险费、董事会会费、财务报告审计费、筹建期间发生的开办费以及其他管理费用。

（2）财务费用：企业为筹集短期借入资金而发生的各项费用，包括企业生产期间发生的利息支出（减利息收入）、汇兑净损失、外汇调剂手续费、金融机构手续费及筹资发生的其他财务费用等。

（3）销售费用：企业在销售产品、自制半成品和提供劳务等过程中发生的各项费用，包括应由企业负担的运输费、装卸费、包装费、保险费、委托代销手续费、广告费、展览费、租赁费（不含融资租赁费）、销售服务费、销售部门人员的职工薪酬、差旅费、办公费、折旧费、修理费、物料消耗、低值易耗品摊销以及其他经费等。

三、直接费用和间接费用

什么是直接费用和间接费用?

课堂小练习 01

构成产品成本的各项生产费用中，可以分清哪种产品所耗用、可以直接计入某种产品成本的费用，称为直接计入费用，简称直接费用，如生产 A 产品领用甲材料 20 万元等；不能分清哪种产品所耗用、不能直接计入某种产品，而必须按照一定标准分配计入各种有关产品成本的费用，称为间接计入费用，简称间接费用，如厂房折旧等。

直接用于产品生产的费用可以称为直接生产费用，如原材料费用、生产工人工资薪酬等；间接用于产品生产的费用可称为间接生产费用，如机物料耗费、厂房折旧等。直接生产费用大多是直接计入费用，间接生产费用大多是间接计入费用，但也不都是如此。如在生产一种产品的生产企业中，直接生产费用和间接生产费用都可以直接计入该种产品成本，因而都是直接计入费用；而在同一种材料同时生产几种产品的联产品生产企业中，直接生产费用和间接生产费用都不能直接计入某种产品成本，因而都是间接计入费用。直接费用和间接费用的区别如图 1-2-4 所示。

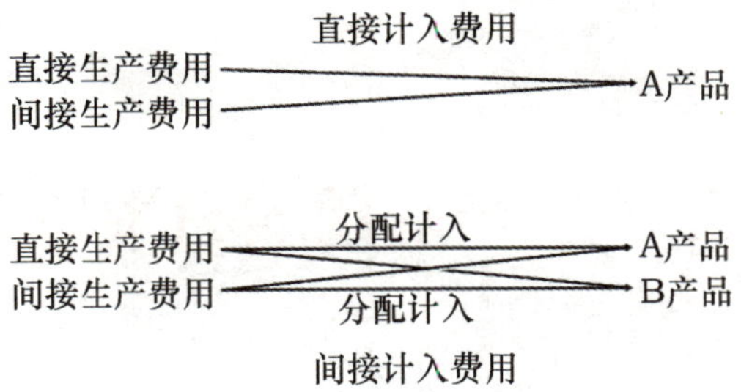

图 1-2-4 直接费用和间接费用的区别

项目二　生产费用的归集与分配

知识目标

1.掌握材料费用、外购动力费用、薪酬费用、折旧费用、辅助费用、制造费用、生产损失费用的分配方法。

2.掌握要素分配的Excel应用方法。

技能目标

1.能够对材料费用、外购动力费用、薪酬费用、折旧费用、辅助费用、制造费用、生产损失费用进行归集与分配核算。

2.能够准确选择并灵活运用要素费用分配方法。

3.能够使用Excel、大数据等工具进行要素费用分析及分配工作。

思政目标

1.培养为国家建设做贡献的价值观。

2.增强公平担当的责任意识。

3.养成勤俭节约的生活习惯。

思维导图

- 生产费用的归集与分配
  - 材料费用核算
    - 购入原材料核算工作
    - 领用原材料核算工作
    - 分配原材料核算工作
    - 燃料费用核算工作
    - 周转材料核算工作
  - 外购动力费用核算
    - 外购动力费用支出的核算
    - 外购动力费用分配的核算
  - 薪酬费用核算
    - 职工薪酬的组成
    - 职工薪酬的计算
    - 职工薪酬费用分配的核算
  - 折旧费用核算
    - 累计折旧产生的原因
    - 平均折旧法
    - 加速折旧法
    - 三种方法的比较
  - 其他要素费用的核算
  - 辅助费用核算
    - 辅助生产部门是什么样的部门
    - 辅助生产费用的归集
    - 辅助生产费用的分配
  - 制造费用核算
    - 制造费用的含义及内容
    - 制造费用的归集
    - 制造费用的分配
  - 生产损失费用核算
    - 废品损失的核算
    - 停工损失的核算

案例导入

李×于20×1年8月从某大学会计电算化专业毕业，到达远设备制造公司应聘会计。该公司于20×0年9月份开始生产甲、乙、丙3种产品，需耗用A材料，相关资料见表2-0-1。

表2-0-1 甲、乙、丙3种产品的相关资料

产品名称	产量(件)	质量(千克)	材料单位定额消耗量(千克)	材料单位(元/千克)	材料单位定额成本(元)
甲	100	30 000	200	9	1 800
乙	300	50 000	150	9	1 350
丙	500	190 000	370	9	3 330
合计	900	270 000	—	—	—

该公司以前按产品的产量比例对材料费用进行分配。本月共使用A材料300 000千克，每千克9元。

财务部宋经理在向李新介绍了企业生产产品使用的材料以及产品的情况后，提出以下3个问题，需李新在调查后进行回答。

(1)本企业目前采用的材料分配方法是否合适?

(2)本月开始生产的新产品应采用什么方法分配材料费用?

(3)对本企业材料费用的分配方法提出进一步改进的意见。

(资料来源：来臣军，喻硕，晋江涛.成本会计[M].东营：中国石油大学出版社，2020.)

案例讨论：分配材料费用时除了用产量作为分配标准，还可以用哪些分配标准呢?

任务一 材料费用核算

产品成本是指以产品为对象进行归集的生产耗费，既包括材料耗费、人工耗费、动力耗费，又包括对辅助生产部门提供的产品或劳务耗费，还包括生产部门为组织和管理产品生产而发生的耗费以及产品生产过程中发生的生产损失等。

材料费用是指企业在生产经营过程中实际消耗各种原材料、辅助材料、燃料、半成品、修理用备件、包装物和低值易耗品等发生的费用，材料费用在产品成本中所占比重较大。合理地组织材料费用的核算，对于降低产品成本、节约使用资金、加速资金周转等具有十分重要的作用。下面以原材料为例进行核算，原材料费用的核算包括购入原材料环节、领用原材料环节和分配原材料环节3部分内容，如图2-1-1所示。不论是外购材料，还是自制材料，其材料费用归集与分配的方法相似。

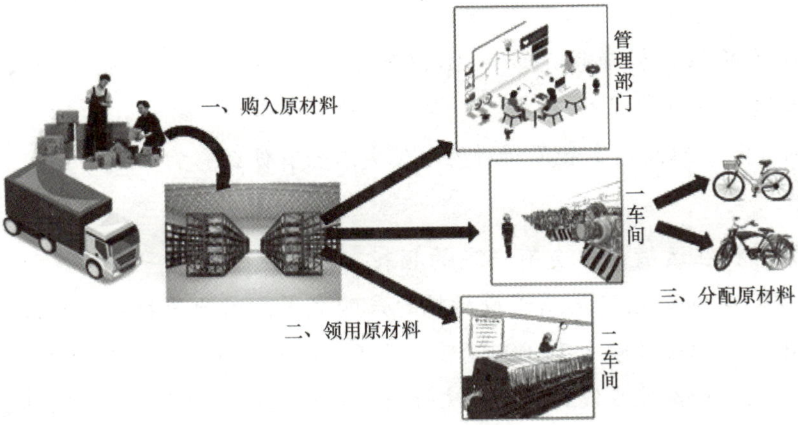

图 2-1-1　原材料费用的核算环节

一、购入原材料核算工作

请思考，图 2-1-2 中的材料属于原材料吗？

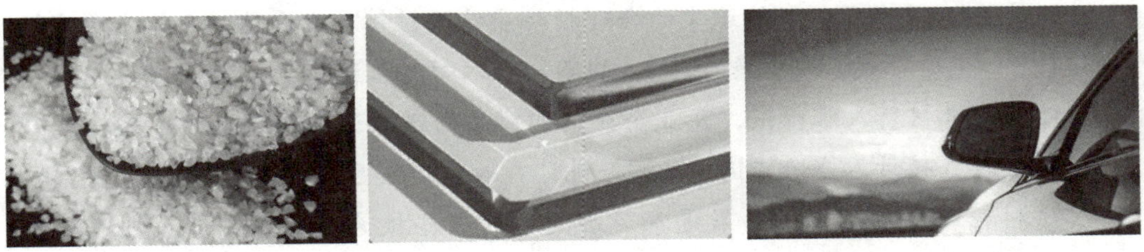

（a）石英砂　（b）玻璃　（c）汽车

图 2-1-2　材　料

（一）原材料费用的含义

哪些项目可以计入原材料成本？

课堂小练习 02

原材料是指企业在生产过程中经过加工改变其形态或性质并构成产品主要实体的各种原料、主要材料和外购半成品，以及不构成产品实体但有助于产品形成的辅助材料。

其特点有 3 个：第一，原材料被消耗或转化为其他的物质形态；第二，其价值一次性全部转移到产品的成本中，是产品价值的重要组成部分；第三，构成产品主要实体，或者虽然不构成产品实体但有助于产品形成。

（二）原材料费用的构成

【例 2.1.1】

某企业购入 10 000 套螺丝钉，单价 2.5 元。因运输途中颠簸，损失了 100 套。

（资料来源：作者根据相关资料整理）

问题

（1）入库的原材料费用是计入 10 000×2.5=25 000（元），还是计入 25 000-100×2.5=24 750（元）呢?

（2）对于原材料总成本和原材料的单位成本会有什么影响?

解析

（1）原材料在运输途中会有一定的损耗，通常没有超过一定范围就属于合理损耗。合理损耗的金额仍然属于原材料的采购成本，因此原材料的总成本仍然是 25 000 元不变，但是数量由 10 000 套变成了 9 900 套，这必然引起单位原材料采购成本提高。原材料价值在使用时会一次性全部转移到产品的成本中，其单位采购成本提高，则产品的生产成本也会提高，进而影响产品的定价和市场销售。因此，降低材料采购成本是企业成本管理的一项很重要的任务。

案例中，运输途中的合理损耗是包括在原材料费用入账价值中的。除此以外，买价、运杂费、挑选整理费、检验费、保险费等多项内容都是原材料费用的构成成分，全部都要加到一起，直到原材料入库后，才能真正确定其入账金额。

如图 2-1-3 所示，运输途中的合理损耗应计入材料入账价值，而非正常消耗的材料（如交通事故、火灾意外等），则不能计入材料入账价值。购买材料的运杂费应计入购进材料入账价值，商业企业采购商品的进货运杂费金额较小的，也可以在发生时直接计入当期“销售费用”科目。入库前发生的挑选整理等费用需要计入原材料的成本，但是如果是入库后发生的一些挑选整理费，计入期间损益即可。

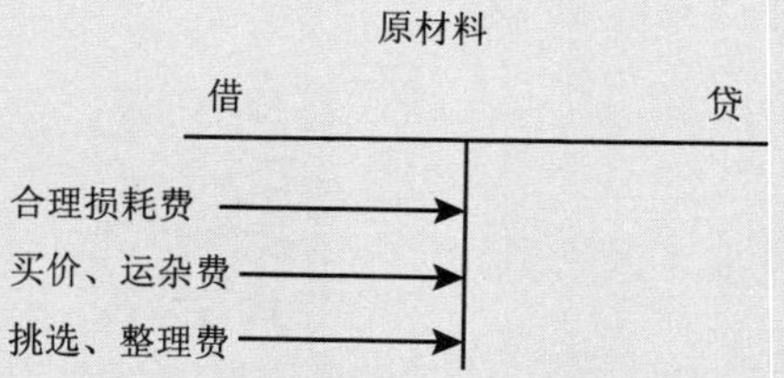

图 2-1-3　原材料入账价值分析

原材料成本中包括增值税金额吗?

（2）原材料费用中是否包含增值税进项税额?继续上面的案例，采购材料时会出现一个增值税进项税额，分录如下。

借：原材料（或在途物资等）

　　应交税费——应交增值税（进项税额）

　　贷：银行存款（或应付账款、预付账款等）

由于分录存在有借必有贷、借贷必相等的特点，从上面的分录可以看出，银行存款（或应付账款、预付账款等）金额 = 原材料金额+应交税费金额。因此，原材料入账价值中不包括应交税费——应交增值税（进项税额）。但是，支付的银行存款金额中包括增值税（进项税额）。换个角度可以理解为，增值税是由买方出钱，交到了卖方手中，将来再由卖方向税务机构上缴（等产品生产出来时再上缴）。

如图 2-1-4 所示，实物流转程序是：从供应商那里买来原材料，生产出库存商品后，卖给客户。增值税金额的流转程序是：买原材料时，我们是买方，买方负担增值税金额，因此，增值税进项税额是由我们出的钱，给了供应商，将来由供应商上缴税务机关；另一边销售库存商品时，我们是卖方，买方负担增值税金额，因此，客户出钱给了我们，产生了增值税销项金额，由我们上缴税务机关。当我们上缴税务机关这个销项金额时，发现当初购买材料的那部分进项税额已经交给供应商了，相当于已经上缴过了，不需要再上缴一次。因此，销项中将这部分已经交了的进项税额减掉就是我们应该上缴税务机关的增值税额了，即应上缴的增值税金额=增值税销项金额-增值税进项金额。

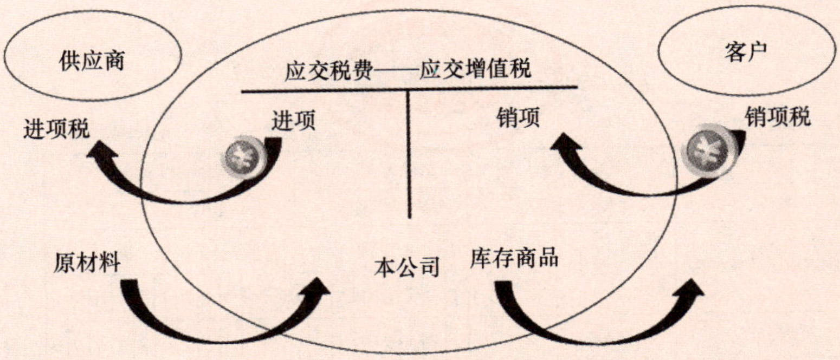

图 2-1-4 实物流转程序

话题讨论

原材料入账价值中包含增值税进项税额吗？为什么增值税金额=销项税额-进项税额？

（三）原始凭证

购入原材料时，应该根据发票、支票存根等原始凭证，由仓储部门对原材料的质量、数量、等级等进行检验，并办理验收入库。由会计部门对购入原材料的种类、数量和金额等进行审核、签章，并登记记账凭证。其所依据的原始凭证见表 2-1-1，如图 2-1-5 和图 2-1-6 所示。

表 2-1-1　入库单

发票号码：0012762×　　　　20××年 03 月 05 日

供应单位：采购部

材料类别：原材料　　　　收料单编号：21

收料仓库：　1

编号	名称	规格	单位	数量		实际成本					备注
				应收	实收	买价		运杂费	其他	合计	
						单价	金额				
1	螺丝钉	3Q	套	10 000	9 900	2.525	25 000.00	0	0	25 000.00	
合计				（人民币）贰万伍仟元整						¥25 000.00	

第三联　记账联

主管：　　采购员：张三　　检验员：赵青　　记账员：王三　　保管员：王玉

河北省增值税普通发票

开票日期：20×× 年 03 月 01 日　　　　NO [illegible]

购货单位	名　称	OO自行车厂	纳税人登记号	[illegible]
	地址、电话	[illegible]	开户银行及账号	农行五四支行

货物或应税劳务名称	计量单位	数量	单价	金额 百	十	万	千	百	十	元	角	分	税率%	税额 百	十	万	千	百	十	元	角	分
螺丝钉	套	10000	25			2	5	0	0	0	0	0	3					7	5	0	0	0
合　计					¥	2	5	0	0	0	0	0					¥	7	5	0	0	0
价税合计（大写）	零仟零佰零拾贰万伍仟柒佰伍拾零元零角零分													¥：25750.00								

销货单位	名　　称：	××标准件厂	备注	[illegible] 发票专用章
	纳税人识别号：	[illegible]		
	地址、电话：	[illegible]		
	开户行及账号：	农行清风路支行		

第三联　发票联　购货方记账

收款人：　　复核：　　开票人：　　销货单位：（公章）

图 2-1-5　增值税发票

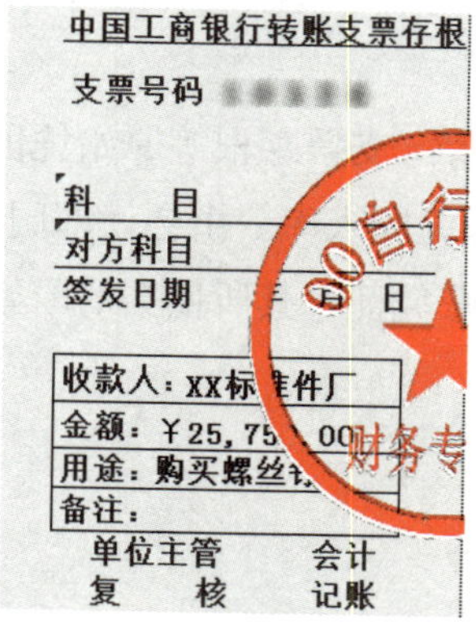
中国工商银行转账支票存根

支票号码 [illegible]

科　目

对方科目

签发日期　　年　月　日

收款人：XX标准件厂

金额：¥25,750.00

用途：购买螺丝钉

备注：

单位主管　　会计

复　核　　记账

图 2-1-6　转账支票存根

话题讨论

现实生活中，你还见到过哪些降低材料采购成本的方法？

二、领用原材料核算工作

材料费用的归集就是按材料品种和规格计算确定本期耗用的材料总成本，进行材料发出的核算，正确计量各种材料的发出数量及发出材料的单位成本是保证材料费用归集顺利进行的基础。材料发出应根据领料单、限额领料单或领料登记表等发料凭证进行。会计部门应对发料凭证所列材料的种类、数量和用途等项目进行审核，检查所领材料的种类和用途是否符合规定，数量有无超过定额或计划。只有经过审核、签章的发料凭证才能据以发料，并作为发料核算的凭证。领料单、限额领料单、领料登记表见表 2-1-2~表 2-1-4。

表 2-1-2　领料单

领料单位：机加工车间　　用途：生产用　　日期：20××年 1 月 1 日　　发料仓库：1 号库

材料编号	材料类别	名称	规格	计量单位	数量		成本	
					请领	实发	单价	金额
1101	主要材料	钢板	K230	平方米	100	100	500	50 000
1102	主要材料	钢管	K230	米	50	40	300	12 000
…	…	…	…	…	…	…	…	…

发料人：张××　　领料人：刘××　　领料单位负责人：王××　　主管：杨××

领料单是由领料车间或部门按用途分别填写的一次性使用的领料凭证，企业领用零星消耗性材料和不经常领用的材料可采用普通领料单。该领料单一式三份，领料单位一份、仓库一份、计入账一份。

表 2-1-3　限额领料单

领料部门：铸造车间　　用途：生产用　　日期：20××年 1 月　　编号：021　　发料仓库：2 号库

材料编号	材料名称	规格	计量单位	领用限额	单价	全月实际领用	
						数量	金额
1201	圆钢	20 mm	千克	10 000	10	9 800	98 000

领料日期	请领数量	实发数量	领料人签章	发料人签章	限额结余
20××.1.2 20××.1.9 20××.1.15 … …	1 000 2 000 1 500 … …	1 000 2 000 1 500 … …	姚×× 姚×× 姚×× … …	张×× 张×× 张×× … …	9 000 7 000 5 500 … …
合计	9 800	9 800			200

供应部门负责人：杨××　　生产部门负责人：陈××　　仓库管理员：张××

限额领料单，一般由供应部门或生产计划部门在月份开始前根据生产计划及材料消耗、定额等有关资料，按车间、部门或产品填写限额领料单，一式三份，填明所需材料的品名、规格和限额等内容，一份留底备查，一份送交用料车间，一份送交发料仓库，分别作为领发料的依据，月底根据实发数量入账。

表 2-1-4　领料登记表

领料部门：铸造车间　　　　日期：20××年 1 月　　　　发料仓库：油库

材料类别	材料编号	材料名称	规格	计量单位
油料	30256	润滑油	5 号	千克
日期	领用数量	累计领用数量	领料人	发料人
1 月 2 日 1 月 10 日 1 月 18 日 … 1 月 29 日	30 20 … 20	30 50 70 … 200	张×× 宋×× 朱×× … 朱××	王×× 王×× 王×× … 王××

供应部门负责人：杨××　　　生产部门负责人：陈××　　　仓库管理员：张××

采用领料登记表的情况下，领料人领料时，在领料登记表上填写领用数量并签章，月中由仓库按领料车间及用途进行汇总。

若有生产所剩余料，应该填制退料单，据以退回仓库。对于车间已领未用、下月需要继续耗用的材料，为了避免“本月末又交库，下月初又领用”的手续，可以采用“假退料”办法，即材料实物不动，只是填制一份本月的退料单，表示该项余料已经退库，同时填制一份下月的领料单，表示该项余料又作为下月份的领料出库。

为了进行材料收入、发出和结存的明细核算，应按照材料的品种、规格设置材料明细账。材料收发结存的日常核算，可以按照材料的实际成本计价进行，也可以先按材料的计划成本计价进行，月末再计算材料成本差异率，将发出材料的计划成本调整为实际成本。

课堂小练习 03

（一）实际成本法

在按实际成本计价进行材料日常核算的情况下，材料明细账中收入材料的金额，应根据按实际成本计价的收料凭证登记。账中发出材料的金额，应该采用先进先出法、全月一次加权平均法、移动平均法、个别计价法等计算登记，并按算出的实际单位成本对发料凭证进行计价。

【例 2.1.2】

××自行车厂 3 月份原材料仓库中发生了以下业务（假设期初为 0）：

3 月 5 日购入螺丝钉 10 000 套，每套 2.5 元；

3 月 7 日购入螺丝钉 5 000 套，每套 2.6 元；

3 月 10 日生产领用螺丝钉 6 000 套；

3 月 15 日购入螺丝钉 20 000 套，每套 2.4 元；

3 月 18 日生产领用螺丝钉 15 000 套；

3 月 19 日购入螺丝钉 2 000 套，每套 2.8 元。

（资料来源：作者根据相关资料整理）

问题

先后领用的 6 000 套和 15 000 套螺丝钉，单价为多少钱？仓库中剩下的螺丝钉，单价为多少钱？分别按先进先出法和全月一次加权平均法计算，并填写原材料的数量金额明细账，见表 2-1-5、表 2-1-6。

表 2-1-5　原材料　明细账

存货仓名：螺丝钉　　　　规格：××　　　　单位：材料一仓库

20××年		记账凭证号数	摘要	页数	收入											发出											结存										
					数量	单价	金额									数量	单价	金额									数量	单价	金额								
月	日						百	十	万	千	百	十	元	角	分			百	十	万	千	百	十	元	角	分			百	十	万	千	百	十	元	角	分

表 2-1-6　原材料　明细账

存货仓名：螺丝钉　　　　规格：××　　　　单位：材料一仓库

20××年		记账凭证号数	摘要	页数	收入											发出											结存										
					数量	单价	金额									数量	单价	金额									数量	单价	金额								
月	日						百	十	万	千	百	十	元	角	分			百	十	万	千	百	十	元	角	分			百	十	万	千	百	十	元	角	分

解析

1. 先进先出法

先进先出法是指以先购入的存货应先发出（即用于销售或耗用）这样的存货实物流动假设为前提，对发出存货进行计价的一种方法。采用这种方法，先购入的存货成本单位在后购入存货成本之

领用原材料实际成本法——先进先出

前转出，据此确定发出存货和期末存货的成本。具体方法是：收入存货时，逐笔登记收入存货的数量、单价和金额；而发出存货时，按照先进先出的原则逐笔登记存货的发出成本和结存金额。

由之前的案例可知，截止到3月7日，有两笔原材料购入业务，3月10日有一笔原材料领用业务，则购入、领用和结存情况如下：

购入		领用		结存
03.05　10 000套　2.5元/套 03.07　5 000套　2.6元/套	−	03.10　6 000套　2.5元/套	=	03.10　4 000套　2.5元/套 03.10　5 000套　2.6元/套

按照先进先出法的原则，3月10日领用的6 000套螺丝钉按照2.5元的单价计算，仓库里还剩下4 000套2.5元/套及5 000套2.6元/套的原材料。

截止到3月15日，又购买了20 000套螺丝钉，每套2.4元，仓库中变成了3种价位的产品，3月18日发生了一笔领用业务，则期初、领用和结存情况如下：

期初		领用		结存
03.15　4 000套　2.5元/套 03.15　5 000套　2.6元/套 03.15　20 000套　2.4元/套	−	03.18　4 000套　2.5元/套 03.18　5 000套　2.6元/套 03.18　6 000套　2.4元/套	=	03.18　14 000套　2.4元/套

再按照先进先出法的原则，3月18日领用的15 000套螺丝钉中，有4 000套按照2.5元/套计算，此时数量不够，又有5 000套按照2.6元/套计算，仍然不够，再有6 000套按照2.4元/套计算，才领够了15 000套。

Excel操作参考答案见表2-1-7。

表2-1-7　原材料　明细账

存货仓名：螺丝钉　　　　规格：××　　　　单位：材料一仓库

20××年		记账凭证号数	摘要	页数	收入											发出											结存										
月	日				数量	单价	金额									数量	单价	金额									数量	单价	金额								
							百	十	万	千	百	十	元	角	分			百	十	万	千	百	十	元	角	分			百	十	万	千	百	十	元	角	分
3	5		购入原材料		10 000	2.5			2	5	0	0	0	0	0												10 000	2.5			2	5	0	0	0	0	0
3	7		购入原材料		5 000	2.6			1	3	0	0	0	0	0												10 000	2.5			2	5	0	0	0	0	0
																											5 000	2.6			1	3	0	0	0	0	0
3	10		领用原材料													6 000	2.5			1	5	0	0	0	0	0	4 000	2.5			1	0	0	0	0	0	0
																											5 000	2.6			1	3	0	0	0	0	0
3	15		购入原材料		20 000	2.4			4	8	0	0	0	0	0												4 000	2.5			1	0	0	0	0	0	0
																											5 000	2.6			1	3	0	0	0	0	0
																											20 000	2.4			4	8	0	0	0	0	0
3	18		领用原材料													4 000	2.5			1	0	0	0	0	0	0											
																5 000	2.6			1	3	0	0	0	0	0											
																6 000	2.4			1	4	4	0	0	0	0	14 000	2.4			3	3	6	0	0	0	0
3	19		购入原材料		2 000	2.8				5	6	0	0	0	0												14 000	2.4			3	3	6	0	0	0	0
																											2 000	2.8				5	6	0	0	0	0

话题讨论

先进先出法有哪些优缺点呢？

2.全月一次加权平均法

全月一次加权平均法以数量为权数计算每种材料的实际平均单价，作为日常发料凭证的计价依据。也就是说，在日常记账时，购入材料登记数量、单价和金额，而发出材料和结存的材料只登记数量，不登记单价和金额，到月末计算一次平均单价，用该单价乘发出材料数量，即为发出已经结存材料的实际成本。

领用原材料实际成本法——加权平均、后进先出取消

$$加权平均单价=\frac{期初结存存货实际成本+本期入库存货实际成本}{期初结存存货数量+本期入库存货数量}$$

03.05 10 000套 2.5元/套 03.07 5 000套 2.6元/套 03.15 20 000套 2.4元/套 03.19 2 000套 2.8元/套	-	03.10 6 000套 03.18 15 000套	=	03.31 16 000套

到3月31日，计算全月平均单价：

$$螺丝钉全月平均单价=\frac{10\,000\times2.5+5\,000\times2.6+20\,000\times2.4+2\,000\times2.8}{10\,000+5\,000+20\,000+2\,000}$$

$$\approx2.5（元/套）$$

$$领用原材料合计=(6\,000+15\,000)\times2.5=52\,500（元）$$

$$结存原材料合计=916\,000-52\,500=39\,100（元）$$

Excel操作参考答案见表2-1-8。

表2-1-8 原材料 明细账

存货仓名：螺丝钉　　规格：××　　单位：材料一仓库

20××年		记账凭证号数	摘要	页数	收入											发出											结存										
					数量	单价	金额									数量	单价	金额									数量	单价	金额								
月	日						百	十	万	千	百	十	元	角	分			百	十	万	千	百	十	元	角	分			百	十	万	千	百	十	元	角	分
3	5		购入原材料		10 000	2.5			2	5	0	0	0	0	0												10 000										
3	7		购入原材料		5 000	2.6			1	3	0	0	0	0	0												15 000										
3	10		领用原材料													6 000											9 000										
3	15		购入原材料		20 000	2.4			4	8	0	0	0	0	0												29 000										
3	18		领用原材料													15 000											14 000										
3	19		购入原材料		2 000	2.8				5	6	0	0	0	0												16 000										
			本月合计		40 000	2.5		1	0	0	0	0	0	0	0	21 000	2.5			5	2	5	0	0	0	0	16 000	2.5			3	9	1	0	0	0	0

话题讨论

请简述全月一次加权平均法的优缺点。为什么取消后进先出法呢？

（二）计划成本计价法

领用原材料计划成本法原理　　领用原材料计划成本法实例　　课堂小练习 04

在按计划成本计价法进行材料日常核算的情况下，材料的收发凭证都按材料的计划单位成本计价，材料明细账中收入材料和发出材料的金额都应根据收发材材料凭证按计划成本登记。在这种情况下，材料的总分类核算，除了设置“原材料”等总账科目以外，还应设置“物资采购”和“材料成本差异”两个总账科目，并应按照材料类别设立物资采购明细账和材料成本差异明细账。

月末为了调整发出材料的成本差异，计算发出材料的实际成本，还必须根据“原材料”和“材料成本差异”科目计算材料成本差异率。

【例 2.1.3】

××自行车厂，按照计划成本计价法进行原材料的日常核算。期初有螺丝钉 1 000 套，计划单位成本 2.5 元，实际单位成本 2.9 元。本期购入螺丝钉 500 套，购入价 2.7 元/套，生产领用螺丝钉 1 000 套。

（资料来源：作者根据相关资料整理）

问题

领用时，如何判断这 1 000 套螺丝钉的单价？如何判断期末仓库剩余的螺丝钉单价？请完成下面的材料成本差异计算表，见表 2-1-9。

表 2-1-9　材料成本差异计算表

金额单位：元

	仓库期初			购入材料			领用材料			仓库期末		
	数量	单价	金额	数量	单价	金额	数量	单价	金额	数量	单价	金额
计划												
实际												
差异												

解析

（1）在表 2-1-9 中填写已知数据，见表 2-1-10。

表 2-1-10 材料成本差异计算表

金额单位：元

	仓库期初			购入材料			领用材料			仓库期末		
	数量	单价	金额	数量	单价	金额	数量	单价	金额	数量	单价	金额
计划	1 000	2.5	2 500	500	2.5	1 250	1 000	2.5	2 500	500	2.5	1 250
实际	1 000	2.9	2 900	500	2.7	1 350	1 000	?				
差异												

（2）计算已知数据的差异。做事情大致要经历预测、计划、实施、控制、反馈、考核6个步骤，且计划肯定要在实施之前，按照统计学的数据比较原则来看，数据比较时应该用后发生的减先发生的，有变化的减改变前的，变化了的数据减基期数据。因此，差异应该用后发生的实际数减计划数得出，而差异率应该用差异比计划数据（基期数据）得出。材料成本差异计算见表2-1-11。

$$材料成本差异=实际-计划$$

$$材料成本差异率=\frac{差异}{计划}\times 100\%$$

$$仓库期初原材料差异=2\,900-2\,500=400（元）$$

$$本期购入原材料差异=1\,350-1\,250=100（元）$$

表 2-1-11 材料成本差异计算表

金额单位：元

	仓库期初			购入材料			领用材料			仓库期末		
	数量	单价	金额	数量	单价	金额	数量	单价	金额	数量	单价	金额
计划	1 000	2.5	2 500	500	2.5	1 250	1 000	2.5	2 500	500	2.5	1 250
实际	1 000	2.9	2 900	500	2.7	1 350	1 000	?				
差异			400			100						

（3）求解材料成本差异率。

$$材料成本差异率=\frac{400+100}{2\,500+1\,250}\times 100\%\approx 13.333\,3\%$$

（4）求解领用材料的实际成本和仓库期末剩余材料的计划成本及实际成本。为了保证生产产品成本的准确性，领用材料用于产品生产时，需要将计划成本数据变成实际成本。而仓库里仍然用计划成本，由于计算小数位比较多，可以倒挤。

$$领用材料的成本差异=材料成本差异率\times计划数=13.333\,3\%\times 2\,500\approx 333.33（元）$$

领用材料的实际成本=计划+差异=2 500+333.33=2 833.33(元)

仓库期末材料的实际成本=2 900+1 350-2 833.33=1 416.67(元)

仓库期末材料的成本差异=1 416.67-1 250=166.67(元)

(5)补充填写材料成本差异计算表，见表2-1-12。

表2-1-12 材料成本差异计算表

金额单位：元

	仓库期初			购入材料			领用材料			仓库期末		
	数量	单价	金额	数量	单价	金额	数量	单价	金额	数量	单价	金额
计划	1 000	2.5	2 500	500	2.5	1 250	1 000	2.5	2 500	500	2.5	1250
实际	1 000	2.9	2 900	500	2.7	1 350	1 000	2.833	2 833.33	500	2.833	1 416.67
差异			400			100			333.33			166.67

(6)编制材料领用的会计分录。

借：生产成本——××产品　　2 500.00

　　材料成本差异　　333.33

　　贷：原材料——螺丝钉　　2 833.33

实际>计划，代表存在超支差，超支差用正数来表示，从借方转出。

话题讨论

如果实际<计划，那么就存在节约差，节约差用正数还是负数来表示呢？节约差从借方还是从贷方转出呢？

三、分配原材料核算工作

企业生产经营过程中耗用的所有材料，无论是自制材料，还是外购材料，都应根据审核无误的领料、退料凭证，依照权责发生制原则，谁受益谁负担，按材料的具体用途进行分配：产品生产直接耗用的材料，直接计入基本生产成本；辅助生产车间耗用的材料，计入辅助生产成本；生产车间一般消耗的材料，计入制造费用；管理部门消耗的材料，计入管理费用；专设销售机构消耗的材料，计入销售费用；专项工程消耗的材料，计入在建工程成本；对外销售的材料，计入其他业务成本；等等。这些分得的项目一般都反映在费用分配表的“行”上。

其中，企业产品生产直接耗用的材料，应在生产成本明细账中开设“直接材料”成本核算项目专栏归集：凡是一种产品单独耗用的材料，其费用属于直接计入费用，应根据领料、退料凭证直接计入该产品成本明细账的“直接材料”成本项目；凡是几种产品共同耗用的材料，其费用属于间接计入费用，应选择既“合理”又“简便”的方法在有关受益产品之间进行分配，计入有关产品成本明细账的“直接材料”成本项目。“合理”是指选择的分配标准要尽可能与成本的发生有密切联系，“简便”是指作为分配标准的资料较易取得，计算比较简单。由于原料、主要材料的耗用量一般与产品的质量、体积有关，因而原料、主要材料费用一般可以按产品的质量比例或体积比例进行分配。原材料费用分配在实际工作中通过编制“原材料费用分配表”进行，见表 2-1-13。

表 2-1-13　原材料费用分配表

20××年 4 月　　　　品名：木头　　　　金额单位：元

应借账户		成本或费用明细项目	间接计入			直接计入	合计
			重量	分配率	分配额		
基本生产成本	桌子	直接材料					
	椅子	直接材料					
	小计						
辅助生产成本	刨子	直接材料					
合计							

行

栏

如果难以确定适当的分配方法，或者作为分配标准的资料不易取得，而原料或主要材料的消耗定额比较准确，原料或主要材料费用也可以按材料的定额消耗量或定额费用比例分配。

直接用于产品生产、有助于产品形成的辅助材料，如果是间接计入费用，可以按主要材料的耗用量比例或主要材料费用比例分配，也可以按产品产量比例分配。如果产品的辅助材料消耗定额比较准确，也可以按辅助材料的定额消耗量或定额费用比例分配。

运用定额标准进行分配时，通常会涉及以下 4 个容易混淆的概念：①消耗定额，是指单位产品可以消耗的材料数量限额；②定额消耗量，是指生产一定数量的产品，可以消耗的材料数量限额，即定额消耗量等于产量乘以消耗定额；③费用定额，是指单位产品可以耗用的材料价值限额，费用定额实际上是消耗定额的货币表现形式，所以费用定额等于消耗定额乘以材料单价；④定额费用，是指生产一定数量的产品，可以耗用的材料价值量限额，定额费用是费用定额的货币表现形式，即定额费用等于产量乘费用定额，也可以是定额消耗量乘材料单价。

（一）质量（体积、产量）比例分配法

【例 2.1.4】

某企业生产甲、乙两种产品，共同耗用一种 A 原材料 1 000 千克，单价 80 元。甲产品的质量为 3 000 千克，乙产品的质量为 7 000 千克。甲、乙产品消耗的 A 原

材料同甲、乙产品的质量密切相关，即质量越大，消耗的A原材料越多。

（资料来源：作者根据相关资料整理）

问题

采用质量比例分配法分配材料费用，计算分配甲、乙产品各自应负担的材料费用，并填写材料费用分配表，见表2-1-14。

表2-1-14　材料费用分配表

（重量比例分配法）

产品	分配标准（千克）	分配率	材料费用（元）
甲产品			
乙产品			
合计			

解析

质量（体积、产量）比例分配法是指根据消耗同种原材料的各种产品的质量（体积、产量），选择其中一种因素之和与原材料费用总额的比例进行分配的方法。适用于原材料耗用数量与产品的以上3个因素有直接关系的业务。其计算公式如下：

$$材料费用分配率=\frac{各种产品消耗的材料费用总额}{各种产品质量（体积、产量）之和}$$

某产品应负担的材料费用=该产品的质量（体积、产量）×材料费用分配率

$$材料费用分配率=\frac{1\,000\times 80}{3\,000+7\,000}=8（元/千克）$$

甲产品应负担的材料费用=3 000×8=24 000（元）

乙产品应负担的材料费用=7 000×8=56 000（元）

Excel操作结果，见表2-1-15。

表2-1-15　材料费用分配表

（重量比例分配表）

产品	分配标准（千克）	分配率（元/千克）	材料费用（元）
甲产品	3 000		24 000
乙产品	7 000		56 000
合计	10 000	8	80 000

话题讨论

除了重量、体积、产量外，原材料还可以按照什么分配标准来分配费用呢？能举个生活中的例子吗？

（二）定额耗用量比例法

定额消耗量比例法是指以产品定额消耗量为标准，进行材料费用分配的一种方法，适用于各项材料消耗定额健全而且比较准确的业务。其计算公式如下：

分配原材料时有什么好方法？——材料定额耗用量比例法

课堂小练习 05

某种产品材料定额耗用量=该种产品实际产量×单位产品材料消耗定额

$$\text{材料耗用量分配率}=\frac{\text{材料实际总消耗量}}{\text{各产品材料定额消耗量之和}}$$

某种产品应分配的材料数量=该种产品的材料定额耗用量×材料耗用量分配率

某种产品应分配的材料费用=该种产品应分配的材料数量×材料单价

以上方法可考核材料消耗定额的执行情况，有利于加强成本管理。为了简化核算工作，也可将材料单价提前计算进去，采用按定额耗用量的比例直接分配材料费用的方法，公式如下：

某种产品材料定额耗用量=该种产品实际产量×单位产品材料消耗定额

$$\text{材料费用分配率}=\frac{\text{材料实际总消耗量}\times\text{材料单价}}{\text{各产品材料定额耗用量之和}}$$

某种产品应分配的材料费用=该种产品的材料定额耗用量×材料费用分配率

【例 2.1.5】

××自行车厂 4 月份生产 A 电动车、B 自行车两种产品，共同耗用 C 原材料螺丝钉 3 740 千克，每千克 8 元。A 产品的实际产量为 200 件，单件产品材料消耗定额为 8 千克，B 产品的实际产量为 300 件，单件产品材料消耗定额为 6 千克，C 原材料消耗分析如图 2-1-7 所示。

（资料来源：作者根据相关资料整理）

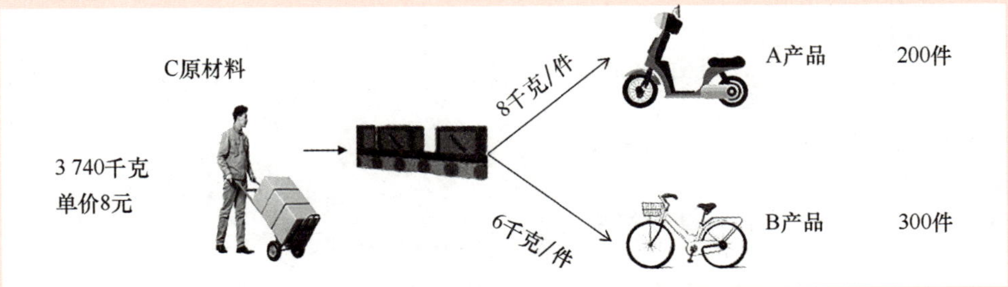

图 2-1-7　C 原材料消耗分析

问题

小钉和小螺分别做了以下计算方案，哪个比较合理？不合理的方案其问题出现在哪里？

小钉的方案：

$$\text{A产品应分配的C原材料数量}=3\,740\times\frac{200}{200+300}=1\,496(\text{千克})$$

$$\text{B产品应分配的C原材料数量}=3\,740\times\frac{300}{200+300}=2\,244(\text{千克})$$

小螺的方案：

$$\text{A产品应分配的C原材料数量}=200\times8\times\frac{3\,740}{200\times8+300\times6}=1\,760(\text{千克})$$

$$\text{B产品应分配的C原材料数量}=300\times6\times\frac{3\,740}{200\times8+300\times6}=1\,980(\text{千克})$$

解析

（1）小钉的方案有问题。①小钉的分配标准选择错误。小钉用产品数量作为比例关系，分配了C原材料费用，没有考虑到单位产品的材料耗用量。因为，A产品和B产品消耗的C原材料数量是不一样的，所以，他的分配标准选取错误，应在数量的基础上乘单位产品材料耗用量定额，得出的材料定额耗用量作为分配标准。②小钉的分配率公式错误。小钉分配C材料时，用到了两个分配率，一个是$\frac{200}{200+300}$，一个是$\frac{300}{200+300}$，这样做不仅增加了成本人员工作量，而且需要多次进行“四舍五入”。实际工作中只需要一个分配率就行了，小螺的方案里只有一个分配率，即$\frac{3\,740}{200\times8+300\times6}$，是正确的，但是步骤不够详细。

$$\text{材料耗用量分配率}=\frac{\text{材料实际总消耗量}}{\text{各产品材料定额消耗量之和}}$$

步骤一：找到分配标准。

$$\text{A产品消耗C原材料的材料定额消耗量}=\text{A产品实际产量}\times\text{单位A产品材料消耗定额}=200\times8=1\,600(\text{千克})$$

$$\text{B产品消耗C原材料的材料定额消耗量}=\text{B产品实际产量}\times\text{单位B产品材料消耗定额}=300\times6=1\,800(\text{千克})$$

步骤二：计算材料耗用量分配率。

$$\begin{aligned}\text{材料耗用量分配率}&=\frac{\text{材料实际总消耗量}}{\text{各产品材料定额消耗量之和}}\\&=\frac{3\,740}{200\times8+300\times6}=\frac{3\,740}{1\,600+1\,800}\\&=1.1\end{aligned}$$

步骤三：计算各产品分配的材料数量。

$$\text{A产品应分配的C原材料数量}=1\,600\times1.1=1\,760(\text{千克})$$

B产品应分配的C原材料数量 = 1 800 × 1.1 = 1 980（千克）

为了减少误差，B产品的数据也可以倒推求得。

步骤四：计算各产品分配的材料金额。

A产品应分配的C原材料金额 = 1 760 × 8 = 14 080（元）

B产品应分配的C原材料金额 = 1 980 × 8 = 15 840（元）

如何填写分配表？——材料定额耗用量比例法

（2）Excel操作结果见表2-1-16。

表2-1-16 原材料费用分配表

20××年4月 品名：螺丝钉 金额单位：元

应借账户		成本或费用明细项目	间接计入		
			重量（千克）	分配率	分配额
基本生产成本	电动车	直接材料	1 600	8.8	14 080
	自行车	直接材料	1 800	8.8	15 840
	小计		3 400	8.8	29 920

编制会计分录如下。

借：生产成本——基本生产成本——电动车 14 080

——自行车 15 840

贷：原材料——原料及主要材料——螺丝钉 29 920

话题讨论

材料定额耗用量比例法有什么优缺点？适用于哪种生产企业？

（三）定额费用比例法

分配原材料时有什么好方法？——材料定额费用比例法

定额费用比例法是指在各种产品共同耗用原材料的种类较多的情况下，为了简化分配计算工作，可以按照各种材料的定额费用的比例分配材料实际费用的方法。其计算公式如下：

某种产品材料定额费用 = 该种产品实际产量 × 单位产品该种材料费用定额

= 该种产品实际产量 × 单位产品该种材料消耗定额 × 该种材料计划单价

$$材料费用分配率 = \frac{材料实际费用总额}{各产品材料定额费用之和}$$

某种产品应分配的材料费用 = 该种产品材料定额费用 × 材料费用分配率

【例2.1.6】

某企业8月份生产A、B两种产品，共同耗用C原材料100千克，D原材料100

只。按照计划C原材料的单位成本为200元，D原材料的单位成本为800元；从仓库领用情况来看，C原材料的实际单位成本为201元，D原材料的为399元。A产品的实际产量为1 000件，单件A产品消耗C原材料费用定额为10元，消耗D原材料费用定额为5元。B产品的实际产量为2 000件，单件B产品消耗C原材料费用定额为10元，消耗D原材料费用定额为20元。

（资料来源：作者根据相关资料整理）

问题

如何分配C原材料和D原材料的费用？将金额分配计入A、B两种产品中。

解析

分析如图2-1-8所示。

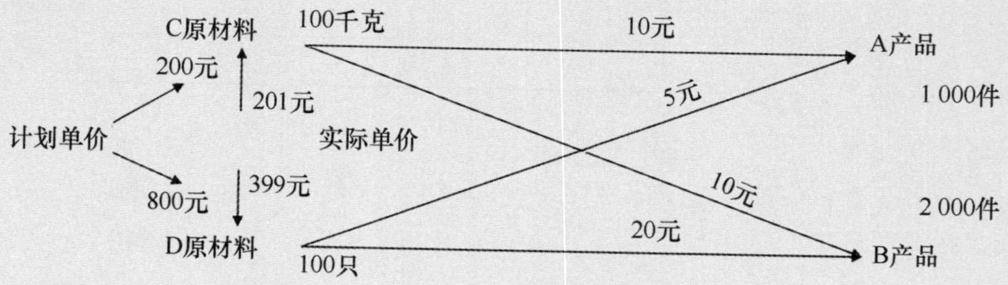

图2-1-8 原材料费用分配分析

因为C原材料是按重量（千克）计量的，而D原材料是按照数量（只）计量的。如果按之前学过的耗用量比例法，就无法实现统一分配了，选择按照材料定额费用比例法，也就是将其统一变成金额，再进行分配。

（1）找到分配标准。

$$\text{A产品消耗C原材料的材料定额费用} = \text{该种产品实际产量} \times \text{单位产品该种材料费用定额}$$

$$= 1\,000 \times 10 = 10\,000(\text{元})$$

A产品消耗D原材料的材料定额费用 $= 1\,000 \times 5 = 5\,000$（元）

B产品消耗C原材料的材料定额费用 $= 2\,000 \times 10 = 20\,000$（元）

B产品消耗D原材料的材料定额费用 $= 2\,000 \times 20 = 40\,000$（元）

（2）计算材料费用分配率。

$$\text{材料费用分配率} = \frac{\text{材料实际费用总额}}{\text{各产品材料定额费用之和}} = \frac{100 \times 201 + 100 \times 399}{10\,000 + 5\,000 + 20\,000 + 40\,000}$$

$$= 0.8$$

（3）计算各产品分配的材料金额。

A产品应分配的C原材料费用 = 该种产品材料定额费用 × 材料费用分配率

$$= 10\,000 \times 0.8 = 8\,000(\text{元})$$

A产品应分配的D原材料费用=5 000×0.8=4 000（元）

B产品应分配的C原材料费用=20 000×0.8=16 000（元）

B产品应分配的D原材料费用=40 000×0.8=32 000（元）

汇总A产品分配的材料费用=8 000+4 000=12 000（元）

汇总B产品分配的材料费用=16 000+32 000=48 000（元）

（4）Excel操作结果，见表2-1-17、表2-1-18。

表2-1-17 C原材料费用分配表

20××年8月　　　　金额单位：元

	产品产量（件）	单位费用定额（元/件）	定额费用（元）	分配率	C原材料实际分配
A产品	1 000	10	10 000		8 000
B产品	2000	10	20 000		16 000
合计	3 000		30 000	0.8	24 000

表2-1-18 D原材料费用分配表

20××年8月　　　　金额单位：元

	产品产量（件）	单位费用定额（元/件）	定额费用（元）	分配率	C原材料实际分配
A产品	1 000	5	5 000		4 000
B产品	2000	20	40 000		32 000
合计	3 000		45 000	0.8	36 000

编制会计分录如下。

借：生产成本——基本生产成本——A产品　　12 000（按定额分配出来的数据）

　　　　　　　　　　　　　——B产品　　48 000

　贷：原材料——原料及主要材料——C原材料　　20 100（用实际数据）

　　　　　　　　　　　　　——D原材料　　39 900

【例2.1.7】

某企业生产甲、乙两种产品。8月，生产甲产品140件，生产乙产品140件，消耗原料定额分别为2.5元/件、3.5元/件。发料凭证汇总见表2-1-19。

（资料来源：作者根据相关资料整理）

何填写分配表?
——材料定额费用比例法

表 2-1-19 发出材料明细表

20××年 8 月

金额单位：元

材料类别	发料数量	单位成本	用途
原料 1	200 千克	600	甲产品生产用
原料 2	126 千克	1 000	甲、乙两种产品共用
燃料 2	120 千克	60	锅炉车间 100 千克，供电车间 20 千克
燃料 1	20 千克	60	基本生产车间用
燃料 1	10 千克	60	管理部门用
辅助材料	200 千克	40	基本生产车间用
修理用备件	50 只	6	基本车间修理用

问题

请根据上表计算甲乙产品、基本车间、辅助车间等分配的材料费用，并填写原材料费用分配表，见表 2-1-20。

表 2-1-20 原材料费用分配表

20××年 8 月

金额单位：元

应借账户		成本或费用明细项目	间接计入			直接计入	合计
			定额费用	分配率	分配额		
基本生产成本	甲产品	直接材料					
	乙产品	直接材料					
	小计						
辅助生产成本	锅炉车间	直接材料					
	供电车间	直接材料					
	小计						
制造费用	基本生产车间	修理费					
		机物料消耗					
		小计					
管理费用		机物料消耗					
合计							

解析

参考答案见表 2-1-21。

表 2-1-21 原材料费用分配表

20××年 8 月

金额单位：元

应借账户		成本或费用明细项目	间接计入			直接计入	合计
			定额费用	分配率	分配额		
基本生产成本	甲产品	直接材料	350	150	52 500	120 000	172 500
	乙产品	直接材料	490	150	73 500		73 500
	小计		840	150	126 000	120 000	246 000

续表

应借账户		成本或费用明细项目	间接计入			直接计入	合计
			定额费用	分配率	分配额		
辅助生产成本	锅炉车间	直接材料				6 000	6 000
	供电车间	直接材料				1 200	1 200
	小计					7 200	7 200
制造费用	基本生产车间	修理费				300	300
		机物料消耗				9 200	9 200
		小计				9 500	9 500
管理费用		机物料消耗				600	600
合计					126 000	137 300	263 300

四、燃料费用核算工作

实际上燃料属于材料的一种，因而燃料费用的分配可以参照材料费用的分配方法。一般企业当中，如果燃料费用比重较小，则往往将燃料视作材料，将燃料费用合并在材料费用中一起核算；如果燃料费用比重较大，并专门设有“燃料及动力”成本项目，则应设置“燃料”账户，将燃料费用单独核算。直接用于产品生产，并为某一种产品单独领用的燃料费用，应根据领料、退料凭证单独计入该产品成本明细账的“燃料及动力”成本项目；如果是多种产品一起领用的，则应采用适当的分配方法，分配计入各产品成本明细账的“燃料及动力”成本项目。

五、周转材料核算工作

周转材料是原材料吗?

课堂小练习 06

周转材料亦被称为周转使用材料，是指企业能多次使用并基本保持其原来的实物形态，其价值逐渐转移到产品成本中去，但不构成产品实体的工具性材料，包括低值易耗品和包装物等。例如，企业（建造承包商）的钢模板、木模板、脚手架和其他周转材料等，或在建筑工程施工中可多次使用的材料，如钢架杆、扣件、模板、支架等。

（一）低值易耗品

低值易耗品的价值一般高于原材料的价值，低于固定资产的价值，其使用寿命比原材料长（原材料一次性使用），比固定资产短（使用很多年），价值转移速度比原材料慢（原材料一次性转移），比固定资产快（固定资产分期计提折旧）。它们的比较关系见表 2-1-22。

表 2-1-22　低值易耗品同原材料和固定资产对比

比较关系	原材料	低值易耗品	固定资产
单位成本	低	中	高
使用寿命	短	较长	长
价值转移	一次	一次或五五	分期

1. 一次摊销法

一次摊销法，是指低值易耗品价值在使用时一次计入费用或成本的方法，一般适用于价值较低或使用期限很短，又容易损坏，而且一次领用数量不多，或单件小批生产的专用工具的低值易耗品的价值摊销。

领用时的分录如下。

借：制造费用——低值易消耗品摊销　　（全部价值）

　　贷：周转材料——低值易耗品

报废时如果有残值回收的分录如下。

借：原材料　　（回收部分价值）

　　贷：制造费用——低值易耗品摊销

2. 五五摊销法

五五摊销法是指在低值易耗品领用时摊销其价值的一半，在报废时再摊销其价值的另一半，并注销其总成本的一种摊销方法。此方法适用于价值较大管理上有较高要求的低值易耗品使用时的核算。采用五五摊销法核算低值易耗品的物流企业，还需在低值易耗品账户下设置“在库低值易品”“在用低值易耗品”和“低值易耗品摊销”3个明细账户。

（1）领用时的分录如下。

借：低值易耗品——在用

　　贷：低值易耗品——在库　　（账面价值）

借：管理费用（或销售费用、生产成本、其他业务成本、工程施工等）

　　贷：低值易耗品——摊销　　（摊销一半的账面价值）

（2）报废时的分录如下。

借：管理费用（或销售费用、生产成本、其他业务成本、工程施工等）

　　贷：低值易耗品——摊销　　（摊销另一半的账面价值）

借：低值易耗品——摊销

　　贷：低值易耗品——在用　　（转销，明细科目对冲）

（3）报废时如果有残值回收的分录如下。

借：原材料（或银行存款等）

　　贷：管理费用（或销售费用、生产成本、其他业务成本、工程施工等）

话题讨论

一次摊销法是将低值易耗品一次性计入成本费用，五五摊销法是将其分两次计入成本费用，具体方法选择要看低值易耗品的价值和使用情况。为什么低值易耗品不能像固定资产一样分多次折旧或摊销呢？

（二）包装物

包装物是指在生产流通过程中，为包装本企业的产品或商品，并随同它们一起出售、出借或出租给购货方的各种包装容器，如桶、箱、瓶、坛、筐、罐、袋等。用来容纳、保护、搬运、交付和提供商品。

根据对包装物的现行定义，包装物可分为两部分，一是作为企业商品的组成部分的包装物，如电视机的包装箱、包装衬衫的盒、装酒的瓶等，其从经济属性上已属于“劳动对象”；二是为企业保存或保管另一种存货的包装容器，如装油的桶、装酒的坛等，其本质上属于“劳动手段”（或“劳动工具”）。因此，包装物是一种兼有两种“身份”的特殊存货，这种双重属性给包装物的确认带来了复杂性。

（1）随同产品出售，并作为产品组成部分的包装物。如装洗衣粉的袋子、装化妆品的塑料瓶等，作为产品构成成分，计入“基本生产成本”账户的“直接材料”成本项目。

（2）随同产品出售，但是不作为产品组成部分，而且是不单独计价的包装物。它们是为了将产品更方便地销售出去而提供的一种包装物，买方不用它也没关系，其目的就是为了促销，因此应计入“销售费用”账户。

（3）随同产品出售，但是不作为产品组成部分，而且是单独计价的包装物。它的利润虽微，但是因为单独计价，可以减少使用量，减少白色污染。它是有销售收入的，有自己的计价成本，因而也就有了自己的利润，所以它一般可以计入“其他业务支出”“其他业务收入”账户。

话题讨论

为什么对包装物单独计价，可以减少白色污染呢？

任务二　外购动力费用核算

一、外购动力费用支出的核算

外购动力费用是指向外单位购买电力、蒸汽、煤气等动力所支付的费用。外购动力费用主要是以计量仪器、仪表所显示的计量数乘单价计算的，一般由动力供应单位定期抄录数量，开列账单，向耗用企业收取款项。

核算时，即计入本月成本费用时，并不支付款项，而是先计入“应付账款”账户，等到下月初抄录数量后用银行存款等支付。

在没有仪表的情况下，则要按一定的标准分配计入各受益对象：生产工时的比例、机器功率时数的比例和定额耗用量的比例。

分配动力费用时有什么好方法？

二、外购动力费用分配的核算

企业的外购动力费用是按用途进行分配的，分配时可采用生产工时或机器工时比例分配法、定额耗用量比例法等进行分配。其计算公式如下：

如何填写分配表外购动力费用分配表？

课堂小练习 07

$$分配率=\frac{共同耗用外购动力费用总额}{各产品分配标准数额之和}$$

$$某产品应分配的动力费=该产品的分配标准\times分配率$$

【例 2.2.1】

某企业每月支付动力费用的日期基本固定，8 月共支付燃气费用 37 500 元，每立方米 3 元。其中：基本生产车间生产甲、乙两种产品耗费燃气 8 000 立方米，基本生产车间一般耗用燃气 200 立方米，锅炉车间耗费燃气 2 600 立方米，供电车间耗费燃气 1 300 立方米，公司管理部门耗用燃气 400 立方米。该公司对产品生产消耗的燃气用定额耗用量在两种产品上进行分配，甲、乙两种产品的定额耗用量分别为 1 200 立方米和 800 立方米。

（资料来源：作者根据相关资料整理）

问题

根据上述资料编制“外购动力费用分配表”，见表 2-2-1。

表 2-2-1　外购动力费用（费用）分配表

20××年 8 月　　金额单位：元

应借账户		成本项目或费用项目	耗用量分配			单位费用	分配金额
			立方米	分配率	分配量		
基本生产成本	甲产品	燃料及动力					
	乙产品	燃料及动力					
	小计						
辅助生产成本	锅炉车间	燃料及动力					
	供电车间	燃料及动力					
	小计						
制造费用	基本生产车间	燃气					
管理费用		燃气					
合计							

解析

分析如图 2-2-1 所示。

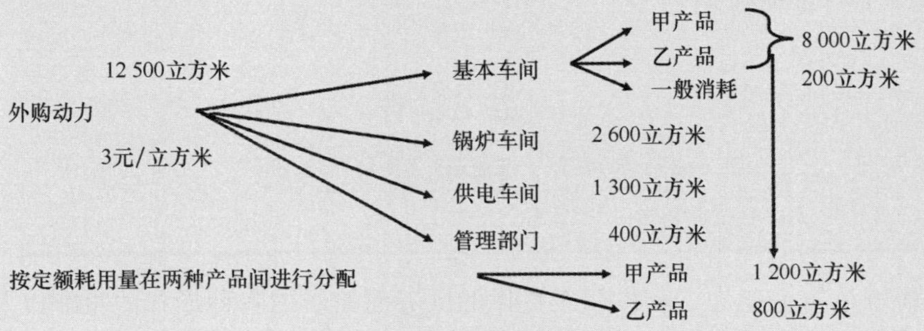

图 2-2-1　动力费用分配分析

$$分配率=\frac{8\,000}{1\,200+800}=4$$

甲产品耗用燃气量=1 200×4=4 800（立方米）

乙产品耗用燃气量=800×4=3 200（立方米）

甲应分配的动力费=4 800×3=14 400（元）

乙应分配的动力费=3 200×3=9 600（元）

填写“外购动力费用（燃气）分配表”，见表 2-2-2。

表 2-2-2　外购动力费用（燃气）分配表

20××年 8 月　　　　金额单位：元

应借账户		成本项目或费用项目	耗用量分配			单位费用	分配金额
			定额耗用	分配率	分配量		
基本生产成本	甲产品	燃料及动力	1 200	4	4 800		14 400
	乙产品	燃料及动力	800	4	3 200		9 600
	小计		2 000		8 000		24 000
辅助生产成本	锅炉车间	燃料及动力			2 600		7 800
	供电车间	燃料及动力			1 300		3 900
	小计				3 900		11 700
制造费用	基本生产车间	燃气			200		600
管理费用		燃气			400		1 200
合　计					12 500	3.00	37 500

根据以上外购动力费用分配表可编写如下会计分录。

借：基本生产成本——甲产品　　14 400

　　　　　　　　——乙产品　　9 600

　　制造费用　　600

　　管理费用　　1 200

辅助生产成本——锅炉车间　　7 800

　　　　　　——供电车间　　3 900

贷：应付账款　　　　37 500

任务三　薪酬费用核算

职工薪酬是指企业为了获得职工提供的服务而给予的各种形式的报酬以及其他相关支出。职工薪酬即人工费用，是企业在生产经营过程中发生的各种耗费支出的主要组成部分，直接关系到产品成本和产品价格的高低，直接影响企业生产经营的成果。明确企业使用各种人力资源所付出的全部代价，以及产品成本中人工成本所占比重，有利于有效监督和控制生产经营过程中的人工费用支出，改善费用支出结构，节约成本，降低产品价格，提高企业的市场竞争力。因此，加强职工薪酬的核算，对正确进行产品成本核算、降低成本费用有着重大意义。

一、职工薪酬的组成

职工薪酬，是指企业为获得职工提供的服务或解除劳动关系而给予的各种形式的报酬或补偿。职工薪酬包括短期薪酬、带薪缺勤、离职后福利、辞退福利和其他长期职工福利。企业提供给职工配偶、子女、受赡养人、已故员工遗属及其他受益人等的福利，也属于职工薪酬。

我的工资去哪了？

（一）短期薪酬

短期薪酬，是指企业在职工提供相关服务的年度报告期间结束后 12 个月内需要全部予以支付的职工薪酬，因解除与职工的劳动关系给予的补偿除外。短期薪酬具体包括：职工工资、奖金、津贴和补贴，职工福利费，医疗保险费、工伤保险费和生育保险费等社会保险费，住房公积金，工会经费和职工教育经费，短期带薪缺勤，短期利润分享计划，非货币性福利以及其他短期薪酬。

（二）带薪缺勤和利润分享计划

带薪缺勤，是指企业支付工资或提供补偿的职工缺勤，包括年休假、病假、短期伤残、婚假、产假、丧假、探亲假等。利润分享计划，是指因职工提供服务而与职工达成的基于利润或其他经营成果提供薪酬的协议。

（三）离职后福利

离职后福利，是指企业为获得职工提供的服务而在职工退休或与企业解除劳动关系后，提供的各种形式的报酬和福利，短期薪酬和辞退福利除外。

（四）辞退福利

辞退福利，是指企业在职工劳动合同到期之前解除与职工的劳动关系，或者为鼓励职工自愿接受裁减而给予职工的补偿。

（五）其他长期职工福利

其他长期职工福利，是指除短期薪酬、离职后福利、辞退福利之外所有的职工薪酬，包括长期带薪缺勤、长期残疾福利、长期利润分享计划等。

【例 2.3.1】

假设某企业工资总额为 50 万元，其中：个人承担保险为 2 万元，住房公积金为 1 万元；个税为 2 万元，扣除员工基金为 1 万，实发工资为 44 万元；公司承担社保为 5 万元，住房公积金为 1 万元。

（资料来源：作者根据相关资料整理）

问题

做计提工资、发放工资、交纳各项税费的会计分录。

解析

1. 计提工资

借：相关科目（生产成本、制造费用、管理费用、销售费用，下同）560 000
　　贷：应付职工薪酬——工资　500 000
　　　　　　　　　　——社会保险费　50 000
　　　　　　　　　　——住房公积金　10 000

2. 发放工资

借：应付职工薪酬——工资　500 000
　　贷：银行存款　440 000
　　　　其他应付款——代扣代缴社会保险费　20 000
　　　　　　　　　——代扣代缴住房公积金　10 000
　　　　　　　　　——员工基金　10 000
　　　　应交税费——应交个人所得税　20 000

3. 交纳各项税费

借：应付职工薪酬——社会保险费　50 000
　　　　　　　　——住房公积金　10 000
　　其他应付款——代扣代缴社会保险费　20 000
　　　　　　　——代扣代缴住房公积金　10 000

应交税费——应交个人所得税	20 000
贷：银行存款	110 000

二、职工薪酬的计算

工资核算主要包括计算工资和按其用途分配工资费用两部分内容。工资计算根据具体情况一般可以采用计时工资制度和计件工资制度。

课堂小练习 08

（一）计时工资的计算

职工的计时工资是根据考勤记录登记的每一位职工的出勤或缺勤日数，按照规定的工资标准计算的。工资标准按其计算的时间不同，有按月计算的月薪，按日计算的日薪或按小时计算的小时工资。企业固定职工的计时工资一般按月薪计算，临时职工的计时工资大多按日薪计算，也有按小时工资计算的。采用月薪制，不论各月实际天数为多少，每月的标准工资相同。月薪制的计算原理如图 2-3-1 所示。

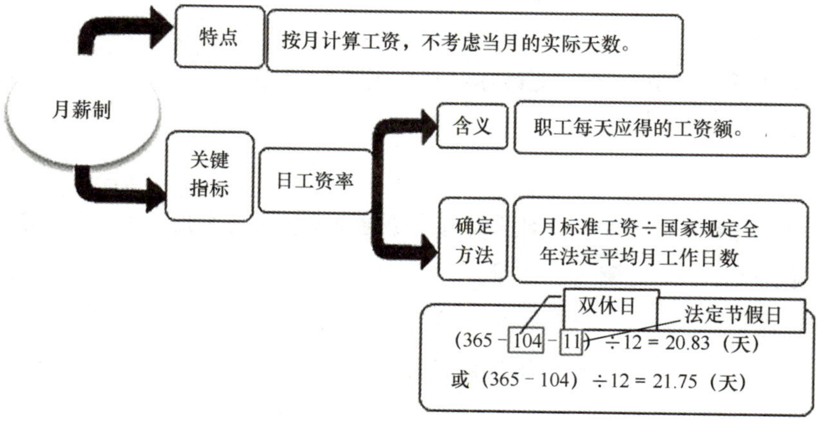

图 2-3-1　月薪制的计算

（二）计件工资的计算

职工的计件工资，应根据产量记录中登记的每一位工人的产品产量，乘规定的计件单价计算求得。这里的产量包括合格品产量和不是由于工人本人过失造成的不合格品产量（如料废产品数）；由于工人本人过失造成的不合格品（如工废产品），不计算、不支付工资，有的还应由工人赔偿损失。

三、职工薪酬费用分配的核算

（一）分配原则

职工薪酬费用按谁受益谁负担的原则进行分配。企业行政管理部门发生的工资计入管理费用；为基本生产提供产品或劳务所发生的人员工资，由辅助生产部门生产的各产品或劳务承担；各生产部门的管理人员发生的工资，由各生产部门的制造费用承担；为产品生产而发生的人员工资，由基本生产部门产品成本承担。

（1）工资分配的计算公式如下：

$$工资费用分配率=\frac{生产工人工资总额}{各种产品实际工时（或定额工时）之和}$$

$$某种产品应该分配的工资费用=该产品的实际工时（或定额工时）\times 工资费用分配率$$

（2）职工福利费与工资费用分配方法一致，发生时计入“应付职工薪酬——福利费”账户，分配时根据发生的部门、用途分配计入相应的成本费用账户。其分配方法与工资费用相同，这里不再赘述。

（二）分配核算

【例 2.3.2】

某公司 8 月份为生产甲、乙两种产品支付生产工人工资 24 600 元，锅炉车间生产工人工资 7 400 元，供电车间生产工人工资 4 100 元，基本生产车间管理人员工资 4 500 元，企业行政部门管理人员工资为 10 800 元。生产工人工资按照甲、乙两种产品的生产工时比例进行分配，其工时分别为 4 100 小时和 2 050 小时。

（资料来源：作者根据相关资料整理）

问题

根据题意填制“职工薪酬（工资费用）分配表”，见表 2-3-1。

表 2-3-1　工资费用分配表

20××年 8 月　　　　金额单位：元

应借账户		成本或费用项目	生产工时	分配率	应分工资费用
基本生产成本	甲产品	直接工资	4 100		
	乙产品	直接工资	2 050		
	小　计		6 150		24 600
辅助生产成本	锅炉车间	直接工资			7 400
	机修车间	直接工资			4 100
	小　计				11 500
制造费用	基本生产车间	工资			4 500
管理费用	工　资				10 800
合　计					

解析

职工薪酬分配分析如图 2-3-2 所示。

如何填写分配表?

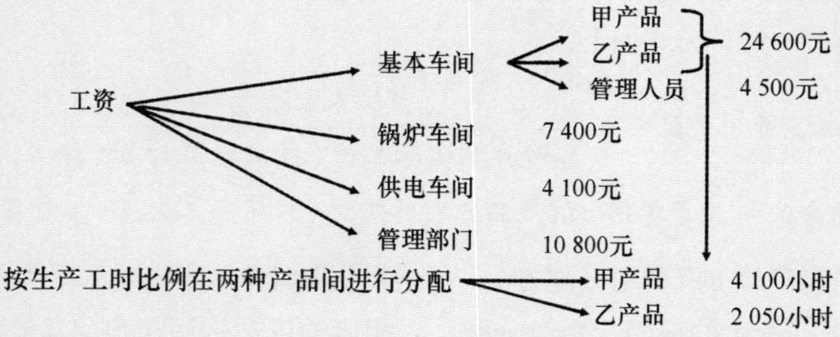

图 2-3-2 职工薪酬分配分析

编制“工资费用分配表”，见表 2-3-2。

表 2-3-2 工资费用分配表

20××年 8 月　　　　金额单位：元

应借账户		成本或费用项目	生产工时	分配率	应分工资费用
基本生产成本	甲产品	直接工资	4 100		16 400
	乙产品	直接工资	2 050		8 200
	小　计		6 150	4	24 600
辅助生产成本	锅炉车间	直接工资			7 400
	机修车间	直接工资			4 100
	小　计				11 500
制造费用	基本生产车间	工资			4 500
管理费用	工　资				10 800
合　　计					51 400

据此编制会计分录如下。

借：基本生产成本——甲产品　　16 400

　　　　　　　　——乙产品　　8 200

　　辅助生产成本——锅炉车间　　7 400

　　　　　　　　——供电车间　　4 100

　　制造费用　　4 500

　　管理费　　10 800

　　贷：应付职工薪酬——工资　　51 400

任务四 折旧费用核算

企业的折旧费用可以出现在基本生产车间，如机器设备的折旧；可以出现在销售部门，如送货卡车折旧；也可以出现在管理部门，如办公大楼折旧，计算机、打印机折旧等。为什么会出现累计折旧这样一个科目？累计折旧发生时会有资金流出企业吗？累计折旧是利润的增加项还是减少项呢？

折旧为什么要累计？——原理

一、累计折旧产生的原因

（一）累计折旧的含义

累计折旧属于资产类科目，是资产类的备抵调整账户，指的是企业在报告期末提取的各年固定资产折旧累计数。固定资产折旧费用根据固定资产的原值和规定的折旧率计算确定，按照一定的标准分摊计入各期的间接费用和期间费用。其结构与一般资产账户的结构刚好相反，累计折旧科目是贷方登记增加，借方登记减少，余额在贷方。

根据用途计入相关资产的成本或者当期损益，借记“制造费用”“销售费用”“管理费用”“其他业务成本”“研发支出”“在建工程”等科目，贷记“累计折旧”科目。其账务处理的基本程序如图 2-4-1 所示。

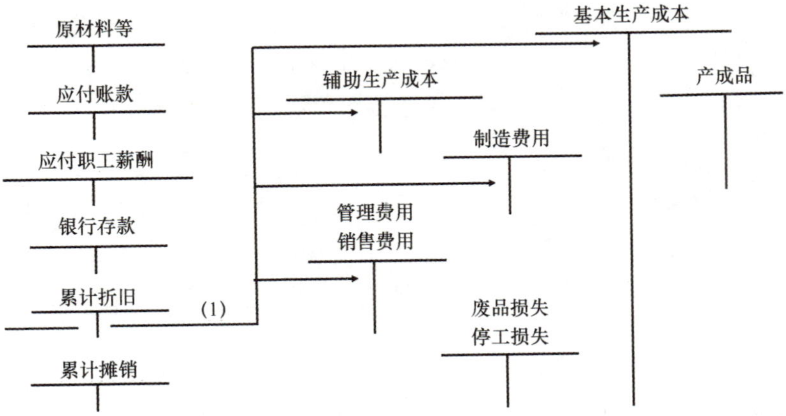

图 2-4-1 累计折旧账务处理程序

（二）累计折旧产生的原因

1. 固定资产是按历史成本计价原则登记的

历史成本，又被称为实际成本，就是取得或制造某项财产物资时所实际支付的现金或其他等价物。在历史成本计量下，资产按照其购置时支付的现金或者现金等价物的金额，或者按照购置资产时所付出的对价的公允价值计量。

【例 2.4.1】

某企业生产车间购入一台设备，买价为 120 万元，使用期限 5 年，期末无残值。

（资料来源：作者根据相关资料整理）

问题

该设备在 5 年的使用过程中，每年冲减利润为多少？各种冲减方法对企业各年利润有什么影响？

解析

（1）120 ÷ 5=24 万元，每年计入利润 24 万元，连续计入 5 年。

（2）第一年计入 120 万元，后面 4 年就不用再计入了。

（3）第一年计入 100 万元，后面 4 年每年计入 5 万元，总共 120 万元。

（4）前 4 年不计算，到最后一年计入 120 万元。

根据案例描述，没有其他特殊情况发生，固定资产中的价值将维持取得它时的价值 120 万元不变，直到它报废时为止。报废时，120 万元将一次性转出。这样计量，无法显示设备随着时间推移，进行的损耗是多少，利润中已经归集了材料费用、工资费用等，如果缺少这一部分折旧费用，那么这 4 年里利润计算将偏离事实；另外，5 年后一次性将 120 万元全部转入利润，那么对第 5 年的利润冲击过大。累计折旧产生的原因如图 2-4-2。

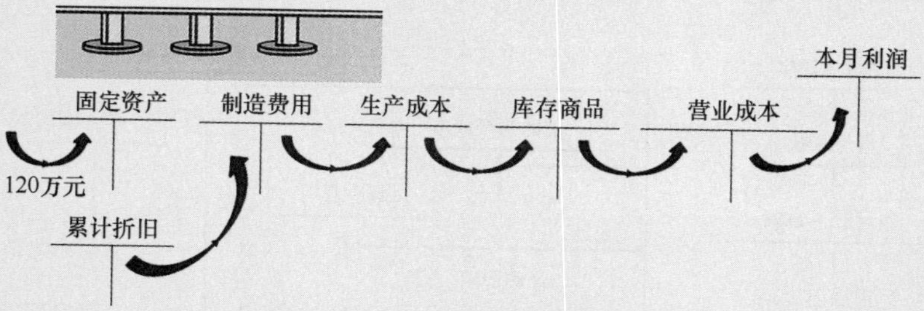

图 2-4-2　累计折旧的资金流转 1

2. 利润是按照权责发生制原则计算的

权责发生制是指以权力和责任的发生来决定收入和费用归属期的一项原则，指凡是在本期内由已履行责任所得到的收入和由已形成权力所应当负担的费用，不论其款项是否收到或付出，都作为本期的收入和费用处理；反之，凡是责任未履行或权力未形成，即使款项在本期收到或付出，也不应作为本期的收入和费用处理。

按照权责发生制原则，【例 2.4.1】中固定资产采购价值为 120 万元，不是在某一年使用的，而是在 5 年中持续使用的，受益期是连续的 5 年，那么承担相应的费用也应该分摊在 5 年中，而不是集中在某一年。固定资产价值要在报废时才能一次性转出，而利润却要逐年分期计入，两者在转出和转入时间上出现了矛盾。

3. 累计折旧解决矛盾冲突

累计折旧逐期计提，表现出设备每一期的损耗价值，体现了对应的固定资产的备抵调整，同时能将固定资产的价值逐期转入本年利润中，解决了利润转入和固定资产转出之间的时间矛盾。

如图 2-4-3 所示，累计折旧每年从贷方转出 24 万元，计入每期的利润中，连续转 5 年，总共 120 万元，5 年之后，固定资产一次性从贷方转出，和累计折旧的借方对冲，相当于固定资产中的 120 万元已经全部转入利润中了。

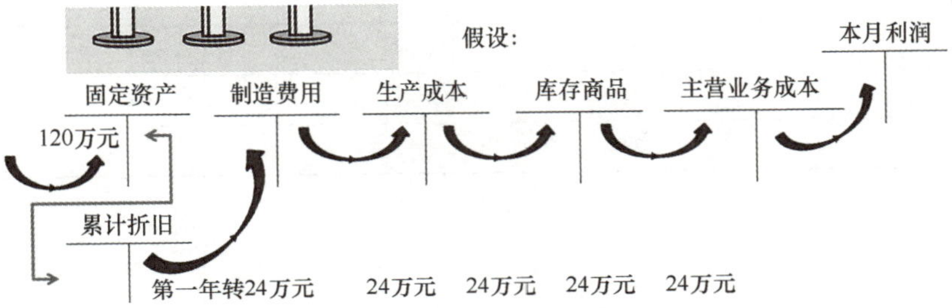

图 2-4-3 累计折旧的资金流转 2

4. 累计折旧发生时只是冲减利润，没有资金流出企业

因为购买或建造固定资产时已经发生了资金流出，所以累计折旧发生时不会再有资金流出企业，它仅仅起到“搬运工”的作用，将固定资产里的价值分期分批次地转入利润而已。

> **话题讨论**
>
> 用于生产的设备累计折旧是通过上述方式最终转入利润的，用于销售或者用于管理的固定资产的累计折旧是如何转入利润的呢？画一画丁字账吧！

如何进行平均折旧？
——平均年限法

课堂小练习 09

二、平均折旧法

（一）平均年限法

平均年限法，又称直线法，是指按固定资产的使用年限平均地计提折旧的方法。按此计算方法所得的每年的折旧额是相同的，因此，各年使用资产情况相同时，采用平均年限法比较恰当。

1.无残值时

沿用【例 2.4.1】，某企业生产车间购入一台设备，买价 120 万元，使用期限 5 年，期末无残值。按照平均年限法计算折旧费用，见表 2-4-1。

$$每一年的平均折旧费用=120\times\frac{1}{5}=24（万元）$$

表 2-4-1　固定资产折旧计算表

金额单位：万元

年份	平均年限法提折旧	折余值
第一年	24	96
第二年	24	72
第三年	24	48
第四年	24	24
第五年	24	0

2.有残值时

继续沿用【例 2.4.1】，如果期末有残值 10 万元。按照平均年限法计算折旧费用，见表 2-4-2。

$$每一年的平均折旧费用=（120-10）\times\frac{1}{5}=22（万元）$$

表 2-4-2　固定资产折旧计算表

金额单位：万元

年份	平均年限法提折旧	折余值
第一年	22	95
第二年	22	76
第三年	22	54
第四年	22	32
第五年	22	10

（二）工作量法

工作量法是指以固定资产能提供的工作量为单位计算折旧额的方法。工作量可以是汽车的总行驶里程，也可以是机器设备的总工作台班、总工作时间等。实质上，工作量法是平均年限法的补充和延伸。

将【例 2.4.1】中的按时间平均分摊费用变成按工作量分摊费用即可。某企业生产车间购入一台设备，购入时价值 120 万元，预计期末净残值 20 万元，总工作量

15 000 小时。实际工作中第一年工作量 3 000 小时，第二年 2 880 小时，第三年工作量 2 700 小时，第四年 3 300 小时，第五年 3 600 小时。那么折旧费用应如何分摊？

$$每小时的平均折旧费用=(120-20)\times\frac{1}{15\,000}=1/150(万元/小时)$$

$$第一年折旧费用=3\,000\times\frac{1}{150}=20(万元)$$

$$第二年折旧费用=2\,880\times\frac{1}{150}=19.2(万元)$$

$$第二年折旧费用=2\,700\times\frac{1}{150}=18(万元)$$

$$第四年折旧费用=3\,300\times\frac{1}{150}=22(万元)$$

$$第五年折旧费用=3\,600\times\frac{1}{150}=24(万元)$$

但是，折旧四年之后，费用还剩下 120－20－20－19.2－18－22＝20.8（万元），因此第五年用倒挤的方法，折旧 20.8 万元即可。计算过程见表 2-4-3。

表 2-4-3 固定资产折旧计算表

年份	年工作量法提折旧（万）	折余值
第一年	20	100
第二年	19.2	80.8
第三年	18	62.8
第四年	22	40.8
第五年	20.8	20

年工作量法提折旧，每年的折旧金额和本年的工作量有关系，工作量大折旧就会多，工作量小折旧就会少，直到将折旧折完为止。

折旧费用核算工作如何进行？

话题讨论

如果折旧折完设备还能使用，那么会对利润产生什么影响？

（三）Excel 操作流程

平均折旧法的 Excel 操作流程如图 2-4-4～图 2-4-8 所示。

1. 已知条件录入计算机

将已知条件录入计算机中，如图 2-4-4 所示。

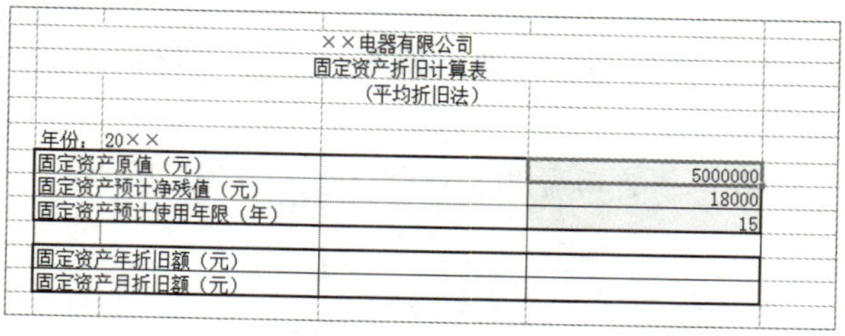

××电器有限公司 固定资产折旧计算表 （平均折旧法）	
年份：20××	
固定资产原值（元）	5000000
固定资产预计净残值（元）	18000
固定资产预计使用年限（年）	15
固定资产年折旧额（元）	
固定资产月折旧额（元）	

图 2-4-4　信息录入

2. 案例分析

从已知条件中可以看出，固定资产购买价 500 万元，预计净残值 1.8 万元，使用年限 15 年，手动计算的话，原值减掉净残值，然后平均分摊在 15 年里，即

$$\frac{(5\,000\,000-18\,000)}{15}=332\,133.333\,3(\text{万元})$$

在 Excel 中的操作步骤如下。

（1）鼠标移动到固定资产年折旧额数据格里，单击此单元格，如图 2-4-5 所示。

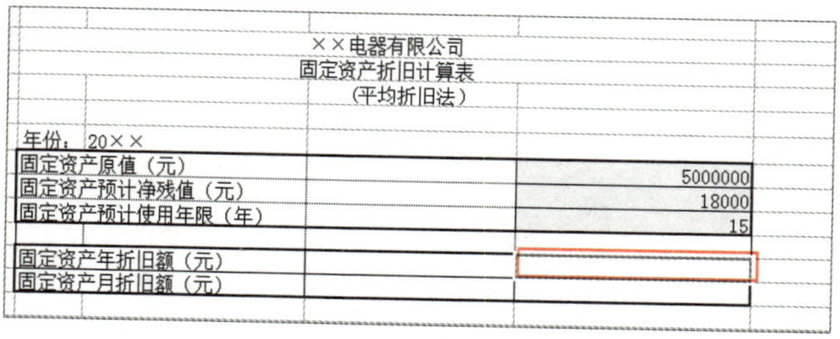

××电器有限公司 固定资产折旧计算表 （平均折旧法）	
年份：20××	
固定资产原值（元）	5000000
固定资产预计净残值（元）	18000
固定资产预计使用年限（年）	15
固定资产年折旧额（元）	
固定资产月折旧额（元）	

图 2-4-5　步骤一

（2）单击菜单栏中的“公式”选项，插入函数，选择“财务”选项，选择“SLN”，该函数解释是“返回某项资产在一个期间中的线性折旧值”，如图 2-4-6 所示。

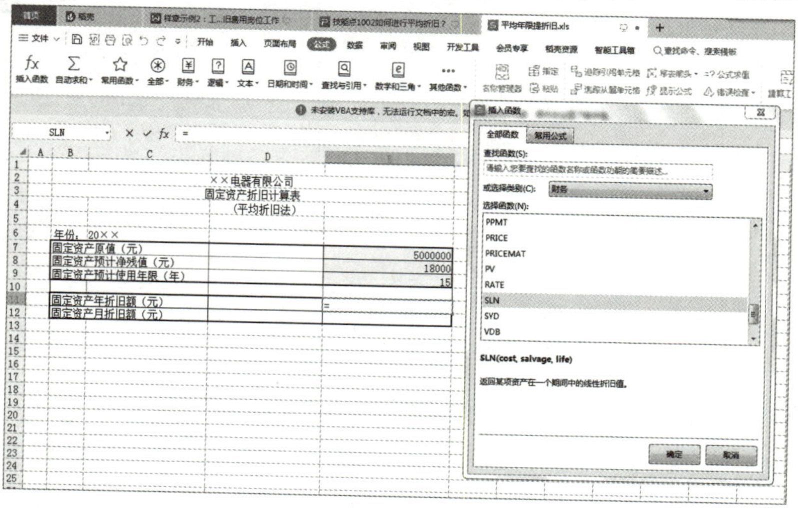

图 2-4-6　步骤二

（3）将固定资产原值、残值和折旧期限所在的位置E7、E8、E9分别录入各自参数中，单击“确定”按钮，如2-4-7所示。

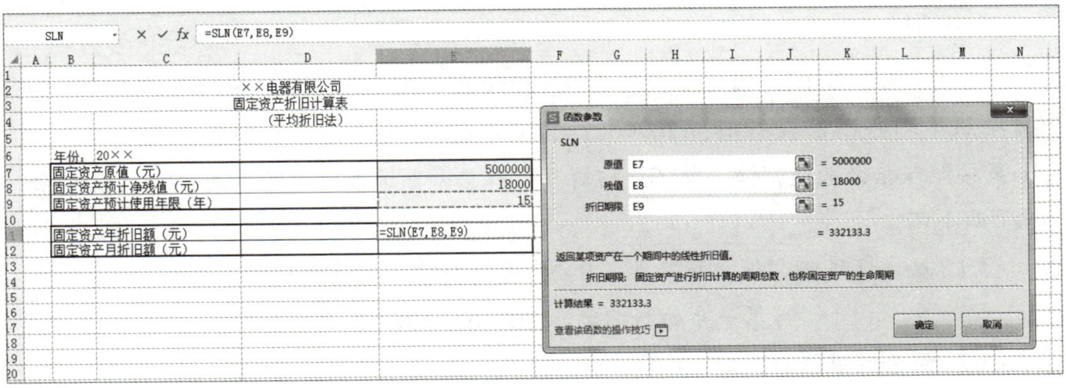

图2-4-7 步骤三

（4）可以看到，得出数据结果和手动计算是一样的，如图2-4-8所示。

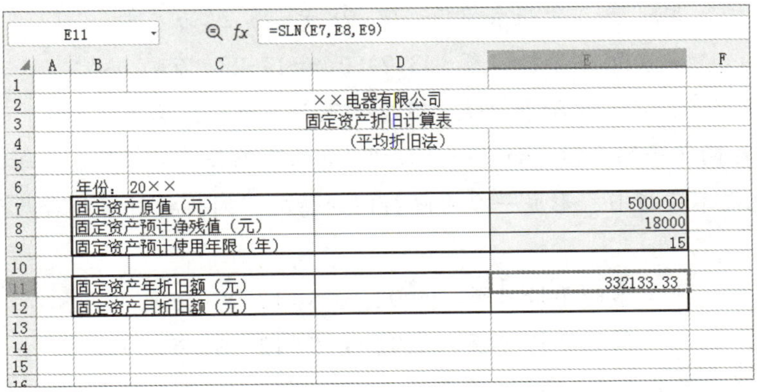

图2-4-8 步骤四

话题讨论

为什么参数中不能直接录入数值5 000 000、18 000、15，而是录入其位置参数E7、E8、E9呢？

三、加速折旧法

加速折旧法是指在固定资产使用前期提取折旧较多，后期提取较少，使固定资产价值在使用年限内尽早得到补偿。这种计提折旧的方法是国家先让利给企业，加速其回收投资，增强其还贷能力。

如何进行加速折旧？——双倍余额递减法

课堂小练习10

（一）双倍余额递减法

1.无残值时

沿用【例2.4.1】，固定资产购买价120万元，期末无残值，使用年限5年。如果按照平均年限法提折旧：120×0.2=24（万元），每年计提折旧费用是24万元。如果按照双倍余额递减法，就不是这样了，双倍余额递减法的关键是“双倍”和“余额”两个词。

（1）双倍提折旧。折旧率不再是0.2，而是双倍，也就是0.4。

第一年的折旧额=120×0.4=48（万元）

（2）用余额继续提折旧。

第一年折余价值=120−48=72（万元）

第二年折旧额=72×0.4=28.8（万元）

第二年折余价值=72−28.8=43.2（万元）

第三年折旧额=43.2×0.4=17.28（万元）

第三年折余价值=43.2−17.28=25.92（万元）

（3）最后两年平均分摊。如果一直按照0.4的比例关系计提下去，每次都剩0.6，那么永远也提不完折旧，形成一个无限折旧的情况，因此将折旧最后两年改成平均分摊即可。

第四年折旧额=25.92×0.5=12.96（万元）

第五年折旧额=25.92×0.5=12.96（万元）

（4）计算结果见表2-4-4。

表2-4-4　固定资产折旧计算表1

金额单位：万元

年份	双倍余额递减法提折旧	折余值
第一年	48	72
第二年	28.8	43.2
第三年	17.28	25.92
第四年	12.96	12.96
第五年	12.96	0

2.有残值时

继续沿用【例2.4.1】，固定资产购买价为120万元，使用年限5年，假设期末有残值1.92万元。折旧前3年，同无残值时一样计提。最后两年平摊时，考虑残值即可。

（1）双倍提折旧。

第一年的折旧额=120×0.4=48（万元）

（2）用余额继续提折旧。

第一年折余价值=120-48=72（万元）

第二年折旧额=72×0.4=28.8（万元）

第二年折余价值=72-28.8=43.2（万元）

第三年折旧额=43.2×0.4=17.28（万元）

第三年折余价值=43.2-17.28=25.92（万元）

（3）最后两年平均分摊。

25.92-1.92=24（万元）

第四年折旧额 24×0.5=12（万元）

第五年折旧额 24×0.5=12（万元）

（4）计算结果见表 2-4-5。

表 2-4-5　固定资产折旧计算表 2

金额单位：万元

年份	双倍余额递减法提折旧	折余值
第一年	48	72
第二年	28.8	43.2
第三年	17.28	25.92
第四年	12	13.92
第五年	12	1.92

3.Excel 求解双倍余额递减法

双倍余额递减法计算量比较大，而且每一年的折旧额都不一样，用 Excel 将极大减轻人的工作量。具体计算过程如图 2-4-9~图 2-4-13 所示。

如何进行加速折旧？——双倍余额递减法 Excel 操作

（1）将已知信息录入计算机，如图 2-4-9 所示。

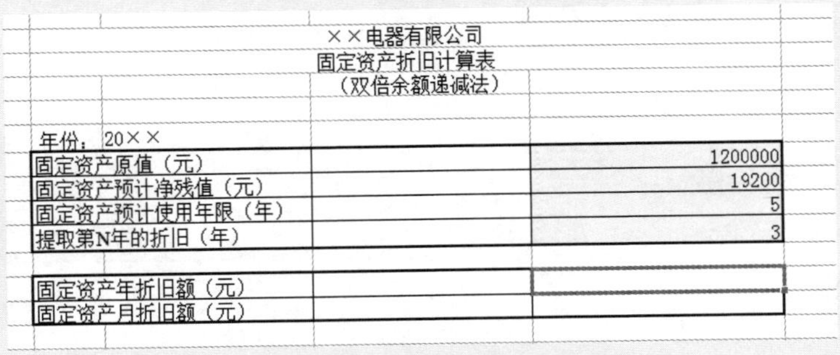

图 2-4-9　步骤一

由已知信息可以看出，固定资产的购买价值为 120 万元，预计净残值为 1.92

万元，预计使用年限5年，因为每年折旧都不一样，所以准备提取第三年的折旧。

（2）鼠标移动到固定资产年折旧额数据格里，单击此单元格，如图2-4-10所示。

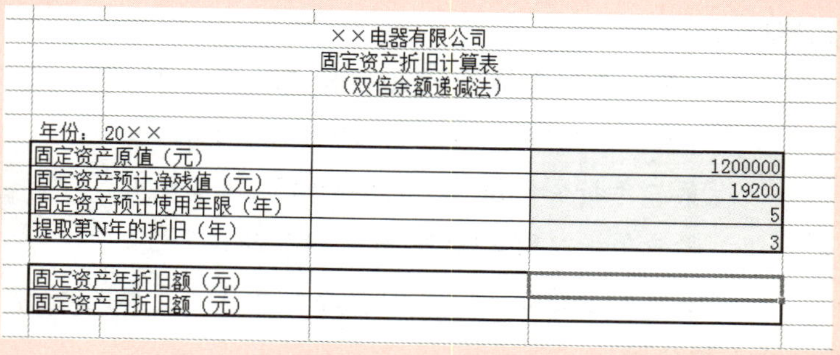

图2-4-10　步骤二

（3）单击菜单栏中的“公式”选项，选择插入“函数”，选择财务函数，选择“DDB函数”，该函数解释是“用双倍余额递减法或其他指定方法，返回指定期间内某固定资产的折旧值”，如图2-4-11所示。

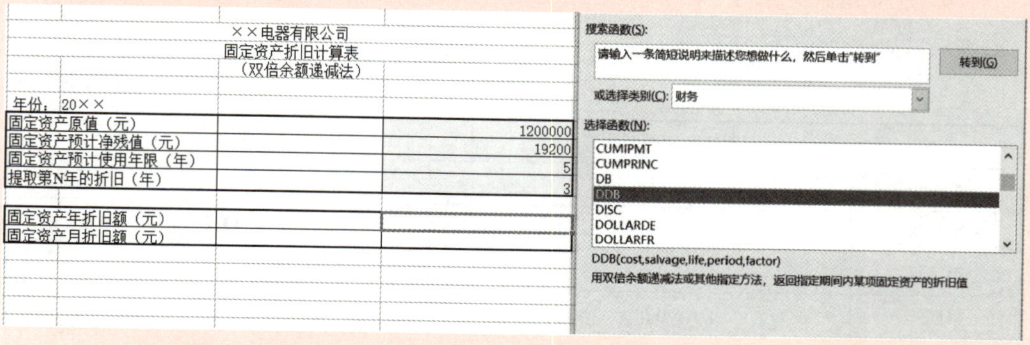

图2-4-11　步骤三

（4）将固定资产原值、残值、折旧期限（折旧总年限）和期间（当前提取的折旧期间）所在的位置E7、E8、E9、E10分别录入各自参数中，因为是双倍，余额递减速率里填入2，单击“确定”按钮，如图2-4-12所示。

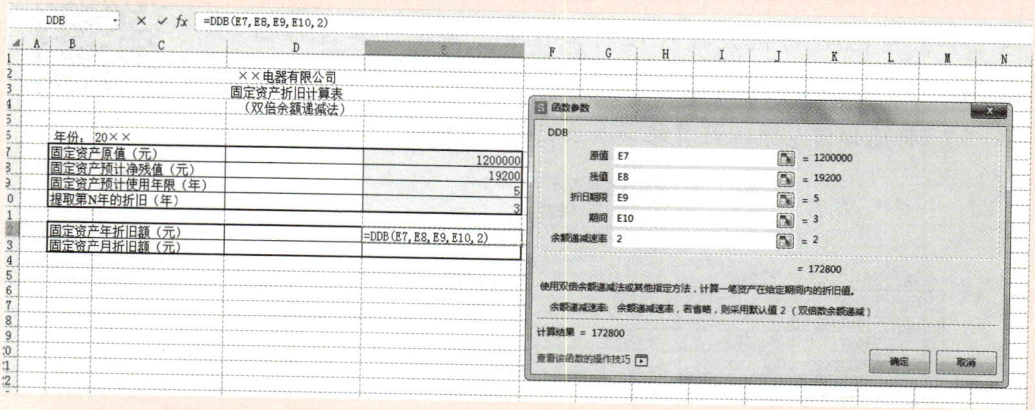

图2-4-12　步骤四

（5）得出金额17.28万元，该结果和前面笔算的结果完全一致，如图2-4-13所示。

××电器有限公司
固定资产折旧计算表
（双倍余额递减法）

年份：20××

固定资产原值（元）	1200000
固定资产预计净残值（元）	19200
固定资产预计使用年限（年）	5
提取第N年的折旧（年）	3
固定资产年折旧额（元）	172800.00
固定资产月折旧额（元）	

图2-4-13 步骤五

话题讨论

为什么只允许双倍提折旧呢？

如何进行加速折旧？——年数总和法

课堂小练习11

（二）年数总和法

1.无残值时

沿用【例2.4.1】，固定资产购买价120万元，期末无残值，使用年限5年。如果按照年数总和法，首先要找到年数总和是多少。

（1）找到年数总和。年数总和指的是尚可使用年数的总和。刚刚购买来固定资产，还没使用时，该固定资产的尚可使用年数是5年；用了一年之后，尚可使用年数是4年；再用一年，尚可使用年数是3年……以此类推，报废或提完折旧时，尚可使用年数是0年。

$$5+4+3+2+1+0=15(\text{年})$$

尚可使用年数总和是15年。

（2）计算折旧率。年数总和法的折旧率中，分母用尚可使用年数总和，分子用尚可使用年数。

$$\text{第一年的折旧率}=\frac{5}{15}$$

$$\text{第二年的折旧率}=\frac{4}{15}$$

$$\text{第三年的折旧率}=\frac{3}{15}$$

$$\text{第四年的折旧率}=\frac{2}{15}$$

$$\text{第五年的折旧率}=\frac{1}{15}$$

（3）计算折旧费用。

$$第一年折旧费用=120\times\frac{5}{15}=40（万元）$$

$$第二年折旧费用=120\times\frac{4}{15}=32（万元）$$

$$第三年折旧费用=120\times\frac{3}{15}=24（万元）$$

$$第四年折旧费用=120\times\frac{2}{15}=16（万元）$$

$$第五年折旧费用=120\times\frac{1}{15}=8（万元）$$

（4）固定资产折旧计算结果见表2-4-6。

表2-4-6 固定资产折旧计算表

金额单位：万元

年份	年数总和法提折旧	折余值
第一年	40	80
第二年	32	48
第三年	24	24
第四年	16	8
第五年	8	0

2.有残值时

继续沿用【例2.4.1】，固定资产购买价120万元，使用年限5年，假设期末有残值1.8万元。因为$\frac{5}{15}+\frac{4}{15}+\frac{3}{15}+\frac{2}{15}+\frac{1}{15}=1$，如果用初始资金120万元去乘各自折旧率，最后计算结果无余额，因此，计算开始时就要减掉残值。

（1）购买价减残值。

$$120-1.8=118.2（万元）$$

（2）计算连续5年的折旧率。

$$第一年的折旧率=\frac{5}{15}$$

$$第二年的折旧率=\frac{4}{15}$$

$$第三年的折旧率=\frac{3}{15}$$

$$第四年的折旧率=\frac{2}{15}$$

$$第五年的折旧率=\frac{1}{15}$$

（3）计算折旧费用。

$$第一年折旧费用=118.2\times\frac{5}{15}=39.4（万元）$$

$$第二年折旧费用=118.2\times\frac{4}{15}=31.52（万元）$$

$$第三年折旧费用=118.2\times\frac{3}{15}=23.64（万元）$$

$$第四年折旧费用=118.2\times\frac{2}{15}=15.76（万元）$$

$$第五年折旧费用=118.2\times\frac{1}{15}=7.88（万元）$$

（4）固定资产折旧计算结果见表2-4-7。

表2-4-7　固定资产折旧计算表

金额单位：万元

年份	双倍余额递减法提折旧	折余值
第一年	39.4	80.6
第二年	31.52	49.08
第三年	23.64	25.44
第四年	15.76	9.68
第五年	7.88	1.8

3.Excel求解年数总和法

用年数总和法求解的计算量也很大，尤其是折旧年限为10年甚至15年以上时，每一年的折旧额都不一样，而且小数位数很多，用Excel操作能极大减少人的工作量。操作过程如图2-4-14~图2-4-17所示。

如何进行加速折旧？——年数总和法Excel操作

（1）已知信息录入计算机，如图2-4-14所示。

××电器有限公司
固定资产折旧计算表
（年数总和法）

年份：20××

固定资产原值（元）	5000000
固定资产预计净残值（元）	18000
固定资产预计使用年限（年）	15
提取第N年的折旧（年）	12
固定资产年折旧额（元）	
固定资产月折旧额（元）	

图2-4-14　步骤一

由已知信息可以看出，固定资产购买价值500万元，预计净残值1.8万元，预计使用年限 15 年，因为每年折旧都不一样，所以我们准备提取第 12 年的折旧。

（2）鼠标移动到固定资产年折旧额数据格里，单击此单元格，如图 2-4-15 所示。

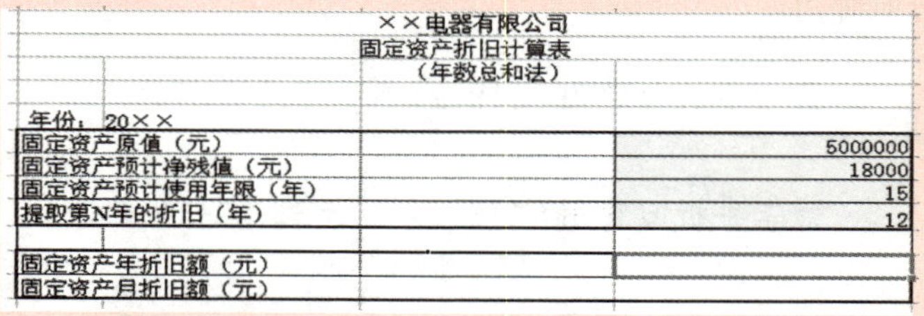

图 2-4-15　步骤二

（3）单击菜单栏中的“公式”选项，选择插入“函数”，选择“财务”选项，选择“SYD”选项，该函数解释是“返回某项资产按年限总和折旧法计算的指定期间的折旧值”，如图 2-4-16 所示。

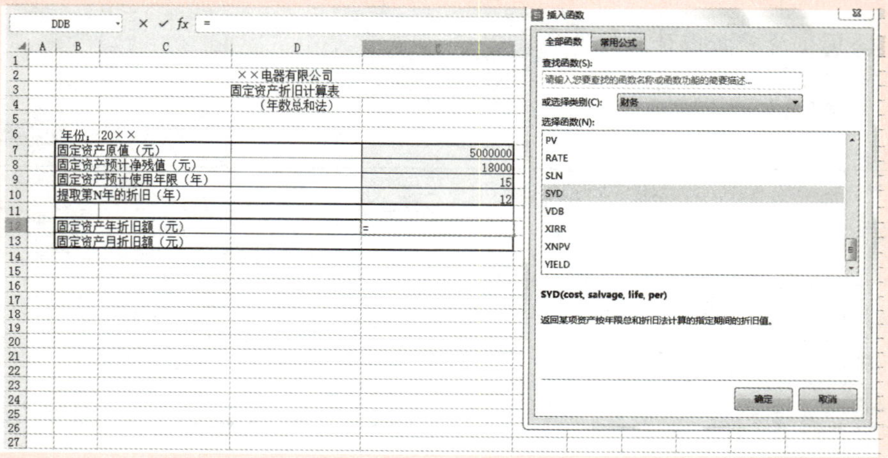

表 2-4-16　步骤三

（4）将固定资产原值、残值、折旧期限（折旧总年限）和期间（当前提取的折旧期间）所在的位置 E7、E8、E9、E10 分别录入各自参数中，单击“确定”按钮，如图 2-4-17 所示。

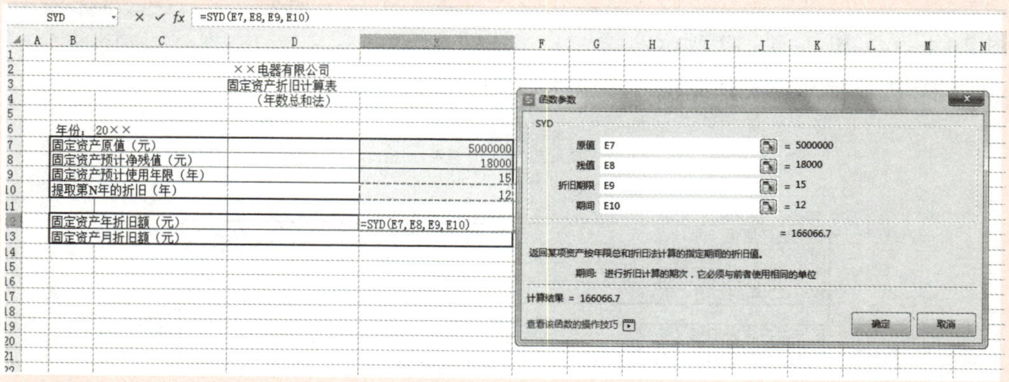

图 2-4-17　步骤四

（5）得出金额 166 006.7 元，可以进行笔算检验结果是否一致。

话题讨论

双倍余额递减法和年数总和法谁的折旧速度更快呢？

四、三种方法的比较

同样一个设备分别用平均年限法、双倍余额递减法和年数总和法计提折旧，会有什么不同呢？见表 2-4-8。

表 2-4-8　三种折旧方法比较计算

设备：120 万元，折旧 5 年，无残值　　金额单位：万元

年限	平均年限法	双倍余额递减法	年数总和法
1	24.00	48.00	40.00
2	24.00	28.80	32.00
3	24.00	17.28	24.00
4	24.00	12.96	16.00
5	24.00	12.96	8.00
合计	120.00	120.00	120.00

做出折线图，如图 2-4-18 所示。

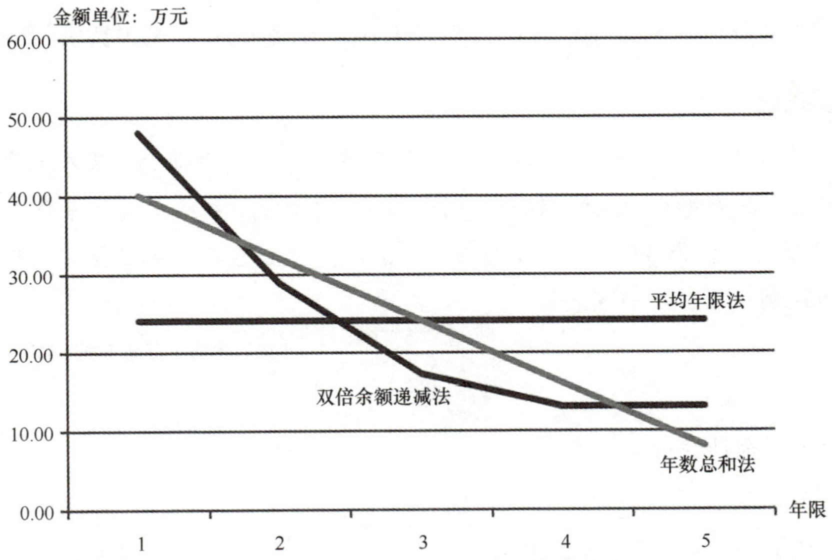

图 2-4-18　三种折旧方法比较折线图

（1）平均年限法的折旧金额是一条水平直线，前期双倍余额递减法的折旧金额都大于平均年限法，后期双倍余额递减法的折旧金额都小于平均年限法，也就体现了加速的含义。

（2）开始阶段，双倍余额递减法折旧金额高于年数总和法的折旧金额，折旧速度比年数总和法要快；但是中间阶段，双倍余额递减法折旧金额低于年数总和法的折旧金

额，折旧速度比年数总和法要慢；最后阶段，双倍余额递减法折旧金额又高于年数总和法的折旧金额，折旧速度又比年数总和法要快了。

所以，不能说双倍余额递减法就比年数总和法折旧速度要快，它只是开头和结尾更快些。

话题讨论

大家还知道哪些类似累计折旧的备抵调整账户呢？这些账户发生资金变动时，有资金流入或流出企业吗？

任务五　其他要素费用的核算

广义的其他费用是指除了前述各成本费用以外的要素费用，具体包括邮电费、租赁费、印刷费、图书报纸杂志资料费、办公费、试验检验费、保险费等。这些费用有的是产品成本的组成部分，有的则应计入期间费用等，即使是应计入产品成本的，也没有专门设置相应的成本项目。因此，在发生这些费用时，应根据有关的付款凭证等，分别计入“制造费用”“辅助生产成本”“管理费用”“财务费用”“销售费用”等科目。

【例 2.5.1】

超越食品有限公司 20××年 8 月份以银行存款支付有关费用：基本生产车间办公费 860 元、保险费 6 442 元，锅炉车间劳保费 3 830 元，机修车间劳保费 2 498 元，行政管理部门办公费 3 640 元、保险费 8 127 元，与上述各项费用相关的可抵扣增值税进项税额为 3 301.61 元。

（资料来源：作者根据相关资料整理）

问题

据此编制会计分录。

解析

借：制造费用——基本生产车间	7 302	
辅助生产成本——锅炉车间	3 830	
机修车间	2 498	
管理费用	11 767	
应交税费——应交增值税（进项税额）	3 301.61	
贷：银行存款		28 698.61

任务六　辅助费用核算

企业的辅助生产，是指为基本生产车间、企业行政管理部门等单位服务而进行的产品生产和劳务供应。对于不同类型的辅助生产部门，辅助生产费用在归集程序和分配方法上，以及在辅助生产成本计算的方法上都不尽相同，因此，区分不同类型的辅助生产部门是正确组织辅助生产费用核算的前提。

一、辅助生产部门是什么样的部门

辅助生产部门按其提供劳务、作业和生产产品的种类多少，可分为以下两种类型：有的辅助生产车间只生产一种产品或提供一种劳务，如供电车间、机修车间、供汽车间、运输车队等；有的辅助生产车间则生产多种产品或提供多种劳务，如从事各种工具、模具、修理用备件的制造，以及机器设备的修理等。辅助生产部门在进行产品生产和提供劳务时所发生的各种费用，构成辅助生产费用，它是企业产品成本的重要组成部分，因此必须正确及时地归集和分配。

为什么会有辅助生产成本?

二、辅助生产费用的归集

辅助生产成本如何归集?

（一）账户设置及账务处理

辅助生产成本归集的程序因辅助生产的类型不同而不同。在单品种辅助生产部门，所发生的一切费用都是直接费用，一般可按费用的经济用途，即成本项目直接计入所生产的产品或劳务的成本。因此，其成本归集的程序较简单。在多品种辅助生产部门，所发生的费用需由两个或两个以上的产品或劳务负担，此时，应将共同费用在受益对象间进行分配，其辅助生产成本归集的程序相对而言比较复杂。辅助生产费用归集的程序如图 2-6-1 所示。

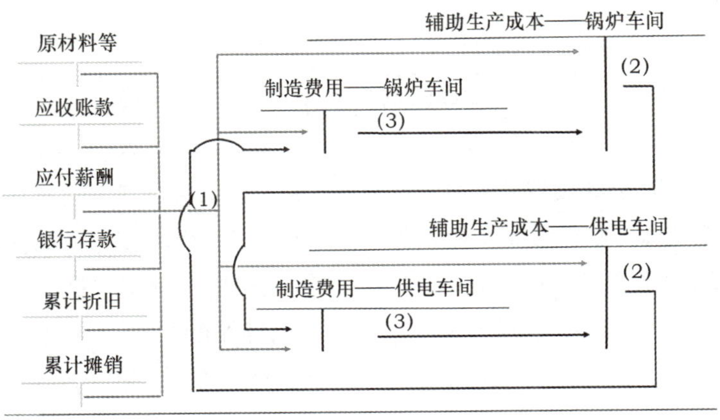

图 2-6-1　辅助生产费用归集的程序

辅助生产费用的归集和分配可以通过设置“辅助生产成本”“制造费

用——辅助生产车间”账户进行，有的企业辅助生产车间规模较小，发生的制造费用较少，辅助生产也不对外销售产品或提供劳务，不需要按照规定的成本项目计算辅助生产产品成本。为了简化核算工作，辅助生产车间的制造费用可以不单独设置“制造费用——辅助生产车间”明细账，不通过“制造费用”账户进行汇总，而是直接计入“辅助生产成本”账户的借方。这时，“辅助生产成本”明细账就按成本项目与费用项目相结合来设置专栏，而不按成本项目设置专栏。对于只设“辅助生产成本”账户，不设“制造费用”账户核算的情况，“辅助生产成本”账户为成本计算账户。按车间以及产品或劳务设立明细账，账内按照费用项目设置专栏，进行明细核算。凡是辅助生产车间发生的各种费用，包括辅助生产部门内直接发生的费用，以及从其他辅助生产车间分配来的费用，全部计入该账户及其明细账的借方。该账户贷方登记完工入库的自制材料和工具模具的成本，以及由辅助生产部门向基本生产部门、管理部门、其他辅助生产等部门提供产品或劳务的成本。“辅助生产成本”账户的期末借方余额表示辅助生产部门在产品的成本，格式见表2-6-1。

表2-6-1　辅助生产成本明细账

辅助生产车间名称：　　　　　　　　　　　　　　　　　　　　　　金额单位：元

20××年		凭证号数	摘要	借方							
月	日			材料费	燃料动力	工资费	折旧费	修理费	机物料	其他	合计
5	15	略	支付委托修理费					8 000			8 000
5	30	略	根据折旧费用分配表				3 000				3 000
5	30	略	根据材料费用分配表	8 200					1 800		10 000
5	30	略	根据燃料费用分配表		3 400						3 400
5	30	略	根据职工薪酬分配表			37 740					37 740
			本月发生额合计	8 200	3 400	37 740	3 000	8 000	1 800		62 140
5	30	略	分配辅助生产费用	8 200	3 400	37 740	3 000	8 000	1 800		62 140

对于既设置“辅助生产成本”账户、又单设“制造费用”账户核算的情况，“辅助生产成本”账户为成本计算账户，按车间以及产品或劳务品种设立明细账，进行明细核算，辅助生产发生的直接材料、直接人工费用，分别根据“材料费用分配表”“职工薪酬分配表”和有关凭证计入该账户及其明细账的借方，见表2-6-2。辅助生产发生的间接费用，则先计入“制造费用——辅助生产车间”账户的借方进行汇总，然后从“制造费

用——辅助生产车间”账户的贷方，直接转入或分配转入“辅助生产成本”账户及其明细账的借方，辅助生产完工的产品或劳务的成本，经过分配以后从“辅助生产成本”账户的贷方转出，期末如有借方余额，则为辅助生产的在产品成本，见表 2-6-3。

表 2-6-2 辅助生产成本明细账

生产车间：机修车间 金额单位：元

20××年 月	日	凭证号数	摘要	借方 直接材料	直接人工	制造费用	合计
5	30	略	根据材料费用分配表	8 200			8 200
5	30	略	根据职工薪酬分配表		34 740		34 740
5	30	略	结转制造费用			19 200	19 200
			本月合计	8 200	34 740	19 200	62 140
5	30	略	分配辅助生产费用	8 200	34 740	19 200	62 140

表 2-6-3 制造费用明细账

车间名称：机修车间 金额单位：元

20××年 月	日	凭证号数	摘要	借方 材料费	燃料动力	工资费	折旧费	修理费	机物料	其他	合计
5	15	略	支付委托修理费					8 000			8 000
5	30	略	根据材料费用分配表						1 800		1 800
5	30	略	根据职工薪酬分配表			3 000					3 000
5	30	略	根据折旧费用分配表				3 000				3 000
5	30	略	根据燃料费用分配表		3 400						3 400
			本月发生额合计		3 400	3 000	3 000	8 000	1 800		19 200
5	30	略	分配辅助生产费用		3 400	3 000	3 000	8 000	1 800		19 200

话题讨论

辅助生产成本是费用还是成本？

辅助生产车间在产品生产和劳务供应过程中所耗费的各种生产费用，称为辅助生产费用，也叫辅助生产成本。辅助生产车间生产的产品和劳务，被管理部门以及基本生产车间耗用后，辅助生产费用应当分配转入基本生产成本、管理费用、制造费用等账户中。辅助生产成本归集和分配程序如图 2-6-2 所示。

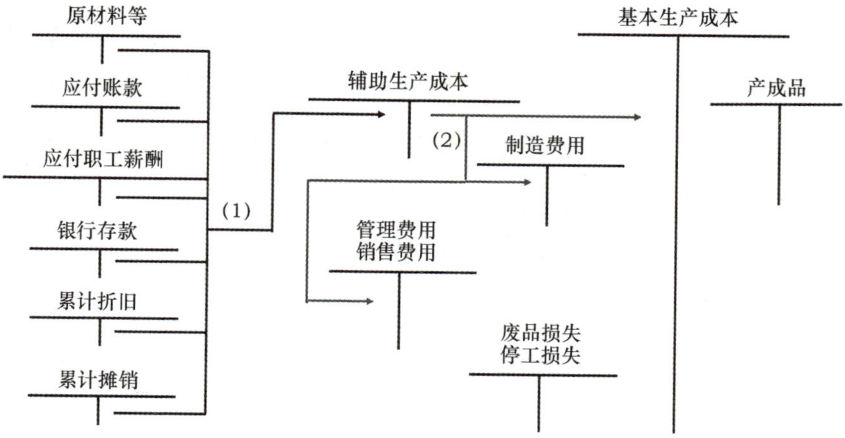

图 2-6-2　辅助生产成本归集和分配程序

辅助生产费用核算的主要内容是：归集辅助生产车间生产产品或提供劳务所发生的费用；将辅助生产所发生的费用，按一定的分配标准在各受益对象之间进行分配。

从归集的角度来看，可以将这个科目称为辅助生产成本。它归集的内容包括辅助生产耗用的各种要素费用，主要有原材料、辅助材料、燃料和动力、低值易耗品、折旧、职工薪酬、修理费等；辅助生产车间之间交互服务的费用，主要是指企业内部其他辅助生产部门为本辅助生产部门提供的产品或劳务费用；多品种辅助生产车间设置的制造费用明细账归集的辅助生产中发生的管理和组织生产的费用等。它也可以有自己产出的产品或劳务，所以可以视同成本。

从分配的角度来看，可以将这个科目称为辅助生产费用。辅助生产车间生产的产品和提供劳务的成本，最终由各受益产品和部门负担，可以将其理解为：企业为了生产核心产品而花费的一种原料或成本构成成分，所以可以视同费用。其费用的高低，对企业基本生产产品成本和各项期间费用有直接的影响，只有在辅助生产费用分配之后，才能计算基本生产产品成本。

因此，辅助生产费用从归集的角度来看，它是由辅助生产部门生产出来的产品或劳务，同样也要消耗各种要素费用，所以它可以看作是一种成本；而从分配的角度来看，它又是为了生产基本生产部门的产品或劳务，需要用到的一种材料或者其他要素费用，所以，又可以将其看作是一种费用。这个科目具有双重性质，承上启下。

（二）辅助生产费用的归集

Excel实操：根据材料费用分配表、职工薪酬分配表等（表 2-6-4~表 2-6-10），进行辅助生产费用的归集，并进行辅助成本明细账登记，填写表 2-6-11。

课堂小练习 12

表 2-6-4 原材料费用分配表

20××年 8 月 金额单位：元

应借账户		成本或费用明细项目	间接计入			直接计入	合计
			定额费用	分配率	分配额		
基本生产成本	甲产品	直接材料	350	150	52 500	120 000	172 500
	乙产品	直接材料	490	150	73 500		73 500
	小计		840	150	126 000	120 000	246 000
辅助生产成本	锅炉车间	直接材料				6 000	6 000
	供电车间	直接材料				1 200	1 200
	小计					7 200	7 200
制造费用	基本生产车间	修理费				300	300
		机物料消耗				9 200	9 200
		小计				9 500	9 500
管理费用		机物料消耗				600	600
合计					126 000	137 300	263 300

表 2-6-5 燃料费用分配表

20××年 8 月 金额单位：元

应借账户		成本项目或费用项目	直接计入	分配计入			合计
				原材料费用	分配率	分配额	
基本生产成本	甲产品	燃料及动力		52 500		4 725	4 725
	乙产品	燃料及动力		73 500		6 615	6 615
	小计			126 000	0.09	11 340	11 340
辅助生产成本	锅炉车间	燃料及动力	2 200				2 200
	供电车间	燃料及动力	800				800
	小计		3 000				3 000
合计			3 000			11 340	14 340

表 2-6-6 低值易耗品费用分配表

20××年 8 月 金额单位：元

应借账户		成本项目或费用项目	摊销方法	领用额	报废额	残值	摊销额
基本生产成本	甲产品	直接材料	一次摊销法	850			850
制造费用	基本生产车间	物料消耗	分期摊销法	1 200			300
	基本生产车间	低值易耗品摊销	一次摊销法	1 000	900	100	900
	小计						1 200
辅助生产成本	锅炉车间	机物料消耗	一次摊销	250			250
	供电车间	机物料消耗	一次摊销	120			120
合计							2 420

表 2-6-7　职工薪酬分配表

20××年 8 月　　　　金额单位：元

应借账户		成本或费用项目	生产工时	分配率	工资费用	计提标准	应付福利费	合计
基本生产成本	甲产品	直接工资	4 100		16 400		2 296	18 696
	乙产品	直接工资	2 050		8 200		1 148	9 348
	小计		6 150	4	24 600		3 444	28 044
辅助生产成本	锅炉车间	直接工资			7 400		1 036	8 436
	供电车间	直接工资			4 100		574	4 674
	小计				11 500		1 610	13 110
制造费用	基本生产车间	工资及福利			4 500		630	5 130
管理费用		福利费			10 800		1 512	12 312
合计					51 400	14%	7 196	58 596

表 2-6-8　外购动力费用（燃气）分配表

20××年 8 月　　　　金额单位：元

应借账户		成本项目或费用项目	耗用量分配			单位费用	分配金额
			定额耗用	分配率	分配量		
基本生产成本	甲产品	燃料及动力	1 200		4 800		14 400
	乙产品	燃料及动力	800		3 200		9 600
	小计		2 000	4	8 000		24 000
辅助生产成本	锅炉车间	燃料及动力			2 600		7 800
	供电车间	燃料及动力			1 300		3 900
	小计				3 900		11 700
制造费用	基本生产车间	燃气			200		600
管理费用		燃气			400		1 200
合计					12 500	3.00	37 500

表 2-6-9　固定资产折旧费用分配表

20××年 8 月　　　　金额单位：元

应借账户	部门	上月折旧额	上月增加折旧额	上月减少折旧额	本月应计折旧额
制造费用	基本生产车间	4 800	340	140	5 000
辅助生产成本	锅炉车间	1 400	160		1 560
	供电车间	850		50	800
	小计	2 250	160	50	2 360
管理费用	行政管理部门	1 850	150	160	1 840
合计		8 900	650	350	9 200

表 2-6-10 其他费用汇总表

20××年 8 月　　　　金额单位：元

应借账户		成本或费用项目	金额	备注
制造费用	基本生产车间	办公费	680	银付
		保险费	4 860	预付
		其他	2 240	银付
		小计	7 780	
辅助生产成本	锅炉车间	办公费	486	银付
		保险费	1 416	预付
		其他	582	银付
		小计	2 484	
	供电车间	办公费	240	银付
		保险费	346	预付
		其他	220	银付
		小计	806	
管理费用	行政管理部门	办公费	3 560	银付
		保险费	3 850	预付
		税金	4 210	银付
		其他	3 340	银付
		小计	1 960	
财务费用			利息	应付
合计			28 130	

表 2-6-11 辅助生产成本明细表

车间名称：供电车间　　　　金额单位：元

20××年		凭证号数	摘要	直接材料	燃料及动力	直接人工	折旧费	办公费	保险费	机物料消耗	其他	合计
月	日											
8	31	略	原材料费用分配表									

辅助生产费用的归集是辅助生产产品、劳务分配的前提，辅助生产费用归集是否正确，直接影响辅助生产产品和劳务的正确性，进而影响基本生产产品和劳务数据的准确

性。所以，进行辅助生产成本的计算，必须抓好辅助生产费用的归集。正确、及时地组织辅助生产费用的归集和分配，对于加强成本管理、组织产品成本计算具有重要意义。

辅助生产成本归集的程序与辅助生产的类型不同，其辅助生产成本归集的程序也不太相同。在单品种辅助生产部门，所发生的一切费用都是直接费用，一般可按费用的经济用途（即成本项目）直接计入所生产的产品或劳务的成本。因此，其成本归集的程序较简单。在多品种辅助生产部门，所发生的费用需由两个或两个以上的产品或劳务负担，此时，应将共同费用在受益对象中进行分配，辅助生产成本归集的程序相对而言比较复杂。

根据以上资料，锅炉车间和供电车间的辅助生产成本明细表分别见表2-6-12和表2-6-13。

表2-6-12　辅助生产成本明细表

车间名称：锅炉车间　　　　金额单位：元

20××年		凭证号数	摘要	直接材料	燃料及动力	直接人工	折旧费	办公费	保险费	机物料消耗	其他	合计
月	日											
8	31	略	原材料费用分配表	6 000								
			燃料费用分配表		2 200							
			低值易耗品费用分配表							250		
			外购动力费用分配表		7 800							
			工资及福利费用分配表			8 436						
			固定资产折旧费用分配表				1 560					
			其他费用汇总表								2 484	
			本月发生额合计	6 000	10 000	8 436	1 560			250	2 484	28 730
分配辅助生产费用				6 000	10 000	8 436	1 560			250	2 484	28 730

表2-6-13　辅助生产成本明细表

车间名称：供电车间　　　　金额单位：元

20××年		凭证号数	摘要	直接材料	燃料及动力	直接人工	折旧费	办公费	保险费	机物料消耗	其他	合计
月	日											
8	31	略	原材料费用分配表	1 200								
			燃料费用分配表		800							
			低值易耗品费用分配表							120		
			外购动力费用分配表		3 900							
			工资及福利费用分配表			4 674						
			固定资产折旧费用分配表				800					
			其他费用汇总表								806	
			本月发生额合计	1 200	4 700	4 674	800			120	806	12 300
分配辅助生产费用				1 200	4 700	4 674	800			120	806	12 300

三、辅助生产费用的分配

在辅助生产成本明细账中归集的辅助生产费用，月末应根据辅助生产车间生产产品和提供劳务的数量，采用一定的方法分配给各个受益对象，以便正确计算基本生产车间的产品成本和各项期间费用。

在企业只有一个辅助生产车间或虽然有两个以上的辅助生产车间，但各辅助生产车间之间不相互提供产品或劳务的情况下，月末分配辅助生产费用时，可直接从“辅助生产成本”账户的贷方转入“基本生产成本”“制造费用”“管理费用”“营业费用”等账户的借方。

在企业有两个或两个以上的辅助生产车间，且各辅助生产车间之间也相互提供产品或劳务的情况下，例如，供水车间为供电车间供水，供电车间为供水车间供电，则辅助生产费用的分配较为复杂。因为如果要计算供水车间的成本，应先计算供电车间的成本，而要计算供电车间的成本，又必须先计算供水车间的成本，这就使得辅助生产费用的分配交互影响、彼此制约，给分配工作带来困难。

因此，要将辅助生产费用分配给各受益对象，需先在各辅助生产车间之间进行分配，再对外分配，即在辅助生产车间以外的各受益对象之间进行分配。常用的分配方法有：直接分配法、交互分配法、计划成本分配法、代数分配法和顺序分配法。

【例 2.6.1】

某企业有锅炉和供电两个辅助生产车间，主要为本企业基本生产车间和行政管理部门等部门服务。锅炉车间本月发生费用为 28 730 元，供电车间本月发生费用为 12 300 元。各辅助生产车间供应劳务数量见表 2-6-14。

（资料来源：作者根据相关资料整理）

表 2-6-14 辅助生产车间提供劳务量汇总表

受益对象		供气吨数	供电度数
辅助生产部门	锅炉车间		200
	供电车间	400	
基本生产车间		9 500	2 500
行政管理部门		3 500	500
合　计		13 400	3 200

注：锅炉车间的计划单位成本为 2.3 元，供电车间的计划单位成本为 3.8 元。

问题

采用各种分配法分配辅助生产费用。

解析

（一）直接分配法

1. 题意分析

【例 2.6.1】题意分析如图 2-6-3 所示。

辅助生产费用如何分配？——直接分配法

课堂小练习 13

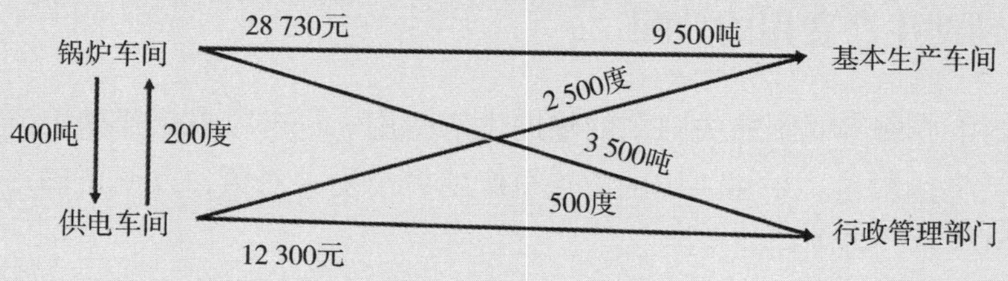

图 2-6-3　辅助生产费用分配分析

直接分配法是指将各辅助生产车间实际发生的辅助生产费用，直接在辅助生产车间以外的各受益单位之间进行分配，而不考虑辅助生产车间之间相互提供产品或劳务的情况的一种辅助费用分配方法。

2. 计算步骤

（1）计算对外分配费用分配率。

$$锅炉车间费用分配率=\frac{28\,730}{9\,500+3\,500}=2.21（元/吨）$$

$$供电车间费用分配率=\frac{12\,300}{2\,500+500}=4.1（元/度）$$

（2）将辅助生产费用分配给辅助生产车间以外的各受益对象。

基本生产车间应分配蒸汽费 $=9\,500\times2.21=20\,995$（元）

行政管理部门应分配蒸汽费 $=3\,500\times2.21=7\,735$（元）

基本生产车间应分配电费 $=2\,500\times4.1=10\,250$（元）

行政管理部门应分配电费 $=500\times4.1=2\,050$（元）

辅助生产费用如何分配？——直接分配法辅助费用分配表

3. Excel 实操——分配表

实际工作中辅助生产费用是通过编制辅助生产费用分配表的方式进行分配的，请运用直接分配法编制辅助生产费用分配表，见表 2-6-15。

表 2-6-15　辅助生产费用分配表（直接分配法）

辅助生产部门名称			锅炉车间	供电车间	合计
待分配费用					
供应辅助生产部门以外单位的劳务量					
费用分配率（单位成本）					
应借账户	制造费用——基本生产	耗用劳务量			
		应分配金额			
	管理费用	耗用劳务量			
		应分配金额			
分配金额合计					

参考答案见表 2-6-16。

表 2-6-16　辅助生产费用分配表（直接分配法）

辅助生产部门名称			锅炉车间	供电车间	合计
待分配费用			28 730	12 300	41 030
供应辅助生产部门以外单位的劳务量			13 000	3 000	16 000
费用分配率（单位成本）			2.21	4.1	
应借账户	制造费用——基本生产	耗用劳务量	9 500	2 500	12 000
		应分配金额	20 995	10 250	31 245
	管理费用	耗用劳务量	3 500	500	4 000
		应分配金额	7 735	2050	9 785
分配金额合计			28 730	12 300	41 030

4.编制分配结转辅助生产费用的会计分录

借：制造费用　　31 245

　　管理费　　9 785

　　贷：辅助生产成本——锅炉车间　　28 730

　　　　　　　　　　——供电车间　　12 300

话题讨论

直接分配法的优缺点有哪些？

（二）交互分配法

1.题意分析

【例 2.6.1】题意分析如图 2-6-4 所示。

辅助生产成本如何分配？——交互分配法

课堂小练习 14

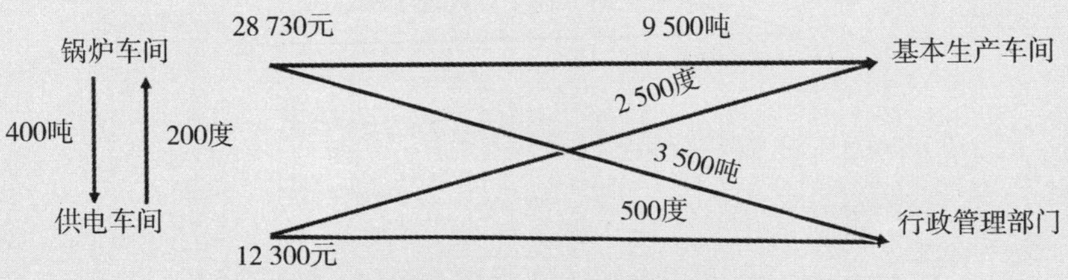

图 2-6-4　辅助生产费用分配分析

交互分配法就是将辅助生产费用的分配分两次进行，第一次只在各相关辅助生产部门之间交互分配费用，第二次将辅助生产部门交互分配后的金额，采用直接分配法分配给辅助生产部门以外的其他各受益对象。

进行辅助部门之间的交互分配，将锅炉车间数据提炼出来，只分给供电车间一个金额A，如图2-6-5所示。

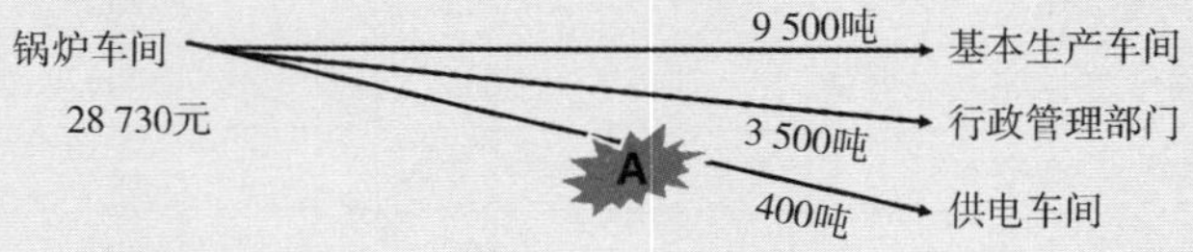

图2-6-5 锅炉车间费用分配分析

将供电车间数据提炼出来，只分给锅炉车间一个金额B，如图2-6-6所示。

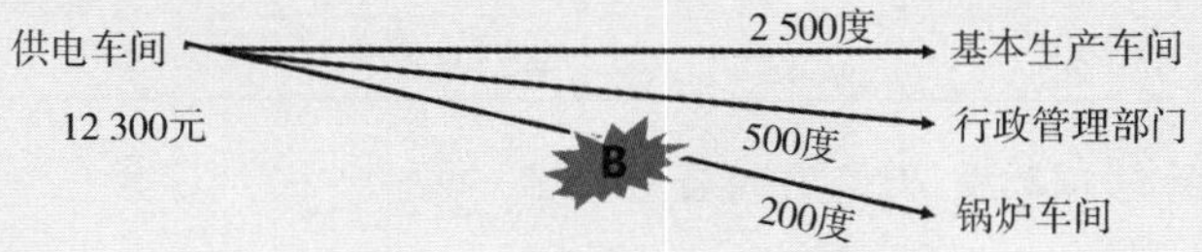

图2-6-6 供电车间费用分配分析

金额A、B数据交换，然后锅炉车间和供电车间得到新的待分配金额数据，如图2-6-7所示。

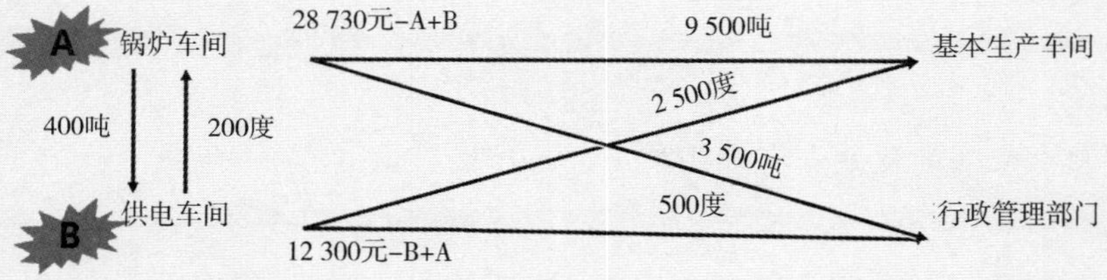

图2-6-7 数据金额交换

进行辅助部门对外分配，相互之间的数据不用再考虑，如图2-6-8所示。

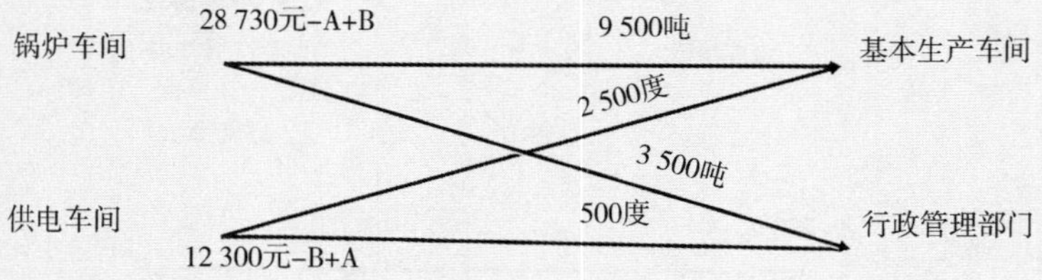

图2-6-8 辅助部门对外分配

2.计算步骤

(1)交互分配。

$$锅炉车间交互分配率=\frac{28\,730}{9\,500+3\,500+400}\approx 2.1(元/吨)$$

$$供电车间交互分配率=\frac{12\,300}{2\,500+500+200}\approx 3.8(元/度)$$

供电车间应负担的蒸汽费 = 400×2.1 = 840(元)

锅炉车间应负担的电费 = 200×3.8 = 760(元)

(2)对外分配。

锅炉车间调整后待分配费用 = 28 730 − 840 + 760 = 28 650(元)

供电车间调整后待分配费用 = 12 300 − 760 + 840 = 12 380(元)

$$锅炉车间对外分配率 = \frac{28\,650}{9\,500 + 3\,500} \approx 2.2(元/吨)$$

$$供电车间对外分配率 = \frac{12\,380}{2\,500 + 500} \approx 4.1(元/吨)$$

基本生产车间应负担的蒸汽费用 = 9 500×2.2 = 20 900(元)

行政管理部门应负担的蒸汽费用 = 28 650 − 20 900 = 7 750(元)

基本生产车间应负担的电费 = 2 500×4.1 = 10 250(元)

行政管理部门应负担的电费 = 12 380 − 10 250 = 2 130(元)

交互分配法辅助费用分配表

3. Excel实操分配表

运用交互分配法编制辅助生产费用分配表，见表2-6-17。

表2-6-17　辅助生产费用分配表(交互分配法)

20××年8月　　　　金额单位：元

<table>
<tr><td colspan="4">项目</td><td colspan="3">交互分配</td><td colspan="3">对外分配</td></tr>
<tr><td colspan="4">辅助生产车间名称</td><td>锅炉</td><td>供电</td><td>合计</td><td>锅炉</td><td>供电</td><td>合计</td></tr>
<tr><td colspan="4">待分配费用</td><td></td><td></td><td></td><td></td><td></td><td></td></tr>
<tr><td colspan="4">劳务供应数量总额</td><td></td><td></td><td></td><td></td><td></td><td></td></tr>
<tr><td colspan="4">费用分配率</td><td></td><td></td><td></td><td></td><td></td><td></td></tr>
<tr><td rowspan="10">应借账户</td><td rowspan="5">辅助生产成本</td><td rowspan="2">锅炉车间</td><td>数量</td><td></td><td></td><td></td><td></td><td></td><td></td></tr>
<tr><td>金额</td><td></td><td></td><td></td><td></td><td></td><td></td></tr>
<tr><td rowspan="2">供电车间</td><td>数量</td><td></td><td></td><td></td><td></td><td></td><td></td></tr>
<tr><td>金额</td><td></td><td></td><td></td><td></td><td></td><td></td></tr>
<tr><td colspan="2">金额小计</td><td></td><td></td><td></td><td></td><td></td><td></td></tr>
<tr><td rowspan="2">制造费用</td><td rowspan="2">基本生产车间</td><td>数量</td><td></td><td></td><td></td><td></td><td></td><td></td></tr>
<tr><td>金额</td><td></td><td></td><td></td><td></td><td></td><td></td></tr>
<tr><td colspan="2" rowspan="2">管理费用金额</td><td>数量</td><td></td><td></td><td></td><td></td><td></td><td></td></tr>
<tr><td></td><td></td><td></td><td></td><td></td><td></td><td>①</td></tr>
<tr><td colspan="3">对外分配金额合计</td><td></td><td></td><td></td><td></td><td></td><td></td></tr>
</table>

注：①该行数据为倒挤求得。

参考答案见表2-6-18。

表 2-6-18　辅助生产费用分配表（交互分配法）

20××年 8 月　　　　　　　　　　　　　　　　　　　　　金额单位：元

项目				交互分配			对外分配		
辅助生产车间名称				锅炉	供电	合计	锅炉	供电	合计
待分配费用				28 730	12 300	41 030	28 650	12 380	41 030
劳务供应数量总额				13 400	3 200		13 000	3 000	
费用分配率				2.1	3.8		2.2	4.1	
应借账户	辅助生产成本	锅炉车间	数量		200				
			金额		760	760			
		供电车间	数量	400					
			金额	840		840			
		金额小计		840	760	1 600			
	制造费用	基本生产车间	数量				9 500	2 500	
			金额				20 900	10 250	31 150
	管理费用金额		数量				3 500	500	
							7 750	2 130	9 880 ①
	对外分配金额合计						28 650	12 380	41 030

注：①该行数据为倒挤求得。

4. 编制分配结转辅助生产费用的会计分录

（1）交互分配：

借：辅助生产成本——锅炉车间　　　　760

　　贷：辅助生产成本——供电车间　　　　760

借：辅助生产成本——供电车间　　　　840

　　贷：辅助生产成本——锅炉车间　　　　840

（2）对外分配：

借：制造费用——基本生产车间　　　　31 150

　　管理费　　　　9 880

　　贷：辅助生产成本——锅炉车间　　　　28 650

　　　　　　　　　　——供电车间　　　　12 380

话题讨论

辅助生产费用交互分配法的优缺点是什么？

（三）计划成本分配法

计划成本分配法 课堂小练习 15

1.题意分析

【例 2.6.1】题意分析如图 2-6-9 所示。

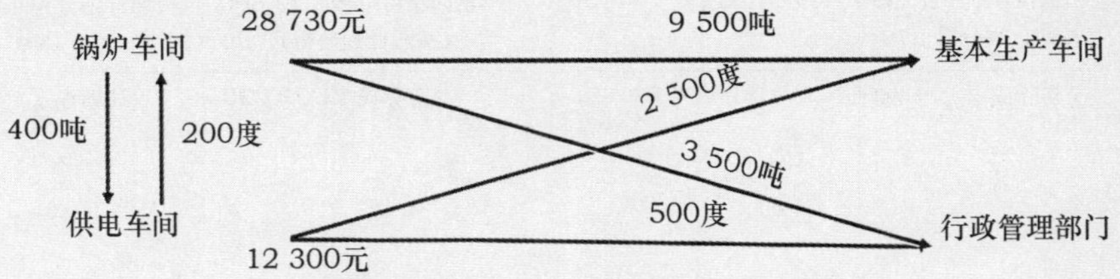

图 2-6-9 辅助生产费用分配分析

计划成本分配法是指按照辅助生产车间提供产品或劳务的计划单价和受益对象的实际耗用量进行分配，然后再将其调整为实际成本的方法。计划成本分配法同样要进行两次分配，第一次分配是辅助生产车间为各车间、部门提供的产品和劳务（包括辅助生产车间），根据产品或劳务的计划单位成本进行分配，并计算各辅助生产车间实际发生的费用与按计划成本分配的费用之间的差额；第二次分配是将差额按受益比例分配给辅助生产车间以外的各受益单位，为了简化核算工作，差异可以全部计入管理费用。

从之前学过的两种分配方法来看，如果想将辅助费用分配出去，核心的问题是找到分配率（本题表现为单位成本）。如果题中给出了分配率（单位成本），一切问题就迎刃而解了，分配率（单位成本）与分配出去的劳务量的乘积就是分配出去的金额。假设锅炉车间单位成本是每吨A元，机修车间是每度B元。那么9 500A就是锅炉车间分给基本生产车间的费用；3 500A就是锅炉车间分给行政管理部门的费用。同理，2 500B就是供电车间分给基本生产车间的费用；500B就是供电车间分给行政管理部门的费用。题中给出了计划单位成本下的A和B：锅炉车间的计划单位成本为每吨2.3元，供电车间的计划单位成本为每度3.8元。计算出来的数据就是计划数据，和实际分配金额肯定是有一定差距的。

所以，这样分配的结果，各受益单位所负担的辅助生产成本实际上由两部分构成：一部分是按计划分配率和消耗量计算的劳务费用，另一部分是辅助生产部门实际成本与按计划成本分配的成本之间的差异分配额。

2.计算步骤

（1）采用计划成本分配辅助生产车间费用。

供电车间按计划成本负担的蒸汽费=400×2.3=920（元）

锅炉车间按计划成本负担的电费=200×3.8=760（元）

基本生产车间按计划成本负担的蒸汽费=9 500×2.3=21 850（元）

管理部门按计划成本负担的蒸汽费=3 500×2.3=8 050（元）

基本生产车间按计划成本负担的电费=2 500×3.8=9 500（元）

管理部门按计划成本负担的电费=500×3.8=1 900（元）

（2）成本差异的计算如图 2-6-10 所示。

辅助生产成本——锅炉车间

借方	贷方
（已归集待分配）28 730 （按照计划分得）760	（按照计划分走）30 820
（实际成本）29 490	（计划成本）30 820

辅助生产成本——供电车间

借方	贷方
（已归集待分配）12 300 （按照计划分得）920	（按照计划分走）12 160
（实际成本）13 220	（计划成本）12 160

图 2-6-10　成本差异计算

成本差异=实际成本-计划成本

计划成本=按计划单位成本计算的分配走的费用

实际成本=原归集起来的待分配费用+按计划单位成本计算的分配来的费用

锅炉车间计划成本=920+21 850+8 050=30 820（元）

供电车间计划成本=760+9 500+1 900=12 160（元）

锅炉车间实际成本=28 730+760=29 490（元）

供电车间实际成本=12 300+920=13 220（元）

锅炉车间的成本差异=29 490-30 820=-1 330（元）

供电车间的成本差异=13 220-12 160=1 060（元）

计划成本分配法分配差异

3. Excel 实操分配表

运用计划成本分配法编制辅助生产费用分配表，见表 2-6-19。

表 2-6-19　辅助生产费用分配表（计划成本分配法）

20××年 8 月　　　　金额单位：元

<table>
<tr><th colspan="4" rowspan="2">项目 ＼ 劳务供应</th><th colspan="2">锅炉车间</th><th colspan="2">供电车间</th><th rowspan="2">费用合计</th></tr>
<tr><th>数量/吨</th><th>费用</th><th>数量/度</th><th>费用</th></tr>
<tr><td colspan="4">待分配费用</td><td></td><td></td><td></td><td></td><td></td></tr>
<tr><td rowspan="7">计划成本分配</td><td colspan="3">计划单位成本</td><td></td><td></td><td></td><td></td><td></td></tr>
<tr><td rowspan="5">应借账户</td><td rowspan="3">辅助生产成本</td><td>锅炉车间</td><td></td><td></td><td></td><td></td><td></td></tr>
<tr><td>供电车间</td><td></td><td></td><td></td><td></td><td></td></tr>
<tr><td>小计</td><td></td><td></td><td></td><td></td><td></td></tr>
<tr><td>制造费用</td><td>基本生产车间</td><td></td><td></td><td></td><td></td><td></td></tr>
<tr><td colspan="2">管理费用</td><td></td><td></td><td></td><td></td><td></td></tr>
<tr><td colspan="3">按计划成本分配合计</td><td></td><td></td><td></td><td></td><td></td></tr>
<tr><td colspan="4">辅助生产实际成本</td><td></td><td></td><td></td><td></td><td></td></tr>
</table>

续表

项目＼劳务供应				锅炉车间		供电车间		费用合计
				数量/吨	费用	数量/度	费用	
成本差异分配	待分配成本差异额							
	分配率							
	应借账户	制造费用	基本生产车间					
		管理费用						
	成本差异分配合计							

注：①该行数据为倒挤求得。

参考答案见表2-6-20。

表2-6-20　辅助生产费用分配表（计划成本分配法）

20××年8月　　　　金额单位：元

项目＼劳务供应				锅炉车间		供电车间		费用合计
				数量/吨	费用	数量/度	费用	
待分配费用					28 730		12 300	41 030
计划成本分配	计划单位成本				2.3		3.8	
	应借账户	辅助生产成本	锅炉车间			200	760	760
			供电车间	400	920			920
			小计		920		760	1 680
		制造费用	基本生产车间	9 500	21 850	2 500	9 500	31 350
		管理费用		3 500	8 050	500	1 900	9 950
	按计划成本分配合计				30 820		12 160	42 980
辅助生产实际成本					29 490		13 220	42 710
成本差异分配	待分配成本差异额				-1 330		1 060	-270
	分配率				0.1023		0.3533	
	应借账户	制造费用	基本生产车间	9 500	-972	2 500	883	-89
		管理费用		3 500	-358	500	177	-181 ①
	成本差异分配合计				-1 330		1 060	-270

注：①该行数据为倒挤求得。

4. 编制分配结转辅助生产费用的会计分录

（1）采用计划成本分配辅助生产车间费用时。

借：辅助生产成本——供电车间　　920

　　制造费用　　21 850

　　管理费用　　8 050

　　贷：辅助生产成本——锅炉车间　　30 820

借：辅助生产成本——锅炉车间　　760

制造费用　　9 500

管理费用　　1 900

贷：辅助生产成本——供电车间　　12 160

（2）分配材料成本差异时（如果差异较少，则可直接计入“管理费用”账户，不用进行分配）。

借：管理费用　　−270

贷：辅助生产成本——锅炉车间　　−1 330

——供电车间　　1 060

（3）分配材料成本差异时（如果差异较多，为保证成本核算的准确性需要进行调整分配）。

借：制造费用　　−972

管理费用　　−358

贷：辅助生产成本——锅炉车间　　−1 330

借：制造费用　　883

管理费用　　177

贷：辅助生产成本——供电车间　　1 060

话题讨论

辅助生产费用计划成本分配法的特点是什么？

（四）代数分配法

1.题意分析

代数分配法　　课堂小练习 16

【例 2.6.1】题意分析如图 2-6-11 所示。

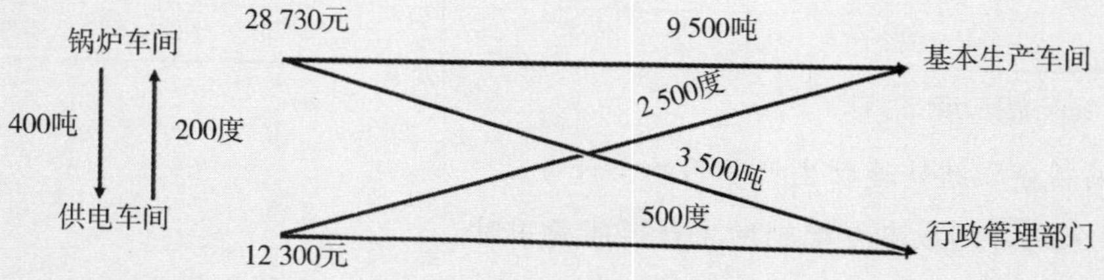

图 2-6-11　辅助费用分配分析

分配辅助费用的关键是确定分配率（或单位成本），之前的计划成本分配法是直接给出了一个分配率，但是其分配率是计划数据，不准确。要想得到更为精准的数据，应使用代数分配法。

代数分配法是运用初等数学中解多元一次方程组的技术进行辅助生产费用分配的一种方法。在这种方法下，先要计算出各辅助生产车间劳务的单位成本，然后根据该单位成本和各受益对象（包括辅助生产车间）耗用的数量计算分配辅助生产费用。

代数分配法的具体分配流程如下。

（1）设未知数，并根据辅助生产车间之间交互服务关系建立方程组。

（2）解方程组，求出各种产品或劳务的单位成本。

（3）用各单位成本乘受益对象的耗用量，求出各受益对象应分配计入的辅助生产费用。

2.计算步骤

（1）假设锅炉车间的分配率（单位成本）是每吨x元，供电车间分配率（单位成本）是每度y元。因为辅助费用期末没有余额，需要将金额全部分配出去，联立方程如下。分配原理如图 2-6-12 所示。

辅助生产成本——锅炉车间	
（已归集待分配）28 730 （分得的）$200y$	（分走的） （9 500+3 500+400）x

辅助生产成本——供电车间	
（已归集待分配）12 300 （分得的）$400x$	（分走的） （2 500+500+200）y

图 2-6-12　分配原理

$$\begin{cases}28\,730+200y=(9\,500+3\,500+400)x & ①\\ 12\,300+400x=(2\,500+500+200)y & ②\end{cases}$$

（2）解联立方程组，得：

$$\begin{cases}x\approx 2.2055 & ①\\ y\approx 4.1194 & ②\end{cases}$$

代数分配法辅助费用分配表

（3）将辅助生产费用分配给各受益对象。

3. Excel 实操分配表

运用代数分配法编制辅助生产费用分配表，见表 2-6-21。

表 2-6-21　辅助生产费用分配表（代数分配法）

20××年 8 月　　　　金额单位：元

辅助生产部门名称				锅炉车间	供电车间	合计
待分配费用						
劳务供应总量						
用代数法算出实际单位成本						
应借账户	辅助生产成本	锅炉车间	耗用数量			
			分配金额			
		供电车间	耗用数量			
			分配金额			

续表

应借账户	制造费用	基本生产	耗用数量			
			分配金额			
	管理	耗用数量				
		分配金额				
分配金额合计						

参考答案见表 2-6-22。

表 2-6-22　辅助生产费用分配表（代数分配法）

20××年 8 月

金额单位：元

辅助生产部门名称				锅炉车间	供电车间	合计
待分配费用				28 730	12 300	41 030
劳务供应总量				13 400	3 200	16 600
用代数法算出实际单位成本				2.205 5	4.118 5	6.324
应借账户	辅助生产成本	锅炉车间	耗用数量		200	200
			分配金额		823.7	823.7
		供电车间	耗用数量	400		400
			分配金额	882.2		882.2
	制造费用	基本生产	耗用数量	9 500	2 500	12 000
			分配金额	20 952.25	10 296.25	31 248.5
	管理	耗用数量		3 500	500	4 000
		分配金额		7 719.25	2 062.25①	9 781.5
分配金额合计				28 671.5	12 358.5	41 030

注：①为倒挤求得。

4.根据辅助生产费用分配表，编制分配结转辅助生产费用的会计分录

借：辅助生产成本——供电车间　　882.20
　　制造费用　　20 952.25
　　管理费用　　7 719.25
　　贷：辅助生产成本——锅炉车间　　28 671.50

借：辅助生产成本——锅炉车间　　823.70
　　制造费用　　10 296.25
　　管理费用　　2 062.25
　　贷：辅助生产成本——供电车间　　12 358.50

5.用函数实现方程式求解

用代数分配法计算出的数据精确，使用Excel表格进行分配表的编辑填写，但是里面的单位成本仍然是手工计算出来的，工

代数分配法
Excel操作

作量大且容易出错，现在可以使用函数实现方程式求解，从而减轻代数法的日常工作量。操作步骤如下。

（1）将方程组变形，将含有同样未知数的式子移动到方程式的同一侧

$$\begin{cases}28\,730+200y=(9\,500+3\,500+400)x & ①\\ 12\,300+400x=(2\,500+500+200)y & ②\end{cases}$$

变形为

$$\begin{cases}13\,400x-200y=28\,730 & ①\\ -400x+3\,200y=12\,300 & ②\end{cases}$$

（2）将方程组变形为矩阵乘积的形式

$$\begin{pmatrix}13\,400 & -200\\ -400 & 3\,200\end{pmatrix}\times\begin{pmatrix}x\\ y\end{pmatrix}=\begin{pmatrix}28\,730\\ 12\,300\end{pmatrix}$$

继续变形

$$\begin{pmatrix}13\,400 & -200\\ -400 & 3\,200\end{pmatrix}^{-1}\times\begin{pmatrix}28\,730\\ 12\,300\end{pmatrix}=\begin{pmatrix}x\\ y\end{pmatrix}$$

（3）在空白的分配表格中录入已知数据，并选择3组矩阵的位置。（矩阵里的数据用链接的方式，不要直接录入数值，具体步骤参考“代数分配法Excel操作”视频），操作结果如图2-6-13所示。

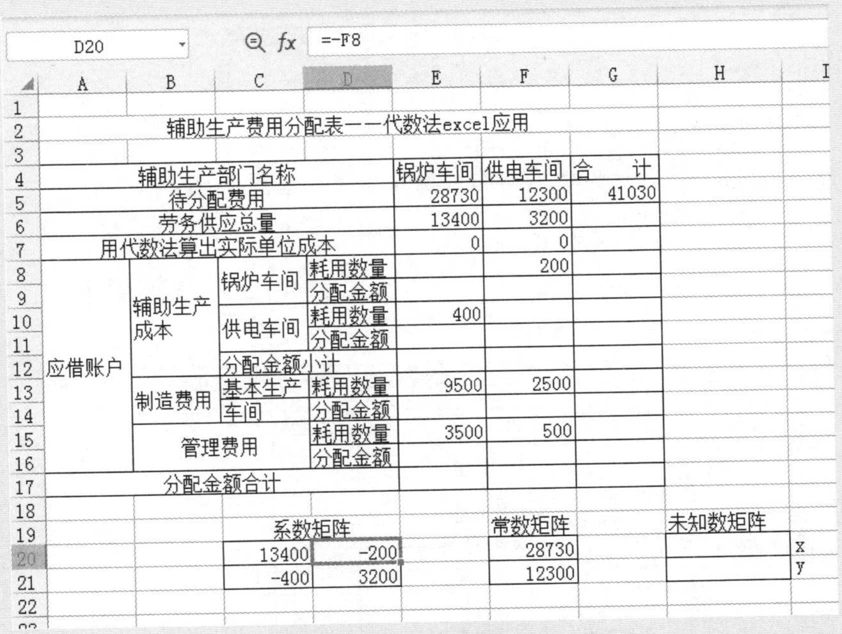

D20　fx =-F8

	A	B	C	D	E	F	G	H	I
1									
2	辅助生产费用分配表——代数法excel应用								
3									
4	辅助生产部门名称				锅炉车间	供电车间	合　计		
5	待分配费用				28730	12300	41030		
6	劳务供应总量				13400	3200			
7	用代数法算出实际单位成本				0	0			
8	应借账户	辅助生产成本	锅炉车间	耗用数量		200			
9				分配金额					
10			供电车间	耗用数量	400				
11				分配金额					
12			分配金额小计						
13		制造费用	基本生产车间	耗用数量	9500	2500			
14				分配金额					
15		管理费用		耗用数量	3500	500			
16				分配金额					
17	分配金额合计								
18									
19			系数矩阵			常数矩阵		未知数矩阵	
20			13400	-200		28730			x
21			-400	3200		12300			y
22									

图2-6-13　操作结果

例如，图中D20位置不要直接录入数值，而是录入：=-F8，代表这个单元格的数据随着F8单元格数据变化。

（4）用函数MMULT（MINVERSE）求解出第一个未知数x，操作结果如图2-6-14所示。

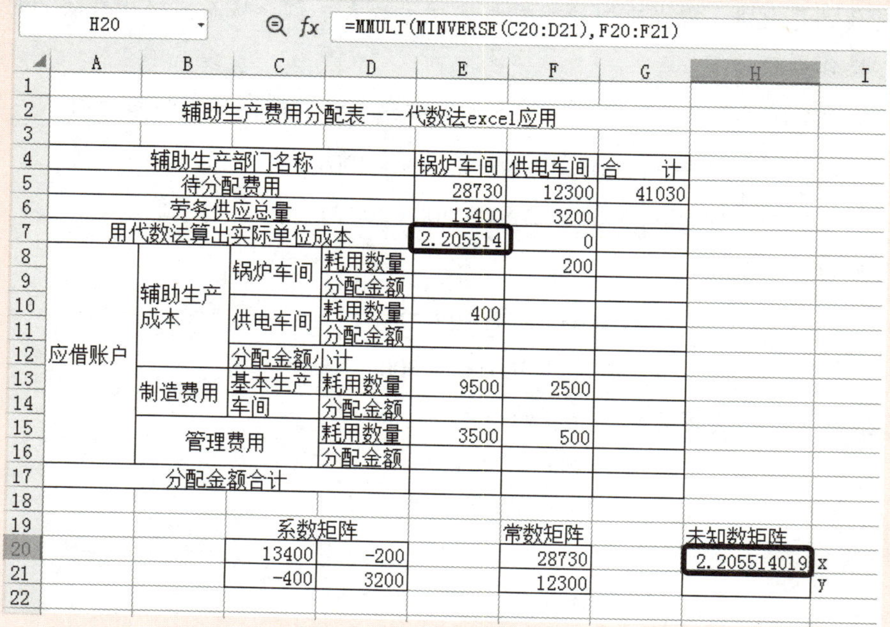

H20 fx =MMULT(MINVERSE(C20:D21),F20:F21)

	A	B	C	D	E	F	G	H	I
1									
2	辅助生产费用分配表——代数法excel应用								
3									
4	辅助生产部门名称				锅炉车间	供电车间	合 计		
5	待分配费用				28730	12300	41030		
6	劳务供应总量				13400	3200			
7	用代数法算出实际单位成本				2.205514	0			
8	应借账户	辅助生产成本	锅炉车间	耗用数量		200			
9				分配金额					
10			供电车间	耗用数量	400				
11				分配金额					
12			分配金额小计						
13		制造费用	基本生产车间	耗用数量	9500	2500			
14				分配金额					
15		管理费用		耗用数量	3500	500			
16				分配金额					
17	分配金额合计								
18									
19			系数矩阵			常数矩阵		未知数矩阵	
20			13400	-200		28730		2.205514019	x
21			-400	3200		12300			y
22									

其中的公式录入=MMULT(MINVERSE(C20:D21),F20:F21)

→代表后面两个矩阵的乘积，两个矩阵用逗号隔开

=MMULT(MINVERSE(C20:D21),F20:F21)

→代表对系数矩阵求逆矩阵

图 2-6-14　操作结果

（5）得出另一个未知数y。

先将x和y的未知数矩阵位置全选，操作步骤一如图 2-6-15 所示。

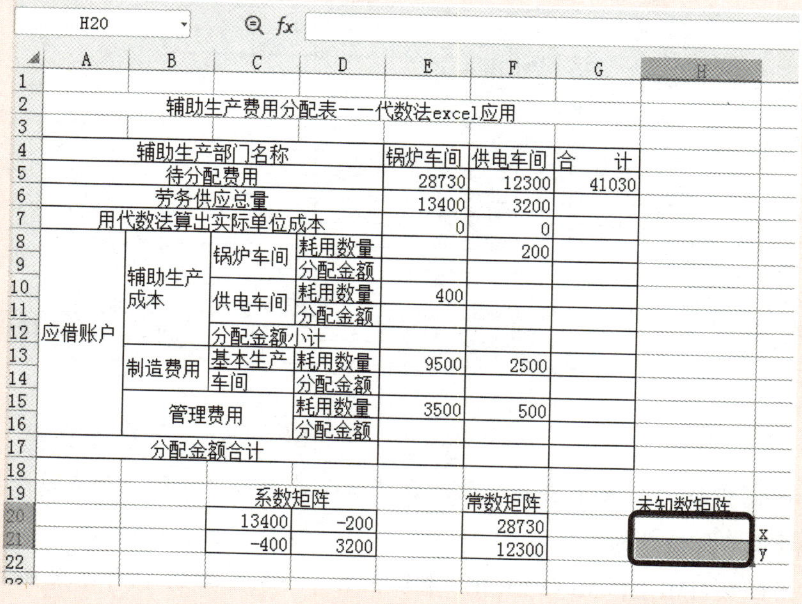

H20 fx

	A	B	C	D	E	F	G	H
1								
2	辅助生产费用分配表——代数法excel应用							
3								
4	辅助生产部门名称				锅炉车间	供电车间	合 计	
5	待分配费用				28730	12300	41030	
6	劳务供应总量				13400	3200		
7	用代数法算出实际单位成本				0	0		
8	应借账户	辅助生产成本	锅炉车间	耗用数量		200		
9				分配金额				
10			供电车间	耗用数量	400			
11				分配金额				
12			分配金额小计					
13		制造费用	基本生产车间	耗用数量	9500	2500		
14				分配金额				
15		管理费用		耗用数量	3500	500		
16				分配金额				
17	分配金额合计							
18								
19			系数矩阵			常数矩阵		未知数矩阵
20			13400	-200		28730		x
21			-400	3200		12300		y
22								

图 2-6-15　步骤一

按下F2键，得到的结果如图2-6-16所示。

MINVERSE　　=MMULT(MINVERSE(C20:D21),F20:F21)

	A	B	C	D	E	F	G	H	I
1									
2	辅助生产费用分配表——代数法excel应用								
3									
4	辅助生产部门名称				锅炉车间	供电车间	合　计		
5	待分配费用				28730	12300	41030		
6	劳务供应总量				13400	3200			
7	用代数法算出实际单位成本				2.205514	0			
8	应借账户	辅助生产成本	锅炉车间	耗用数量		200			
9				分配金额					
10			供电车间	耗用数量	400				
11				分配金额					
12			分配金额小计						
13		制造费用	基本生产车间	耗用数量	9500	2500			
14				分配金额					
15		管理费用		耗用数量	3500	500			
16				分配金额					
17	分配金额合计								
18									
19			系数矩阵			常数矩阵		未知数矩阵	
20			13400	-200		28730		=MMULT(MINVERSE(C20:D21),F20:F21)	
21			-400	3200		12300			Y
22									

图2-6-16　步骤二

然后，同时按下Ctrl+Shift+Enter组合键即可得结果，如图2-6-17所示。

H20　　{=MMULT(MINVERSE(C20:D21),F20:F21)}

	A	B	C	D	E	F	G	H	I
1									
2	辅助生产费用分配表——代数法excel应用								
3									
4	辅助生产部门名称				锅炉车间	供电车间	合　计		
5	待分配费用				28730	12300	41030		
6	劳务供应总量				13400	3200			
7	用代数法算出实际单位成本				2.205514	4.119439			
8	应借账户	辅助生产成本	锅炉车间	耗用数量		200			
9				分配金额					
10			供电车间	耗用数量	400				
11				分配金额					
12			分配金额小计						
13		制造费用	基本生产车间	耗用数量	9500	2500			
14				分配金额					
15		管理费用		耗用数量	3500	500			
16				分配金额					
17	分配金额合计								
18									
19			系数矩阵			常数矩阵		未知数矩阵	
20			13400	-200		28730		2.205514019	X
21			-400	3200		12300		4.119439252	Y
22									

图2-6-17　步骤三

最后，将分配表空格补充填写完毕。

话题讨论

代数分配法的优缺点有哪些？

任务七　制造费用核算

一、制造费用的含义及内容

为什么会有制造费用?

（一）制造费用的含义

制造费用是指企业为生产产品和提供劳务而发生的各项没有专设成本项目的直接生产费用和间接生产费用，包括薪酬费用、折旧费、办公费、水电费、机物料消耗、劳动保护费、季节性和修理期间的停工损失等。制造费用是产品（或劳务）制造成本的重要组成部分，应按费用发生的地点进行归集，月末再采用一定的方法在各成本核算对象间进行分配，然后才能计入各成本核算对象的成本中去。企业行政管理部门为组织和管理生产经营活动而发生的管理费用，应当作为期间费用计入“管理费用”账户，不属于制造费用。

（二）制造费用的内容

制造费用核算的内容有很多，为方便理解，可将制造费用核算内容归集为以下3类。

第一类，间接用于产品生产的费用。例如，机物料消耗，车间生产用房屋及建筑物折旧费、修理费、经营租赁费和保险费，车间生产用的照明费、取暖费、运输费、劳动保护费以及季节性停工和生产用固定资产修理期间的停工损失等。

第二类，直接用于产品生产，但管理上不要求或者核算上不便于单独核算，因而没有专设成本项目的费用。例如，机器设备的折旧费、修理费、经营租赁费和保险费、生产工具摊销、设计制图费和试验费。生产用动力如果没有专设成本项目，也包括在制造费用中。

第三类，车间用于组织和管理生产的费用。这些费用虽然具有管理费用的性质，但由于车间是企业从事生产活动的单位，它的管理费用与制造费用很难严格划分，为了简化核算工作，也作为制造费用核算。这些费用包括车间管理人员工资及福利，车间管理用房屋和设备的折旧费、修理费、租赁费和保险费，车间管理用具摊销，车间管理用的照明费、水费、取暖费、差旅费和办公费等。

如果企业的组织机构分为车间、分厂和总厂等若干层次，则分厂与车间相似，也是企业的生产单位，因而分厂用于组织和管理生产的费用也作为制造费用核算。制造费用由于大多与产品的生产工艺没有直接联系，而且一般是间接计入费用，因而不能或不便于按照产品制定定额，而只能按照车间部门和费用项目，按年、季、月编制制造费用计划加以控制。制造费用的费用项目一般应包括：机物料消耗、工资及福利、折旧费、修理费、经营租赁费、保险费、低值易耗品摊销、水电费、取暖费、运输费、劳动保护费、设计制图费、试验检验费、差旅费、办公费、在产品盘亏、毁损和报废(减盘盈)以及季节性及修理期间停工损失等。

随着工业自动化程度的不断提高，机器逐步取代了人工，一方面降低了人工成本，另一方面大量的机器设备的使用增加了折旧费用、修理费用、动力费用及机物料消耗等，这些都属于制造费用，可见制造费用在制造成本中的比重有增大的趋势。因此，制造费用核算的准确与否，直接影响产品成本的可靠性以及企业管理决策的制定。鉴于制造费用一般无法确认其归属，为了对其实行有效地控制，在管理中要按生产单位和费用的不同特性编制相应的预算，期末将制造费用的实际发生数与预算数进行对比，找出差异，分析原因，实施相应的控制措施。也可将制造费用预算作为考核各生产单位工作业绩的指标之一，从而达到节约制造费用的目的。

话题讨论

制造费用和前面学过的材料费用、人工费用以及折旧费用有什么不同?

制造费用如何归集?

课堂小练习 17

二、制造费用的归集

(一)制造费用核算的账户设置

为了总括反映、监督企业在一定时期内生产单位的制造费用的发生及分配情况，在核算中需设置“制造费用”账户。该账户用来核算企业生产单位(包括生产分厂、基本生产车间、辅助生产车间等)为组织和管理生产所发生的费用。制造费用发生时，计入本账户的借方，期末按照一定的方法分配转出时，计入本账户的贷方，本账户月末一般没有余额。

基本生产车间，不论是生产单一产品还是多种产品，均应按车间设置“制造费用”明细账户进行归集。而辅助生产车间如果生产一种产品或提供一种劳务，通常不再按车间设置“制造费用”明细账户，而是将其直接归集在“辅助生产成本”账户。如果生产多种产品或提供多种劳务的也应按车间设置“制造费用”明细账户进行归集，以正确计算产品或劳务的成本，这样有利于对产品或劳务成本的控制分析和考核。

(二)制造费用归集的方法

企业发生的各项制造费用是按其用途和发生地点进行归集和分配的，制造费用的归集按其记账依据不同可分为以下两种情况。

(1)一般费用，如办公费、差旅费等，发生时根据支出凭证或据以编制的其他费用分配表借记“制造费用”账户所属有关明细账。

(2)材料、工资、折旧以及其他费用，月末根据之前的计算汇总编制的制造费用分配表（延用此前案例，具体数据见项目二任务六的表 2-6-4~表 2-6-10）计入“制造费用”账户所属有关明细账，见表 2-7-1。

表 2-7-1　制造费用明细表（基本生产车间）

20××年 月	日	凭证号数	摘要	工资	福利费	折旧费	修理费	动力费	低值易耗品摊销	办公费	机物料消耗	保险费	其他	合计
8	31		原材料费用分配表				300				9 200			9 500
8	31		低值易耗品费用分配表						1 200					1 200
8	31		外购动力费用分配表											600
8	31		职工薪酬分配表	4 500	630									5 130
8	31		固定资产折旧费用分配表			5 000								5 000
8	31		其他费用汇总表							680		4 860	2 240	7 780
8	31		辅助生产费用分配表					31 252.5						31 252.5 ①
8	31		本月合计	4 500	630	5 000	300	31 252.5	1 200	680	9 200	4 860	2 240	60 462.5
8	31		分配转出	4 500	630	5 000	300	31 252.5	1 200	680	9 200	4 860	2 240	60 462.5

注：①该行数据为表 2-6-9 交互分配率保留 5 位小数，对外分配率保留 4 位小数，全额保留 1 位小数计算所得。

三、制造费用的分配

制造费用按其发生的地点和规定的明细项目归集后，应由各生产单位当期所生产的产品或提供的劳务来负担。具体的分配原则是，在生产单一产品的生产单位，归集的制造费用可直接计入产品成本，因为不存在产品之间分配的问题，制造费用的核算只是为了管理与控制该项费用的发生；在生产多种产品的生产单位，制造费用必须采用适当的标准按生产单位分配计入各种产品成本，因为在这样的单位，制造费用的核算不仅是为了成本控制，而且要满足企业计算损益的需要。

年度计划分配率法

制造费用的分配方法主要有机器工时比例法、工人工时比例法和年度计划分配率法等。计算过程如下。

第一步计算分配率：

$$\text{制造费用分配率}=\frac{\text{制造分配总额}}{\text{该车间直接生产用工人工资总数/机器工时总数/工人工时总数}}$$

第二步，计算某种产品分配的制造费用：

某种制造费用分配额＝该种产品分配标准×制造费用分配率

具体采用哪种分配方法，由企业自行决定。分配方法一经确定，不得随意变更。如需变更，应当在会计报表附注中予以说明。

（一）机器工时比例法

机器工时比例法是指以各种产品生产所用机器设备的运转工作时数作为分配标准分配制造费用的一种方法。

机械工时比例法

【例 2.7.1】

某企业基本生产车间生产 A、B 两种产品，机器工时总数为 6 150 小时，其中，A 产品的机器工时为 4 100 小时，B 产品的机器工时为 2 050 小时。本月该基本生产车间制造费用总额为 60 462.5 元。

（资料来源：作者根据相关资料整理）

问题

请用机器工时比例法分配制造费用。

解析

1.题意分析

题意分析如图 2-7-1 所示。

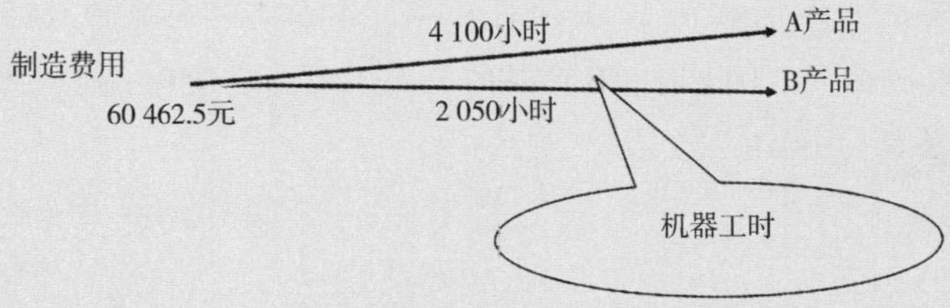

图 2-7-1　机器工时比例法制造费用分配分析

2.计算步骤

计算制造费用分配率：

$$制造费用分配率=\frac{60\,462.5}{4\,100+2\,050}\approx 9.831\,3（元/小时）$$

课堂小练习 18

分配制造费用：

A 产品应负担的制造费用＝9.831 3×4 100＝40 308.33（元）

B 产品应负担的制造费用＝60 462.5－40 308.33＝20 154.17（元）

编制制造费用分配表，见表 2-7-2。

表 2-7-2　制造费用分配表

产品名称	机器工时(小时)	分配率(元/小时)	分配金额(元)
A产品	4 100		40 308.33
B产品	2050		20 154.17
合计	6 150	9.831 3	60 462.5

3.根据表格编制会计分录

借：基本生产成本——A产品　　40 308.33

　　　　　　　　——B产品　　20 154.17

　　贷：制造费用　　60 462.5

话题讨论

机器工时比例法的优缺点有哪些？机械化程度较低，或生产的各种产品工艺过程机械化程度大致相同的单位，应怎么分配制造费呢？

（二）工人工时比例法

工人工时比例法是指按各种产品所用生产工人工时的比例分配费用的方法。

【例 2.7.2】

某企业基本生产车间生产A、B两种产品，工人工时总数为6 150小时，其中，A产品的工人工时为4 100小时，B产品的工人工时为2 050小时。本月该基本生产车间制造费用总额为60 462.5元。

（资料来源：作者根据相关资料整理）

问题

请采用工人工时比例法分配制造费用。

解析

1.题意分析

题意分析如图2-7-2所示。

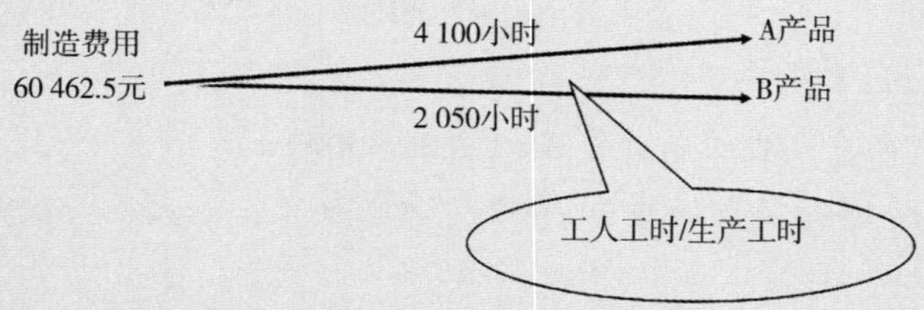

图 2-7-2　工人工时比例法制造费用分配分析

2. 计算步骤

计算制造费用分配率：

$$制造费用分配率=\frac{60\,462.5}{4\,100+2\,050}=9.831\,3(元/小时)$$

分配制造费用：

A产品应负担的制造费用=9.831 3×4 100=40 308.33（元）

B产品应负担的制造费用=60 462.5−40 308.33=20 154.17（元）

编制制造费用分配表，见表2-7-3。

表2-7-3 制造费用分配表

产品名称	机器工时（小时）	分配率（元/小时）	分配金额（元）
A产品	4 100		40 308.33
B产品	2050		20 154.17
合计	6 150	9.831 3	60 462.5

3. 根据表格编制会计分录

借：基本生产成本——A产品 40 308.33

——B产品 20 154.17

贷：制造费用 60 462.5

话题讨论

工人工时比例法的优点有哪些？

（三）年度计划分配率法

课堂小练习19

机械化程度比较高的企业，用机器工时比例法；劳动密集型企业，可以用工人工时比例法或工人工资比例法。但是对于季节性生产企业，这些方法就不太适用。

假设冰糕生产厂每月的制造费用只有折旧费2 000元。6月份是销售旺季，冰糕和雪糕的销售额是4万元，扣除2 000元折旧费，6月份可以赚38 000元。1月份是销售淡季，冰糕和雪糕的销售额只有400元，扣除2 000元的折旧费，1月份还赔了1 600元。计算过程如图2-7-3所示。对于这样的季节性生产企业，可采用年度计划分配率法分配制造费用。

采用年度计划分配率法分配制造费用的基本步骤如下。

第一步，计算年度计划分配率。其计算公式如下：

$$制造费用年度计划分配率=\frac{年度生产单位制造费用预算总数}{年度该生产单位预计产量的定额工时数}$$

假设制造费用就是折旧2 000元

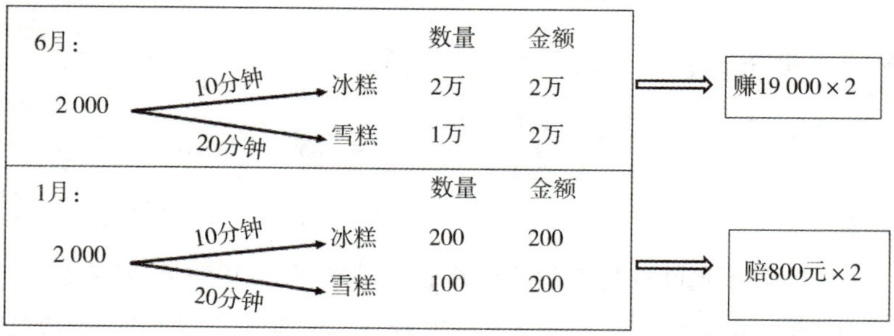

图 2-7-3　计算过程

第二步，按年度计划分配率分配制造费用。其计算公式如下：

某月某产品应负担的制造费用 = 该月该种产品实际产量的定额工时 × 制造费用年度计划分配率

第三步，差异处理。

采用按年度计划分配率分配法时，由于实际发生的制造费用与按年度计划分配率分配转出的制造费用不一致，就会使“制造费用”账户在期末时出现余额，并且既可能是借方余额也可能是贷方余额。若是借方余额，则表示超过计划的预付费用，属于待摊费用；若是贷方余额，则表示按照计划应付未付的费用，属于预提费用。无论是借方余额还是贷方余额，均应于年末时调整计入 12 月份的产品成本中。如果实际数大于已分配数，用蓝字补足；小于已分配数，用红字冲回。

【例 2.7.3】

某季节性生产企业第一车间全年制造费用计划数为 62 000 元。全年各产品的计划产量为：A 产品 600 件，B 产品 400 件。单件产品的工时定额为 A 产品 7 小时，B 产品 5 小时。8 月实际产量为：A 产品 50 件，B 产品 30 件。8 月实际发生的制造费用为 5 200 元。

课堂小练习 20

（资料来源：作者根据相关资料整理）

问题

请采用年度计划分配率法分配制造费用。

解析

1. 题意分析

题意分析如图 2-7-4 所示。

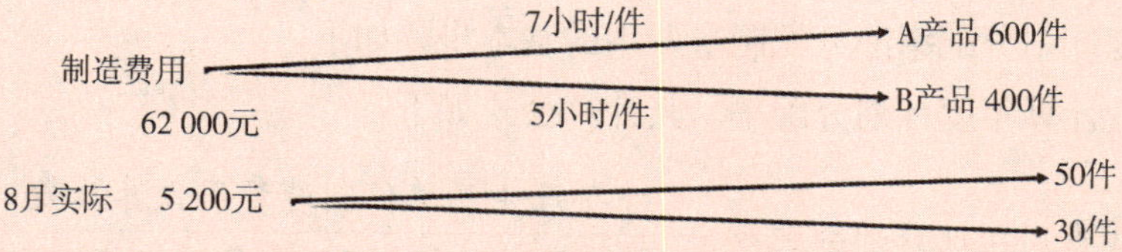

图 2-7-4　年度计划分配率法分配制造费用分析

2.计算步骤

（1）计算年度计划分配率。

$$年度计划分配率=\frac{62\,000}{600\times7+400\times5}=10（元/小时）$$

（2）计算8月按年度计划分配率分配的金额。

8月A产品应分配制造费用=50×7×10=3 500(元)

8月B产品应分配制造费用=30×5×10=1 500(元)

根据计算结果编制制造费用分配表，见表2-7-4。

表2-7-4　制造费用分配表

产品名称	实际生产工时（小时）	分配率	分配金额（元）
A产品	350		3 500
B产品	150		1 500
合计	500	10	5 000

借：基本生产成本——A产品　　3 500
　　　　　　　　——B产品　　1 500
　贷：制造费用　　5 000

（3）差异处理。

年度计划分配率法差异处理

制造费用的月末差异为200元，不需要处理，而是调整年底累计差异，即全年制造费用的实际发生额与计划分配额的差额，一般应在年末调整计入12月份的产品成本，也就是一年调整一次差异。

假定年度终了该基本生产车间实际发生制造费用60 462.5元，按计划分配率分配的制造费用为60 100元，A产品为41 000元，B产品为19 100元，年末制造费用借方差额为362.5元，分配制造费用差异额如图2-7-5所示。

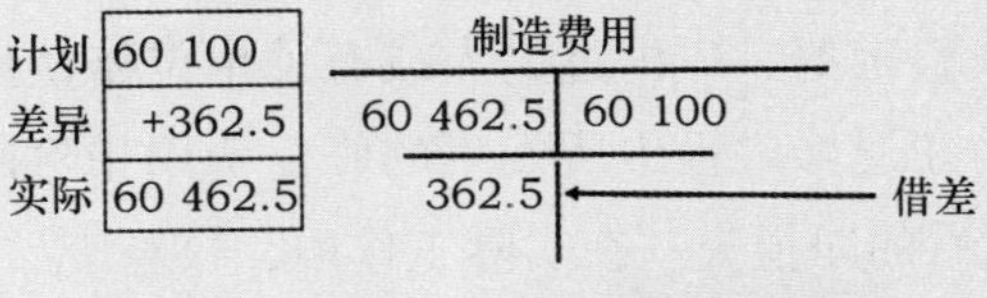

图2-7-5　分配制造费用差异额

$$A产品应调整增加制造费用=\frac{41\,000}{60\,100}\times362.5=247.30（元）$$

B产品应调整增加制造费用=362.5-247.30=115.20（元）

据此编制会计分录。

借：基本生产成本——A产品　　247.30
　　　　　　　　——B产品　　115.20
　贷：制造费用　　362.5

话题讨论

年度计划分配率的优缺点是什么？

任务八　生产损失费用核算

一、废品损失的核算

（一）废品损失的含义及种类

废品损失产生的原因是什么？

废品是指在生产制造过程中发生的质量不符合规定技术标准，不能按其原定用途使用，或者需要加工修复才能使用的产成品、在产品、半成品、零部件等。它包括在制造过程中发现的以及入库后发现的所有废品。

废品按其能否修复分为可修复废品和不可修复废品。可修复废品是指技术上可修复，而且经济上是合算的废品。不可修复废品是指技术上不可修复，或者是技术上可修复但在经济上不合算的废品。经济上合算是指修复费用低于重新制造同一产品的支出。

（二）废品损失的内容

废品损失是指由于废品的产生而给企业带来的损失，包括生产过程中和入库后发现的各种废品的报废损失和修复损失。废品的报废损失是指不可修复废品的实际生产成本扣除回收的残料价值、应由过失人或有关单位赔偿后的净损失。废品的修复损失是指可修复废品在返修过程中所发生的修复费用扣除回收的残料价值、应由过失人或有关单位赔款后的净损失。在实际工作中，核算废品损失时还应注意以下 4 个问题。

第一，由造成废品的过失单位或个人所负担的赔款，应从废品损失中扣除。

第二，经质量检验部门鉴定，不需要返修、可降价出售的不合格品的成本，与合格品的成本相同，其降价损失应在计算销售损益时体现，不作为废品损失处理。

第三，产成品入库后，由于保管不善等原因而损坏变质所造成的损失，属于管理上的问题，应作为管理费用处理，不作为废品损失处理。

第四，实行三包（包退、包修、包换）的企业，在产品出售后发现废品所造成的损失，应计入管理费用，不作为废品损失处理。

(三)废品损失核算的方法

废品损失是如何归集和分配的?

在单独核算废品损失的企业里，为了归集和分配生产过程中发生的废品损失，应设置“废品损失”或“基本生产成本——废品损失”账户。“废品损失”账户的借方登记发生的可修复废品的修复费用、不可修复废品的成本，贷方登记应由保险公司、责任人赔偿的款项，废品残料回收价值和结转的废品净损失。废品的净损失应转入当月生产的同种产品的生产成本中，由合格品成本负担。“废品损失”账户结构如图2-8-1所示。经过结转后，“废品损失”账户应无余额。“废品损失”账户一般按废品的品种设置明细账，在账内按规定的成本项目设置专栏，进行明细核算。此外，企业还应在产品成本计算单中增设“废品损失”成本项目。为了简化核算，辅助生产车间一般不单独核算废品损失，可直接在“辅助生产成本”账户中核算。

废品损失——X产品

①不可修复废品的生产成本	①废品残料回收价值
②可修复废品的修复费用	②应收赔偿款
	③净损失转入合格品成本

图2-8-1　“废品损失”账户结构

1.不可修复废品损失的核算

(1)按实际成本计算废品损失。

【例2.8.1】

某公司基本生产车间生产A产品2 000件，经验收入库发现不可修复废品20件；生产总工时10 000小时，废品工时80小时。直接材料300 000元，直接工资80 000元，制造费用65 000元，共计445 000元。废品残料的回收价值为200元。原材料与生产开始时一次性投入。原材料费用按照合格品数量和废品数量的比例分配，直接工资和制造费用按照生产工时比例分配。具体数据见表2-8-1。

(资料来源：作者根据相关资料整理)

问题

根据以上资料，按实际成本计算废品损失。

表 2-8-1 不可修复废品损失计算表 1

车间名称：×基本生产车间　　产品名称：A产品　　金额单位：元

项目	产量/件	直接材料	生产工时	直接工资	制造费用	成本合计
生产费用总额	2 000	300 000	10 000	80 000	65 000	445 000
费用分配率						
废品生产成本	20		80			
减：残值价值						
废品损失						

解析

计算过程如下：

直接材料费用分配率=300 000 ÷ 2 000=150（元/件）

直接人工费用分配率=80 000 ÷ 10 000= 8（元/小时）

制造费用分配率=65 000 ÷ 10 000=6.5（元/小时）

废品生产成本中的直接材料费用=20×150=3 000（元）

废品生产成本中的直接人工费用=80×8=640（元）

废品生产成本中的制造费用=6.5×80=520（元）

根据以上计算，填写表2-8-2。

表 2-8-2 不可修复废品损失计算表 2

车间名称：×基本生产车间　　产品名称：A产品　　金额单位：元

项目	产量/件	直接材料	生产工时	直接工资	制造费用	成本合计
生产费用总额	2 000	300 000	10 000	80 000	65 000	445 000
费用分配率		150		8	6.5	
废品生产成本	20	3 000	80	640	520	4 160
减：残值价值		200				200
废品损失		2 800		640	520	3 960

根据以上废品损失计算表，编制会计分录。

结转不可修复废品的实际成本。

借：废品损失——A产品　　4 160

　　贷：基本生产成本——A产品　　4 160

回收残料价值。

借：原材料　　200

　　贷：废品损失——A产品　　200

结转废品净损失。

借：基本生产成本——A产品　　3 960

　　贷：废品损失——A产品　　3 960

（2）按定额成本计算废品损失。

【例 2.8.2】

某企业基本生产车间某年 5 月份生产乙产品，完工时发现不可修复废品 10 件。单位废品材料定额 200 元，定额工时 10 小时，每小时定额人工费用 3 元，制造费用 9 元，收回残料 150 元。根据以上资料，按定额成本计算废品损失，见表 2-8-3。

（资料来源：作者根据相关资料整理）

表 2-8-3　不可修复废品损失计算表 3

（按定额成本计算）

车间名称：×基本生产车间　　产品名称：乙产品　　废品数量：10 件　　金额单位：元

项目	直接材料	定额工时	直接工资	制造费用	成本合计
每件或每小时费用定额	200	10	3	9	
废品定额成本					
减：残料价值	150				150
废品报废损失					

问题

根据以上资料，按实际成本计算废品损失。

解析

计算过程如下：

废品生产成本中的直接材料费用 = 10×200 = 2 000（元）

废品生产成本中的直接人工费用 = 10×3 = 30（元）

废品生产成本中的制造费用 = 10×9 = 90（元）

根据以上计算，填写表 2-8-4。

表 2-8-4　不可修复废品损失计算表 4

（按定额成本计算）

车间名称：×基本生产车间　　产品名称：乙产品　　废品数量：10 件　　金额单位：元

项目	直接材料	定额工时	直接工资	制造费用	成本合计
每件或每小时费用定额	200	10	3	9	
废品定额成本	2 000		30	90	2 120
减：残料价值	150				150
废品报废损失	1 850		30	90	1 970

根据以上废品损失计算表，编制会计分录。

（1）结转不可修复废品的实际成本：

借：废品损失——乙产品　　　　2 120

　　贷：基本生产成本——乙产品　　　　2 120

（2）回收残料价值：

借：原材料　　150
　　贷：废品损失——乙产品　　150
（3）结转废品损失：
借：基本生产成本——乙产品　　1 970
　　贷：废品损失——乙产品　　1 970

2. 可修复废品损失的核算

可修复废品返修之前所发生的费用不属于废品损失，应该保留在“基本生产成本”账户及其相关的成本计算单中，不必转出。返修发生的修复费用，应根据材料费用分配表、薪酬费用分配表、辅助生产费用分配表、制造费用分配表等，将修复废品所发生的各项费用计入“废品损失”账户的借方，如有残料价值或应收的赔款，应从“废品损失”账户的贷方转入“原材料”“其他应收款”账户的借方，修复费用减去残值和赔款后的废品净损失，也应从“废品损失”账户的贷方转入“基本生产成本”账户的借方，同时计入返修产品成本计算单的“废品损失”成本项目中。会计分录如下。

（1）发生可修复废品的修复费用时：
借：废品损失——×产品
　　贷：原材料
　　　　应付职工薪酬
　　　　辅助生产成本
　　　　制造费用等
（2）结转应收赔款和残料价值时：
借：其他应收款——×人或单位
　　原材料
　　贷：废品损失——×产品
（3）将废品净损失计入产品成本时：
借：基本生产成本——×产品
　　贷：废品损失——×产品

停工损失产生的原因

二、停工损失的核算

（一）停工损失的内容

停工损失是指由于计划减产、停电、待料、机器故障及季节性、修理期间的停工而发生的耗费，它包括支付生产工人的薪酬、耗用的燃料和动力费、应负担的制造费用等。应由过失单位或保险公司负担的赔款，应从停工损失中扣除。

企业停工的原因多种多样，可分为计划内停工和计划外停工两种。计划内停工是指按计划规定发生的停工，如因计划减产、季节性停工、固定资产计划性大修停工等。

计划外停工是指因各种事故造成的停工，如材料供应不足、停电、自然灾害等。

停工时间有长有短，范围有大有小，为了简化核算手续，只在停工超过一定时间和范围时，会计核算上才计算停工损失。一般停工不满一个工作日，不计算停工损失。计算停工损失的时间、起点一般由企业或主管企业的上级机构规定。

企业发生停工，应由车间填制停工单，单内注明停工地点、时间、原因及过失人姓名，并在考勤记录上予以登记。"停工报告单"属于企业自制的原始凭证之一，企业可根据需要自行设计其样式。

（二）停工损失的核算方法

停工损失的核算是指对发生的停工损失进行归集、结转和分配的核算。为了单独核算企业停工损失，可设置"停工损失"账户，以汇集和分配基本生产车间因停工而发生的各种费用，在"基本生产成本"明细账内应专设"停工损失"成本项目。"停工损失"账户应按车间设明细账，账内按成本项目设专栏。账户的借方归集停工期间发生的各项停工损失，贷方记录应收责任人或责任单位的赔款，以及转出的停工净损失。该账户期末一般无余额，但如果是跨月停工，期末就会有借方余额。

停工期间发生的各项费用，借记"停工损失"账户，贷记"原材料""应付职工薪酬"等账户；应收过失人或过失单位的赔偿款，应借记"其他应收款"账户，贷记"停工损失"账户；如属于自然灾害引起的停工，应借记"营业外支出"账户，贷记"停工损失"账户；应由产品成本负担的停工损失，借记"基本生产成本"账户，贷记"停工损失"账户。如果车间只生产一种产品，那么停工损失全部直接转入该产品成本，如果生产多种产品，则应参照制造费用的分配方法分配计入产品成本。一般情况下，停工损失都于当月末结转，"停工损失"账户无余额，但是如果车间发生整月停工，"停工损失"账户无法结转，要等以后月份生产产品时再结转，此时"停工损失"账户就有余额。

在企业停工损失不单独核算的情况下，不需要设置"停工损失"账户，"基本生产成本"明细账中也不需要专设"停工损失"成本项目，发生的停工损失直接计入相关账户。辅助生产车间发生的停工损失一般都不单独核算。

项目三 品 种 法

知识目标

1.掌握产品成本计算方法的特点、适用范围。
2.理解企业生产特点和管理要求对成本计算方法的影响。
3.掌握品种法下生产费用在完工与在产品之间的分配方法。
4.掌握品种法下生产费用在完工与在产品之间各种分配方法的适用条件。

技能目标

1.能够准确判断企业适合的成本计算方法。
2.能够准确选择并灵活运用品种法实现完工与在产品的成本分配。
3.能够使用Excel等工具进行成本分配工作。

思政目标

1.培养换个角度看问题的能力。
2.训练善于归纳总结的意识。
3.养成一丝不苟的工匠精神。

思维导图

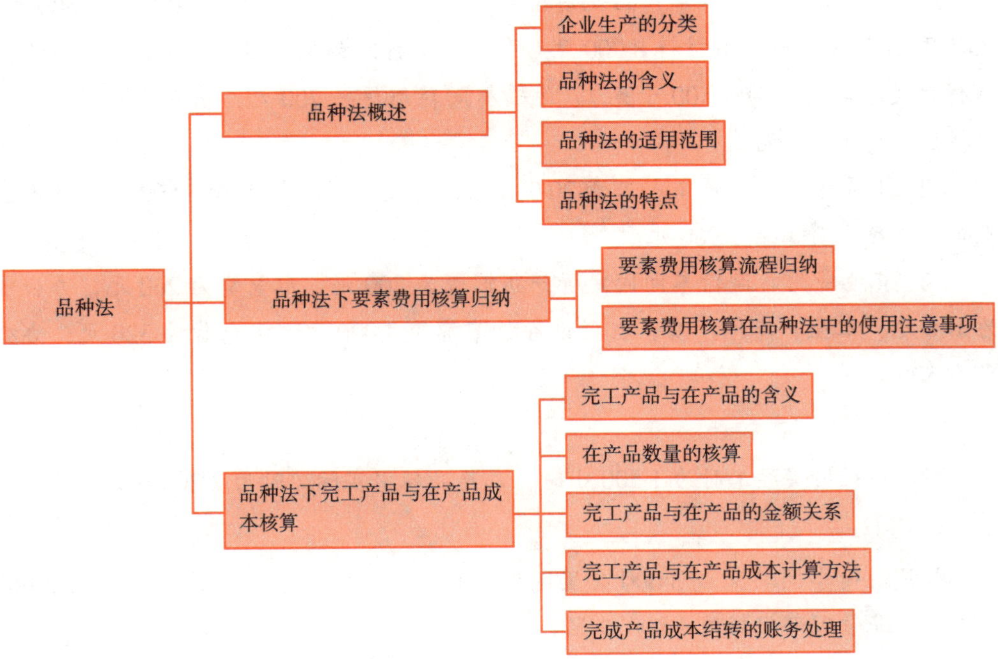

案例导入

大学生小李被招聘进入某公司，暂定岗位为成本核算岗。该公司为大量大批单步骤生产的企业，采用品种法计算产品成本。企业设有一个基本生产车间，生产甲、乙两种产品，还设有一个辅助生产车间——运输车间。该厂20××年5月份相关产品成本核算资料如下。

1.产量资料见表3-0-1

表3-0-1　产量资料表

单位：件

产品名称	月初在产品	本月投产	完工产品	月末在产品	完工率
甲	800	7 200	6 500	1 500	60%
乙	320	3 680	3 200	800	40%

2.月初在产品成本见表3-0-2

表3-0-2　月初在产品成本表

单位：元

产品名称	直接材料	直接人工	制造费用	合计	完工率
甲	8 090	5 860	6 810	20 760	60%
乙	6 176	2 948	2 728	11 852	40%

3. 该月发生生产费用

（1）材料费用。生产甲产品耗用材料 4 500 元，生产乙产品耗用材料 3 500 元，生产甲乙产品共同耗用材料 8 000 元（甲产品材料定额耗用量为 2 500 千克，乙产品材料定额耗用量为 1 500 千克）。运输车间耗用材料 700 元，基本生产车间耗用消耗性材料 1 400 元。

（2）工资费用。生产工人工资 20 000 元，运输车间人员工资 1 600 元，基本生产车间管理人员工资 1 900 元。

（3）其他费用。运输车间固定资产折旧费为 800 元，水电费为 260 元，办公费为 140 元，本生产车间厂房、机器设备折旧费为 4 000 元，水电费为 320 元，办公费为 500 元。

4. 工时记录

甲产品耗用实际工时为 1 500 小时，乙产品耗用实际工时为 2 200 小时。

5. 本月运输工作量

本月运输车间共完成 3 000 公里运输工作量，其中，基本生产车间耗用 2 000 公里，企业管理部门耗用 1 000 公里。

按约当产量法分别计算甲、乙完工产品和月末在产品成本。甲产品耗用的材料随加工程度陆续投入，乙产品耗用的材料于生产开始时一次投入。

（资料来源：来臣军，喻硕，晋江涛. 成本会计 [M]. 东营：中国石油大学出版社，2020.）

案例讨论：为什么该企业要采用品种法而不采用其他的方法？品种法核算如何建账？要设置哪些明细账？品种法核算的程序是什么？如何采用品种法计算甲、乙产品成本？

任务一　品种法概述

一、企业生产的分类

企业类型有哪些？

（一）按生产工艺过程的特点分类

生产工艺过程是指产品从投料到完工的整个生产工艺和加工制造的过程。企业的生产类型按照生产工艺流程的特点可分为单步骤生产和多步骤生产，其中多步骤生产的企业生产过程如图 3-1-1 所示。

图 3-1-1 多步骤生产的企业生产过程

1.单步骤生产

单步骤生产又称简单生产，是指生产技术上不能间断，或者不便于分散在几个不同地点的生产。单步骤产品生产周期一般较短，生产过程中间没有自制的半成品产出，如发电、采掘工业、燃气生产及铸件等生产企业。

2.多步骤生产

多步骤生产又称复杂生产，是指生产技术上可以间断，由若干步骤组成的生产，可以分散在不同时间、不同地点进行，也可以由一个企业或几个企业协作进行。

根据加工工艺的不同，多步骤生产又可分为连续式和装配式两种。连续式多步骤生产，是指从原材料投入生产到产品完工，要依次经过各生产步骤连续加工的生产，如纺织、冶金工业等生产企业。装配式多步骤生产，是指先将原材料平行加工成零件、部件，再将零部件组装成产成品的生产，如机床、汽车、飞机制造业等生产企业。

（二）按生产组织的特点分类

生产组织方式是指企业生产的专业化程度。企业的生产类型按照生产组织的特点可分为大量生产、成批生产和单件生产。

1.大量生产

大量生产，是指不断大量重复生产相同产品的生产。大量生产的企业一般产品品种较少、产量较大，多是采用专业设备重复进行生产，如纺织、采掘、冶金等生产企业。

2.单件生产

单件生产，是指根据购买单位的订单，生产个别的、性质特殊的单件产品的生产。单件生产的企业一般产品品种规格多变，很少重复，如重型机器、飞机、造船工业、新产品试制等。

3.成批生产

成批生产，是指按照预先规定的产品批别和数量，成批地重复制造某些产品的生产。成批生产的企业一般产品种类较多，生产具有一定的重复性，如服装、机床、电机工业等生产企业。根据投产的批量大小，成批生产又可分为大批生产和小批生产。大批生产的产品批量较大，性质上接近于大量生产；小批生产的产品批量较小，性质上接近于单件生产。

上述制造业生产的分类并不是互相对立的，它们之间存在密切的联系。例如，单步骤生产大多是大量生产，连续式复杂生产一般是大批大量生产，装配式复杂生产可能是大量生产、成批生产，也可能是单件生产。

二、品种法的含义

产品成本计算的品种法是指以产品品种作为成本计算对象，用以归集生产费用并计算产品成本的一种方法。各种成本计算方法最终都要计算出各产品品种的实际总成本和单位成本，因此，品种法是企业产品成本计算的基本方法。

品种法特点适用于哪些企业?

三、品种法的适用范围

课堂小练习 20

品种法主要适用于大批、大量单步骤生产的企业，如发电、供水、采掘等生产企业。在大量、大批的多步骤生产中，如果企业或车间的规模较小，或者车间是封闭式的（即从原材料投入到产品完工的全过程，都是在一个车间内进行的），或者生产是按流水线组织，管理上不要求按照生产步骤计算产品成本的，也可以采用品种法计算产品成本，如小型水泥厂、织布厂等。

此外，企业的辅助生产车间根据其生产特点和管理要求，也可以采用品种法计算其产品或劳务的成本。

四、品种法的特点

1.以产品品种为成本计算对象

品种法以产品品种作为成本计算对象，并据以设置产品成本明细账归集生产费用和计算产品成本的成本计算方法。若企业生产单一产品，其成本核算对象就是该种产品，产品生产成本明细账或成本计算单就按该种产品设置，所以生产费用都可以直接计入该种产品的生产成本明细账或成本计算单的有关栏目。如果企业生产的产品不止一种，就需要按照产品品种分别设置产品生产成本明细账或成本计算单。直接计入费用应直接计入各种产品的生产成本明细账或成本计算单，间接计入费用则应采用一定的标准在各种成本计算对象之间进行分配。

2.成本计算期与会计报告期一致

采用品种法计算成本的企业多数是大量大批生产企业，由于不间断地连续生产，无法按照产品的生产周期来归集生产费用，计算产品成本，因而只能定期在月末计算当月产出的完工产品成本。因此，其成本计算期与会计报告期一致，与产品生产周期不一致。

3.月末有在产品时，需要在完工产品与在产品之间分配生产费用

采用计算产品成本时，是否需要在本期完工产品与在产品之间分配生产费用要视

期末是否存在在产品而定。月末计算产品成本时，如果没有在产品或在产品很少，就不需要计算在产品成本，产品成本明细账上所登记的全部生产费用就是该产品的完工产品成本；如果月末在产品数量较多，占用的费用也较大，就需要采用一定的分配方法在完工产品和在产品之间进行分配，从而计算该月完工产品成本和月末在产品成本。

任务二 品种法下要素费用核算归纳

一、要素费用核算流程归纳

通过前面的学习，从材料核算、动力核算，到薪酬核算、折旧核算……最后进行了辅助费用、制造费用以及损失费用的核算，它们的流程关系如图 3-2-1 所示。

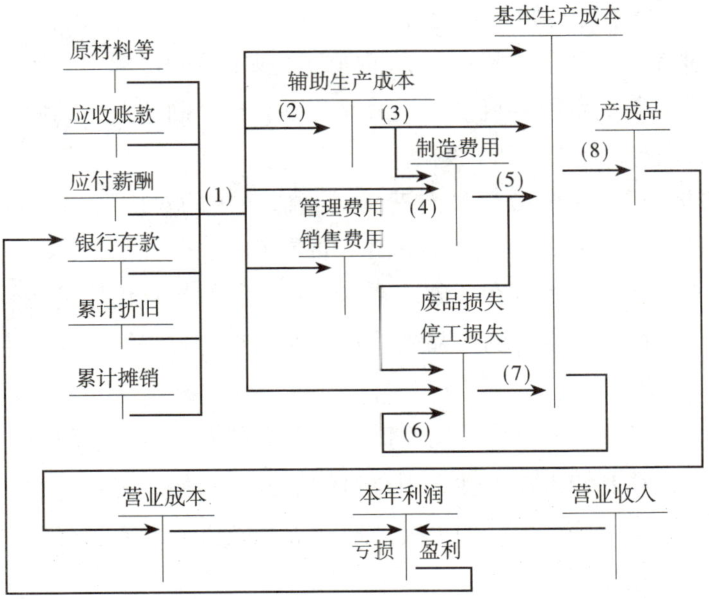

图 3-2-1 要素费用核算流程

企业资金流动过程就像人体血液循环过程，周而复始。一旦血管堵塞或者血液断流，人就会生病，企业亦是如此，因此每一个科目都涉及借方和贷方两部分，一边流入一边流出，保证资金顺畅运转。成本核算一般先从材料费用核算开始，材料、薪酬、折旧等费用核算不分先后顺序。

流程图中的步骤(1)表明，原材料、人的劳动力消耗、机器设备损耗、资金的直接流出等，都要对应资金数据的分配。这些项目资金流出一般都是在科目贷方发生的，而且不分先后顺序，它们的对应科目要看具体用途：①用于产品生产车间直接生产产品的，进入生产成本——基本生产成本科目借方；②用于产品生产车间一般耗用的，进入制造费用科目借方；③用于辅助生产车间使用的，进入生产成本——辅助生产成本科目借方；④用于管理部门使用的，进入管理费用科目借方；⑤用于销售部门使用的，进入产品销售费用科目借方。

流程图中的步骤（2）为归集辅助生产费用。原材料、人的劳动力消耗、机器设备损耗，以及资金消耗过程中有可能用于辅助生产车间使用的，也就是要进入生产成本——辅助生产成本科目借方，那么辅助生产成本科目的借方就需要进行数据汇总。由此可以看出，辅助生产费用的归集和分配要在原材料、人力、资金等数据分配后进行，顺序不可以颠倒。

流程图中的步骤（3）为辅助生产成本贷方分配。辅助生产费用主要是为基本车间服务的，也可以用于管理部门或销售部门，对应科目也要看具体用途：①用于产品生产车间直接生产产品使用的，要分配进入生产成本——基本生产成本科目的借方；②用于产品生产车间一般耗用的，进入制造费用科目的借方；③用于管理部门的，进入管理费用科目借方；④用于销售部门的，进入销售费用科目借方。

流程图中的步骤（4）为归集制造费用。原材料、人的劳动力消耗、机器设备损耗，以及资金消耗过程中，甚至步骤（3）的辅助生产成本分配过程中，用于产品生产车间一般耗用的，进入制造费用科目借方。由此可以看出，制造费用的归集和分配，要在辅助费用分配后进行，顺序不可以颠倒。

流程图中的步骤（5）为分配制造费用。制造费用的对应科目一般来说为生产成本——基本生产成本。因为制造费用里归集的是车间一般性消耗，初期分不清应该由哪种产品来承担，所以暂时放在了制造费用科目里，但是它仍然是在生产车间里发生的，最终还是应该由企业生产的产品来承担，因此它的对应科目就是生产成本——基本生产成本。

流程图中的步骤（6）为归集损失性费用。不管在生产的哪个环节，出现了废品损失或者停工损失，都要转入损失性费用科目的借方来归集。需要注意的是，这里只归集合理损耗，如果是意外损失，如火灾、地震等，就要考虑通过待处理财产损益，进而通过营业外收支来处理了。

流程图中的步骤（7）为分配损失性费用。合理的损耗最终还是应该由合格产品来承担，因此，分配损失性费用时，进入生产成本——基本生产成本的借方，由基本生产成本科目来归集。

整个的流程走下来，产品成本金额全部汇聚到了生产成本——基本生产成本科目的借方，流程图中步骤（8）就不再是要素费用核算过程了，而是完工产品和在产品的分配过程，在这个过程中，不同的成本计算方法原则对应的分配方法有较大区别，因此，要按照品种法、分批法、分步法分别对其进行研究。

二、要素费用核算在品种法中的使用注意事项

第一，按照产品品种分配生产成本。生产成本——基本生产成本下面按照产品品种划分明细科目，如生产成本——基本生产成本——甲产品、生产成本——基本生产成本——乙产品。材料、人工、制造费用等要素费用的分配过程中，按照上面设置的品种分配金额数据，这就是品种法，即以产品品种为成本计算对象归集和分配各项费用的方法。分批法是指以产品批别为成本计算对象归集和分配各项费用的方法，下设的明细科目自然就是批别了，如生产成本——基本生产成本——01 批次产品、生产成本——基本生产成本——02 批次产品。分步法是指以产品车间或步骤做为成本计算对象归集和分配各项费用的方法，按照产品生产步骤或者车间来设置明细科目，如生产成本——基本生产成本——第一步骤（或一车间）、生产成本——基本生产成本——第二步骤（或二车间）。品种法、分批法和分步法在要素费用分配环节区别不大，因此，分批法和分步法就不再重复学习要素费用分配环节了，而是直接进入完工产品和在产品分配环节，也就是流程图中的步骤（8）。

第二，要素费用分配为后续的完工产品和在产品分配工作奠定了基础。要素费用分配工作后，数据流汇聚在了生产成本——基本生产成本借方，完工入库的产品从生产成本——基本生产成本贷方转入产成品（或库存商品）科目借方，就是流程图中的步骤（8）。如果前面的要素费用分配工作出现错误，那么后面的完工产品和在产品分配工作，以及后续产品销售、计算利润，甚至产品定价全部都要出错，所以说，要素费用核算非常重要，每一个成本会计人员都要认真对待。

任务三　品种法下完工产品与在产品成本核算

通过各项要素费用的归集和分配，应计入当月各种产品的费用都已计入了各种产品的“基本生产成本”明细账户。如果产品全部完工，没有期末在产品，则“基本生产成本”账户归集的各产品生产费用就是完工产品成本；如果产品全部未完工，期末全是在产品，则全部生产费用都是在产品成本；如果产品在月份内有部分完工、部分未完工的情况，则要将归集的生产费用在完工产品和月末在产品之间进行分配。上述 3 种情况中，前两种情况由于在月末时要么全部完工，要么全部未完工，因而不存在将生产费用在完工产品和月末在产品之间进行分配的问题。但这两种情况是比较特殊的，一般来说，企业在期末都会存在部分完工、部分未完工的情况，因而将一定时期的生产费用在完工产品和月末在产品之间进行分配也就成为成本核算的一个重要环节。本任

务主要就产品成本在完工产品和月末在产品之间的分配方法及适用范围做具体阐述，并对在产品的核算做简单介绍。

一、完工产品与在产品的含义

如何确定产品的数量?

产品按其是否加工完毕可分为完工产品和在产品。完工产品的定义有狭义与广义之分。狭义完工产品是指已经完成全部生产过程，随时可供销售的产品，也就是产成品。广义完工产品是指已经完成全部或部分生产过程，除了包括狭义完工产品外，还包括各生产车间已经完成生产过程，并由中间仓库验收入库的，尚需继续加工的半成品。本书所讨论的完工产品系指广义的完工产品。

在产品也称在制品，它是指企业已经投入生产，但是尚未最后完工，不能作为商品销售的产品。在产品的定义也有广义和狭义之分。广义的在产品是从整个企业范围来说的，是指产品生产从投料开始，到最终制成产成品交付验收入库前的一切未完工的产品，包括：正在加工或装配中的在产品；已经完成一个或几个生产步骤，但还需继续加工的半成品；尚未验收入库的产成品和等待返修的废品。狭义的在产品是就某一车间或某一生产步骤来说的，仅指某车间或某步骤正在加工或装配的零件、部件和半成品，以及正处在返修过程中的废品，不包括该车间或该步骤已经完工的半成品。本书所讨论的在产品系狭义的在产品。

二、在产品数量的核算

在产品数量的核算，主要包括在产品收发结存的日常核算和在产品清查的核算。

（一）在产品收发结存的日常核算

在产品数量的核算，应同时具备账面核算资料和实际盘点资料，做好在产品收发结存的日常核算工作和在产品的清查工作，既可以从账面上随时掌握在产品的动态，又可以查清在产品的实际结存数量。一般情况下，应该根据在产品实际盘存数量计算在产品成本，但在产品品种多、数量大，每月都要组织实地盘点确有困难，所以也可以根据在产品业务核算资料的期末结存量来计算在产品成本。车间在产品收发结存的日常核算通常是通过“在产品收发结存账”（即在产品台账）进行的，该账户分车间并按照产品品种和在产品的名称（零部件名称）设置，提供车间各种在产品收发结存动态的业务核算资料。根据领料凭证、在产品内部转移凭证、产品检验凭证和产品交库凭证，及时登记在产品收发结存账，最后由车间核算人员审核汇总。在产品收发结存账见表3-3-1。

表 3-3-1 在产品台账

车间：一车间

产品名称：甲产品　　　　20××年 5 月　　　　计量单位：台

日期	摘要	收入		转出			结存		备注
		凭证号数	数量	凭证号数	合格品	废品	完工	未完工	
1	上月结存						10	100	
1		1 001	18	2 001	20		30	78	
10		1 003	15	2 005	30	4	19	40	
…	…	…	…	…	…	…	…	…	…
	合计		418		328		50	150	

（二）在产品清查的核算

在产品应该定期或不定期地进行清查，达到账实相符的目的，保证在产品的安全完整。清查结束后，根据实际盘点数和账面资料编制在产品盘存表和实存账存对比表，见表 3-3-2 和表 3-3-3。

表 3-3-2 盘存表

单位：××制造企业　　　　日期：20××年 12 月 31 日

名称	规格型号	计量单位	盘存数量	实际成本（元）	备注
材料 A	1#	千克	900	90 000	

审核：×××　　　　制表：×××

表 3-3-3 实存账存对比表

日期 20××年 12 月 31 日

编号	类别及名称	计量单位	单价	对比结果								备注
				实存		账存		盘盈		盘亏		
				数量	金额	数量	金额	数量	金额	数量	金额	
1	材料 A	千克	100 元/千克	900	90 000	1 000	100 000			100	10 000	

主管人员：×××　　　　会计：×××　　　　制表：×××

列明在产品的账面数、实有数、盘盈或盘亏数，以及盈亏的原因和处理意见等，对于报废和毁损的在产品还要登记残值。成本核算人员应对在产品盘存表进行认真审核，并报有关部门审批，同时对在产品盘盈、盘亏进行账务处理。处理流程如图 3-3-1 所示。

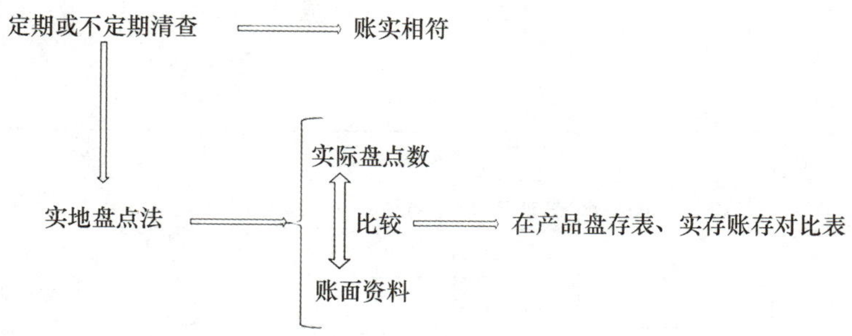

图 3-3-1　在产品盘点流程

在产品发生盘盈时，按计划成本或定额成本计入“基本生产成本”账户的借方、“待处理财产损溢”账户的贷方；按照规定核销时，应计入“待处理财产损溢”账户的借方、“制造费用”账户的贷方，冲减制造费用。

在产品发生盘亏和毁损时，计入“待处理财产损溢”账户的借方、“基本生产成本”账户的贷方，冲减在产品的账面价值。毁损在产品的残值，计入“原材料”“银行存款”等账户的借方、“待处理财产损溢”账户的贷方，冲减其损失。按规定核销时，应根据不同情况分别将损失从“待处理财产损溢”账户的贷方转入有关账户的借方：其中准予计入产品成本的损失，转入“制造费用”账户的借方；由于自然灾害造成的非正常损失并收到保险公司的保险赔款部分，计入“银行存款”账户或“其他应收款”账户的借方，其余损失计入“营业外支出”账户的借方；应由过失单位或过失人员赔偿的计入“其他应收款”账户的借方，要求赔偿。为了正确归集和分配制造费用，在产品盘盈、盘亏的账务处理，应该在制造费用结账之前进行。

1. 盘盈

（1）发生盘盈时，账务处理如下：

借：基本生产成本——××产品

　　贷：待处理财产损溢——待处理流动资产损溢

（2）批准予以转销时，账务处理如下：

借：待处理财产损溢——待处理流动资产损溢

　　贷：管理费用

2. 盘亏或毁损

（1）发生盘亏或毁损时，账务处理如下：

借：待处理财产损溢——待处理流动资产损溢

　　贷：基本生产成本——××产品

（2）批准后转销时，区别不同情况处理：

借：管理费用

　　原材料（残料回收入库）

　　其他应收款（应收过失人或保险公司赔偿款）

　　营业外支出（净损失）

贷：待处理财产损溢——待处理流动资产损溢

应该注意的是，企业发生的非正常损失的在产品所耗用的购货货物或应税劳务的进项税额，不得从销项税额中扣除。

借：待处理财产损溢——待处理流动资产损溢

贷：应交税费——应交增值税（进项税额转出）

如何确定产品的金额？

课堂小练习 22

三、完工产品与在产品之间的金额关系

一般来说，企业在期末都会存在部分完工、部分未完工的情况，完工产品与月末在产品之间的金额关系如图 3-3-2 所示，图中 A 为期初在产品成本，B 为本月新投入的生产费用，C 为月末在产品成本，D 为月末完工产品成本，此过程可代指“基本生产成本”账户借、贷、余之间的关系。

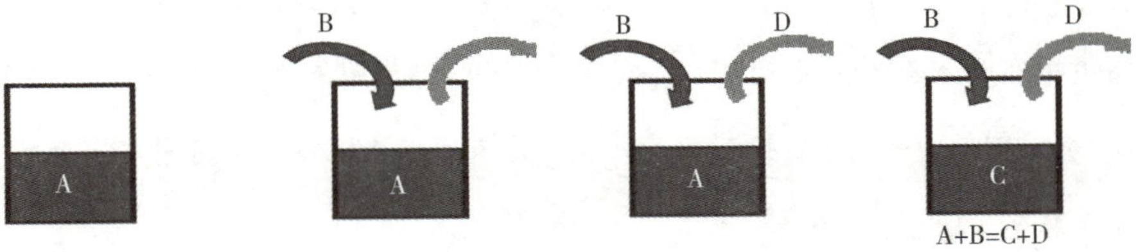

图 3-3-2 在产品和完工产品的金额关系

月末完工产品与月末在产品的金额关系式为：

月初在产品成本 + 本月新投入生产费用 = 完工产品成本 + 月末在产品成本

分配完工产品与在产品的过程就是图 3-3-3 成本核算账务处理的基本程序中的（6）步骤，完工产品成本将从基本生产成本的贷方转出，在基本生产成本中没有转出的余额就是在产品成本。

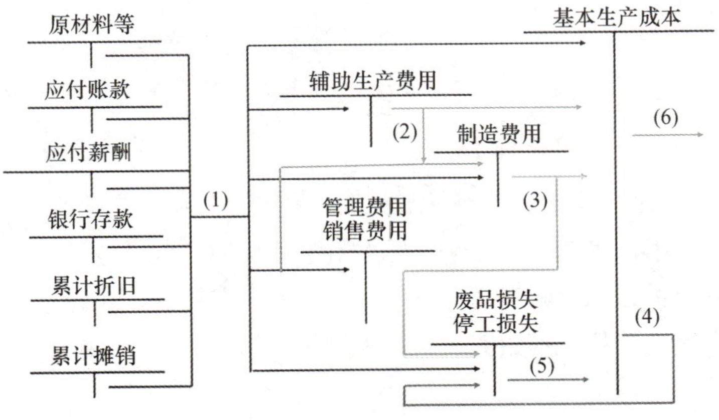

图 3-3-3 成本核算账务处理的基本程序

四、完工产品与在产品成本计算方法

完工产品与在产品的成本计算方法，可分为简化方法和一般方法。简单方法包括：在产品忽略不计法、在产品按固定成本计价法、在产品按原材料费用计价法、在产品按完工产品计价法。一般方法包括：约当产量法、在产品按定额成本计价法、定额比例法。

（一）简化方法

在产品忽略不计法和在产品固定成本计价法

课堂小练习 23

1.在产品忽略不计法

当企业在产品为0或者很少时，月初和月末在产品的费用就很少，月初在产品费用和月末在产品费用的差额便很少。此时，是否计算在产品成本对完工产品的成本影响很小。例如，煤炭企业，由于工作面小，在产品数量很少，月末在产品就可以不用计算成本。将基本生产成本明细账中归集的生产费用，全部由本月完工产品负担，月末在产品不负担。

月初在产品成本（0）+本月新投入生产费用=月末完工产品成本+月末在产品成本（0）

2.在产品固定成本计价法

课堂小练习 24

当企业在产品数量较少，或数量虽多，但各月之间在产品数量变动不大时，月初月末在产品成本的差额都不大，是否计算各月在产品成本的差额对完工产品的影响不大。为简化核算工作，同时反映在产品占用的资金，各月在产品可以按年初数固定计算。但年终要根据实际盘点的在产品数量，重新调整计算确定在产品成本，作为下半年度要使用的在产品成本固定数，以避免按年初数固定计算的在产品成本与实际出入过大，影响成本计算的正确性。例如，钢铁化工类企业，由于高炉和化学反应装置的容积固定，其在产品成本就可以采用此方法计算。

月末完工产品成本=月初在产品数量（a）+本月新投入生产费用−月末在产品成本（a）

3.在产品按原材料费用计价法

课堂小练习 25

当企业月末在产品数量较多且变化较大时，在产品按固定成本计价的方法便不再适用，如果产品成本中直接材料成本项目所占比重较大，可以采用在产品按原材料费用计价法，即月末在产品只算其材料成本，人工和制造费用全部由完工产品来承担。例如，造纸、酿酒等行业的产品。

在产品按原材料费用计价法和在产品按完工产品计价法

$$\text{月末单位产品原材料成本}=\frac{\text{原材料费用总额}}{\text{完工产品数量}+\text{月末在产品数量}}$$

$$\text{月末在产品成本}=\text{月末在产品数量}\times\text{单位产品原材料成本}$$

$$\text{本月完工产品成本}=\text{月初在产品成本}+\text{本月生产费用}-\text{月末在产品成本}$$

4.在产品按完工产品计价法

在企业产品成本构成中，如果材料、人工、制造费用都很重要，而且产品加工已经接近尾声但尚未入产成品库，此时的在产品与完工产品几乎无异，可以采用在产品按完工产品计价法，将各项生产费用直接按完工产品与在产品数量之比进行分配。

课堂小练习 26

（二）一般方法

直接材料成本项目的约当产量比例法

1.约当产量法

所谓约当产量，是指将月末在产品数量按其加工程度或投料程度折算为相当于完工产品的数量。约当产量比例分配法简称约当产量法，就是按完工产品数量和月末在产品约当产量的比例来分配生产费用，以确定完工产品成本和月末在产品实际成本的一种方法。

$$\text{在产品约当产量}=\text{在产品数量}\times\text{在产品完工程度（或投料程度）}$$

计算约当产量的关键在于合理测定在产品的完工程度或投料程度。由于在产品的各项费用的投入程度不同，因而需要区分不同的成本项目来计算约当产量并分配相关费用。其中，用以分配直接材料费用的在产品约当产量按投料程度计算，用以分配直接人工和制造费用等项目的在产品约当产量按完工程度计算。

投料程度的计算公式如下：

$$\text{直接材料费用分配率}=\frac{\text{月初在产品直接材料成本}+\text{本月新投入直接材料}}{\text{月末完工产品成本}+\text{月末在产品约当产量}}$$

$$\text{直接人工（制造费用）分配率}=\frac{\text{月初在产品直接人工（制造费用）成本}+\text{本月新投入直接人工（制造费用）}}{\text{月末完工产品成本}+\text{月末在产品约当产量}}$$

$$\text{完工产品成本}=\text{完工产品直接材料成本}+\text{完工产品直接人工成本}+\text{完工产品制造费用}$$

$$\text{在产品成本}=\text{在产品直接材料成本}+\text{在产品直接人工成本}+\text{在产品制造费用成本}$$

（1）投料程度的确定。在产品投料程度是指在产品的已投材料占完工产品应投材料的百分比。在生产过程中，投料程度的确定按原材料投入形式的不同区别对待。

若原材料系生产开始时一次投入，在产品的投料程度为100%。

课堂小练习 27　课堂小练习 28　课堂小练习 29

若原材料随生产过程陆续地投入，直接材料的投料程度与生产工时的投入进度基本一致，分配直接材料成本的在产品约当产量可按完工程度折算。

如果原材料分工序投入，并在每道工序开始时一次投入，月末在产品投料程度就应借助各工序的原材料消耗定额计算，其计算公式如下：

$$\text{某道工序在产品的投料程度}=\frac{\text{以前各工序材料消耗定额之和}+\text{本工序材料消耗定额}}{\text{完工产品材料消耗定额}}\times 100\%$$

如果原材料分工序逐步投入，但投料程度与加工程度不一致，则投料程度应按下列公式计算：

$$\text{某道工序在产品的投料程度}=\frac{\text{以前各工序材料消耗定额之和}+\text{本工序材料消耗定额}\times 50\%}{\text{完工产品材料消耗定额}}\times 100\%$$

$$\text{月末在产品约当产量}=\sum(\text{各工序在产品数量}\times\text{各工序在产品投料程度})$$

【例 3.3.1】

某企业生产甲产品，需经3道工序加工制成，其原材料分3道工序并在每道工序开始时一次投入，有关该产品原材料消耗定额、在产品数量资料及投料程度、约当产量的计算见表3-3-4。

（资料来源：作者根据相关资料整理）

约当产量比例法

表3-3-4　原材料每工序开始时一次投料约当产量计算表

工序	原材料消耗定额（千克）	月末在产品数量（件）	在产品投料程度	在产品约当产量（件）
1	25	30	25÷50×100%=50%	30×50%=15
2	15	20	（25+15）÷50×100%=80%	20×80%=16
3	10	40	（25+15+10）÷50×100%=100%	40×100%=40
合计	50	90	—	71

问题

若该产品本月完工500件，月初在产品和本月发生的直接材料成本累计数为45 680元。请计算直接材料成本、完工产品应负担的材料费和在产品应负担的材料费。

解析

直接材料单位成本=45 680÷（500+71）=80（元）

完工产品应负担的材料费=80×500=40 000（元）

在产品应负担的材料费=80×71=5 680（元）

若投料方式为原材料随工序逐步投入，但投料程度与加工程度不一致，有关该产品原材料消耗定额、在产品数量资料及投料程度、约当产量的计算见表3-3-5，那么：

直接材料单位成本=45 680 ÷（500+56.5）≈82.08（元）

完工产品应负担的材料费=82.08×500=41 040（元）

在产品应负担的材料费=45 680-41 040=4 640（元）

表3-3-5 原材料分工序陆续投料约当产量计算表

工序	原材料消耗定额（千克）	月末在产品数量（件）	在产品投料程度	在产品约当产量（件）
1	25	30	（25×50%）÷50×100%=25%	30×25%=7.5
2	15	20	（25+15×50%）÷50×100%=65%	20×65%=13
3	10	40	（25+15+10×50%）÷50×100%=90%	40×90%=36
合计	50	90	—	56.5

课堂小练习30

课堂小练习31

约当产量和不分工序时

（2）完工程度的确定。除直接材料成本项目外，如燃料和动力、直接人工、制造费用等加工费用，通常按加工程度计算约当产量，在产品完工程度是指在产品已完成的工作量占完工产品全部工作量的比例。

单工序生产的在产品加工费用的约当产量可根据在产品的加工时间占完工产品定额工时的比例计算，如果企业生产进度比较均衡，月末在产品在工序内分布均匀，为简化核算，月末在产品的完工程度可按50%计算。

多工序生产的在产品，在生产进度比较均衡，各道工序在产品的加工数量相差不多的情况下，由于后道工序多加工的程度可以抵补前面几道工序少加工的程度，此时，在产品的加工程度均可以按50%平均计算，即全部在产品均按50%的完工率计算约当产量；否则，各工序在产品的完工程度应按工序分别测定，为简化计算，在产品前面各道工序已经完工，其工时定额按100%计入，而本道工序的加工程度一般不逐一测定，就以本道工序工时定额的50%计入，其计算公式如下：

$$\text{某道工序在产品完工程度}=\frac{\text{前面各工序累计工时定额}+\text{本道工序工时定额}\times 50\%}{\text{产品工时定额}}\times 100\%$$

$$\text{月末在产品约当量}=\sum(\text{该工序在产品数量}\times\text{该道工序在产品完工程度})$$

【例 3.3.2】

某企业基本生产车间生产甲产品，单位工时定额为 40 小时，需经三道工序加工才能完成。各工序的工时定额、在产品的结存数量以及完工程度、约当产量的计算见表 3-3-6。

（资料来源：作者根据相关资料整理）

其他成本项目的约当产量比例法——分工序时

问题

若该车间本月完工产品为 500 件，本月直接人工费用 10 920 元，制造费用 16 380 元，请分配加工费用。

表 3-3-6 原材料分工序陆续投料约当产量计算表

工序	工时定额（小时）	完工程度（%）	月末在产品数量（件）	在产品约当产量（件）
1	8	8×50%÷40×100%=10%	30	3
2	20	（8+20×50%）÷40×100%=45%	20	9
3	12	（8+20+12×50%（÷40×100%=85%	40	34
合计	40	—	90	46

解析

直接人工单位成本 = 10 920 ÷（500+46）= 20（元）

完工产品应负担的人工费 = 20×500 = 10 000（元）

在产品应负担的人工费 = 20×46 = 920（元）

制造费用单位成本 = 16 280 ÷（500+46）≈ 30（元）

完工产品应负担的制造费用 = 30×500 = 15 000（元）

在产品应负担的制造费用 = 30×46 = 1 380（元）

2. 在产品按定额成本计价法

在产品按定额成本计价法即月末在产品成本按定额成本计算。产品的全部成本（如果有月初在产品，包括月初在产品成本在内）减去按定额成本计算的月末在产品成本，余额即为完工产品成本。这种方法下，生产成本脱离定额的节约差异或超支差异全部计入当月完工产品成本。

课堂小练习 32

在产品按定额成本计价法分配材料——定额法

定额法

（1）月末在产品直接材料定额成本。

如果原材料是在生产开始时一次性投入的，则：

$$直接材料定额成本 = \sum 每道工序在产品数量 \times 材料费用定额$$

如果原材料是分工序、且在每道工序开始时一次性投入的，则：

$$\text{直接材料定额成本}=\sum(\text{前道工序累计材料费用定额}+\text{本工序材料费用定额})\times\text{本工序在产品数量}$$

如果原材料随着生产进度陆续投入，则：

$$\text{直接材料定额成本}=\sum(\text{前道工序累计材料费用定额}+\text{本工序材料费用定额}\times 50\%)\times\text{本工序在产品数量}$$

（2）月末在产品直接人工定额成本。

$$\text{月末在产品定额工时}=\sum(\text{前道工序累计工时定额}+\text{本工序工时定额}\times 50\%)\times\text{该工序在产品数量}$$

$$\text{月末在产品直接人工定额成本}=\text{月末在产品定额工时}\times\text{小时工资率}$$

（3）月末在产品制造费用定额成本。

$$\text{月末在产品定额工时}=\sum(\text{前道工序累计工时定额}+\text{本工序工时定额}\times 50\%)\times\text{该工序在产品数量}$$

$$\text{月末在产品制造费用定额费用}=\text{月末在产品定额工时}\times\text{制造费用分配率}$$

综上：

$$\text{月末在产品定额成本}=\text{月末在产品直接材料定额成本}+\text{月末在产品直接人工定额成本}+\text{月末在产品制造费用定额成本}$$

$$\text{月末完工产品成本}=\text{月初在产品成本}+\text{本月生产费用}-\text{月末在产品定额成本}$$

在产品按定额成本计价法适用于各项消耗定额或成本定额比较准确、稳定，而且各月末在产品数量变化不是很大的产品。这是因为如果产品的各项消耗定额或费用定额比较准确，那么月初和月末单件在产品费用脱离定额的差异就不会太大，如果各月末在产品数量变化不大，那么月初在产品费用脱离定额差异总额与月末在产品费用脱离定额差异总额的差额也不会大。所以，月末在产品不计算费用差异，对完工产品成本不会产生太大影响。

【例 3.3.3】

某企业生产A产品，需分3道工序制成，原材料在生产开始时一次投入，各道工序内在产品的平均完工程度为50%。材料单位定额成本为200元，直接人工费用单价为12元，制造费用单价为20元，在产品的产量和定额消耗资料见表3-3-7。

（资料来源：作者根据相关资料整理）

问题

请使用定额成本计价法对其进行核算。

解析

表 3-3-7　在产品定额成本计算表

工序	在产品数量（件）	各工序在产品材料定额成本（元）	各工序工时定额（小时）	各工序在产品定额工时（小时）	各工序在产品定额工时总额（小时）	各工序在产品定额人工费用	各工序在产品定额制造费用	在产品定额成本合计
1	25		20	20×50%=10	250			
2	50		40	20+40×50%=40	2 000			
3	30		60	20+40+60×50%=90	2 700			
合计	105	105×200=21 000	120		4 950	4 950×12=59 400	4 950×20=99 000	179 400

在产品按定额成本计算，简化了生产费用在完工产品和月末在产品之间划分的手续，各月生产费用脱离定额差异全部由完工产品成本负担，使完工产品的成本指标能及时反映当期成本管理的工作质量。

3. 定额比例法

定额比例法　　课堂小练习 33

定额比例法是指产品的生产成本在完工产品和月末在产品之间按照两者的定额消耗量或定额成本比例分配。其中直接材料成本，按直接材料的定额消耗量或定额成本比例分配，直接人工、制造费用等一般按定额工时比例分配。

$$\text{直接材料分配率}=\frac{\text{月初在产品直接材料成本}+\text{本月新发生直接材料成本}}{\text{月末完工产品材料定额消耗量（或定额成本）}+\text{月末在产品材料定额消耗量（或定额成本）}}$$

$$\text{月末在产品定额消耗量}=\text{月末在产品约当产量}\times\text{消耗定额}$$

$$\text{直接人工（或制造费用）分配率}=\frac{\text{月初在产品直接人工（或制造费用）}+\text{本月新发生直接人工（或制造费用）}}{\text{月末完工产品定额工时}+\text{月末在产品定额工时}}$$

$$\text{月末在产品定额工时}=\text{月末在产品约当产量}\times\text{工时定额}$$

$$\text{月末完工产品成本}=\text{完工产品直接材料成本}+\text{完工产品直接人工成本}+\text{完工产品制造费用成本}$$

$$\text{月末在产品成本}=\text{在产品直接材料成本}+\text{在产品直接人工成本}+\text{在产品制造费用成本}$$

定额比例法适用于各项消耗定额或费用定额比较准确、稳定，但各月末在产品数量变动较大的产品。如果各月末在产品数量变动较大，即使各项消耗定额或费用定额比较准确、稳定，月初在产品费用脱离定额差异总额与月末在产品费用脱离定额差异总额的差额也会较大，此种情况下，仍采用定额成本法来计算月末在产品成本，完工产品就可能负担较大的脱离定额差异，从而影响完工产品成本计算的正确性。基于以上考虑，对于各月末在产品数量变化较大，而成本定额基础管理较好的企业，可以采用定额比例法。

【例 3.3.4】

企业生产甲产品，需由 3 道工序连续加工制成。本月完工产品 200 件，原材料在生产开始时一次投入，单件产品原材料费用定额为 240 元，每道工序工时定额及在产品数量资料见表 3-3-8。

（资料来源：作者根据相关资料整理）

表 3-3-8　工序工时定额及在产品数量表

工序	工时定额（小时）	在产品数量（件）
1	10	20
2	8	40
3	12	40
合计	30	100

假设各道工序内月末在产品的平均加工程度为 50%，完工产品和月末在产品之间，直接材料成本按定额成本的比例进行分配，直接人工和间接制造费用按定额工时的比例分配，该产品月初在产品成本和本月生产费用资料见表 3-3-9。

表 3-3-9　产品成本费用资料表

摘要	成本项目			合计
	直接材料（元）	直接人工（小时）	制造费用（元）	
月初在产品成本	24 000	4 500	2 600	17 100
本月生产费用	62 400	8 300	5 200	45 500
生产费用合计	86 400	12 800	7 800	62 600

问题

请分配各种费用。

解析

（1）分配直接材料费用。

完工产品定额成本 = 200×240 = 48 000（元）

月末在产品定额成本 = 100×240 = 24 000（元）

$$材料费用分配率=\frac{24\ 000+62\ 400}{24\ 000+62\ 400}=1.2$$

完工产品直接材料成本 = 48 000×1.2 = 57 600（元）

月末在产品直接材料成本 = 24 000×1.2 = 28 800（元）

（2）分配直接人工费用。

$$完工产品定额工时=200\times30=6\ 000（小时）$$

$$月末在产品定额工时=10\times50\%\times20+(10+8\times50\%)\times40+(10+8+12\times50\%)\times40=1\ 620（小时）$$

$$直接人工分配率=\frac{24\ 000+62\ 400}{24\ 000+62\ 400}=1.68$$

$$完工产品人工成本=6\ 000\times1.68=10\ 080（元）$$

$$月末在产品人工成本=(4\ 500+8\ 300)-10\ 080=2\ 720（元）$$

（3）分配制造费用。

$$费用分配率=\frac{24\ 000+62\ 400}{24\ 000+62\ 400}=1.02$$

$$完工产品制造费用=6\ 000\times1.02=6\ 120（元）$$

$$月末在产品制造费用=(2\ 600+5\ 200)-6\ 120=16\ 80（元）$$

$$完工产品成本=57\ 600+10\ 080+6\ 120=73\ 800（元）$$

$$在产品成本=28\ 800+2\ 720+1\ 680=33\ 200（元）$$

定额比例法与在产品按定额成本计价的区别在于：采用前者时其实际成本与定额成本的差异全部由完工产品成本负担，而采用后者分配本月生产费用时，在产品和完工产品按比例共同负担脱离定额的差异。因此，采用定额比例法分配本月生产费用，可将实际成本与定额成本进行比较，可以减少月初月末在产品数量波动对成本计算准确性的不利影响，便于考核和分析定额成本的执行情况。

五、完工产品成本结转的账务处理

生产费用在完工产品与在产品之间的分配以后，可以确定完工产品的成本与月末在产品的成本。其中，月末在产品成本由于其实物仍将留在生产过程中继续加工，其成本也就作为“基本生产成本”账户的月末余额保存下来，并将转入下月；而完工产品作为产成品，其实物将通过验收退出生产过程而转入仓库作为商品，其成本也就应该及时结转。不管采用何种分配方法，结转完工产品成本时，均借记“库存商品”账户，贷记“基本生产成本”账户。

尽管完工产品与在产品成本已在各产品的产品成本计算单中分列出来，考虑到各企业所生产的产品往往不止一种，因此应将各种产品的完工产品从相应的产品成本计算单转出，随后编制“完工产品成本汇总计算表”加以汇总，计算出各种完工产品的总成本和单位成本。

【例 3.3.5】

某企业生产A、B两种产品，月末编制其完工产品成本汇总计算表，格式和汇总情况见表3-3-10。

（资料来源：作者根据相关资料整理）

表3-3-10　完工产品成本计算汇总表

成本项目	A产品成本（200件）		B产品成本（150件）		总成本合计
	总成本	单位成本	总成本	单位成本	
直接材料	70 000	350	63 000	420	133 000
直接人工	12 000	60	10 500	70	22 500
制造费用	16 000	80	13 500	90	29 500
合计	98 000	490	87 000	580	185 000

问题

将完工产品进行成本结转。

解析

根据上表，将完工产品成本从“基本生产成本”总账及其所属明细账的贷方转入“产成品”总账及有关明细账的借方。编制会计分录。

借：库存商品——A产品　　98 000
　　　　　——B产品　　87 000
　贷：基本生产成本——A产品——直接材料　　70 000
　　　　　　　　　　　　　——直接人工　　12 000
　　　　　　　　　　　　　——制造费用　　16 000
　　　　　　　　——B产品——直接材料　　63 000
　　　　　　　　　　　　　——直接人工　　10 500
　　　　　　　　　　　　　——制造费用　　13 500

项目四　分　步　法

知识目标

1. 了解分步法的含义、特点及适用范围。
2. 理解逐步结转分步法的计算原理。
3. 掌握平行结转分步法的计算程序。

技能目标

1. 能够应用分步法解决企业的成本计算。
2. 能够使用Excel等工具进行分步法的成本计算。

思政目标

1. 注重举一反三，强调前后知识迁移。
2. 营造氛围，发挥榜样引领作用。

思维导图

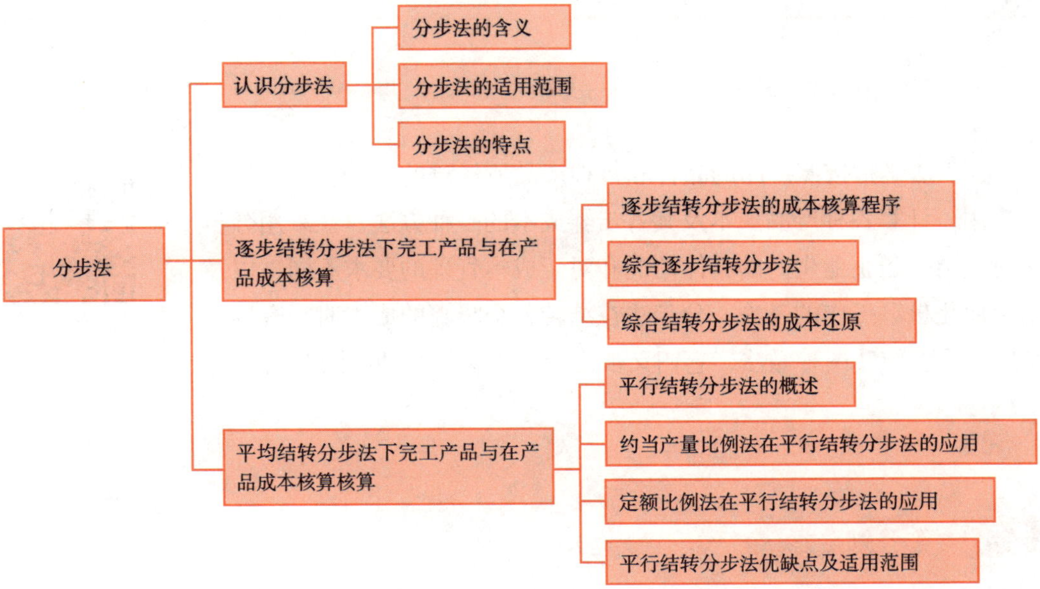

案例导入

小李应聘到一家纺织厂做成本会计，财务部张师傅向小李介绍了企业的基本情况。该纺织厂规模不大，共有3个纺纱车间，两个织布车间，还有若干为纺纱织布车间提供服务的辅助生产车间。该厂第一纺纱车间纺的纱全部对外销售，第二纺纱车间纺的纱供第一织布车间使用，第三纺纱车间纺的纱供第二织布车间使用。纺纱和织布的工序包括清花、粗纺、并条、粗纱、捻线、织布等。各工序生产的半成品直接供下一工序使用，不经过半成品库。

该厂现行的成本计算模式是，第一纺纱车间采用品种法计算成本，第二纺纱车间和第一织布车间采用品种法计算成本，第三纺纱车间和第二织布车间采用逐步结转分步法计算成本。为了加强企业的成本管理，厂财务部对各车间生产的半成品均要进行考核。另外，主管部门还要对半成品成本情况进行评比和检查。

（资料来源：来臣军，喻硕，晋江涛. 成本会计[M]. 东营：中国石油大学出版社，2020.）

案例讨论：该纺织厂成本计算方法的选择是否合理？如果不合理，应如何改进？

任务一　认识分步法

一、分步法的含义

分步法是指按照产品的品种和每种产品所经过的生产步骤归集生产费用，计算各种产品成本及其各步骤成本的一种方法。在采用分步法时，由于各企业生产的具体情况和对于成本管理的要求不同，以及出于简化核算工作的考虑，分步法在结转各个步骤的成本时，有逐步结转和平行结转两种做法，它们又被称为分步法的两种不同形式。

分步法是一种什么样的计算方法？

二、分步法的适用范围

【例 4.1.1】

根据企业的特点，可按其生产组织方式进行划分，见表 4-1-1。

（资料来源：作者根据相关资料整理）

表 4-1-1　生产组织方式类别表

生产组织方式	企业特点简单描述		
产量大小	大	较大	小
生产的重复性	不断重复同一产品	一段时间内重复同一产品	一般不会重复
品种的稳定性	品种稳定	一段时间内品种稳定	品种不稳定

问题

请判断，纺织类企业从企业生产组织方式上来看，属于表格中的哪一种呢？

解析

在上述纺织企业中，生产过程由纺纱和织布两个生产步骤组成，每个生产步骤除了生产出半成品（最后一个步骤是产成品）外，还有一些加工中的在产品。已生产出的这些半成品，可能用于下一步骤继续进行加工或装配，也可能销售给外单位使用。所以适用于分步法。

分步法成本计算主要适用于大量大批复杂生产且管理上要求分步骤计算成本的企业或车间，如冶金、纺织、机器制造、造纸等企业或车间。在这种方法下，为了与企业的生产特点相适应，加强成本管理，既要求计算各种产品的成本，又要求计算这些产品各个生产步骤的半成品成本或份额。

三、分步法的特点

（一）以产品品种及其所经过的生产步骤为成本计算对象

在分步法下，成本计算对象是指生产产品的品种及其所经过的各个生产步骤，在计算产品成本时，一般按照产品的品种及生产步骤开设基本生产明细账。这里所说的生产步骤不一定与生产车间的概念相一致。在按生产步骤设立生产车间的企业中，一般可以将生产车间视为生产步骤，则分步骤计算成本就是分车间计算成本；相反，如果企业规模大，管理上又要求在车间内分步骤计算成本，则把车间内的生产工段作为生产步骤计算成本，分步骤计算成本不是分车间计算成本，而是分工段（或几个工段合并为一个生产步骤）计算成本。在实际确定作为成本计算对象的生产步骤时，应根据管理的需要本着简化计算工作的原则而定。

（二）成本计算期与会计报告期一致

由于大量、大批、复杂生产的生产周期较长，产品往往跨月连续生产并陆续完工，一般每个月均有完工产品，因此，其成本计算是按月定期进行的。成本计算期与会计报告期一致，而与产品生产周期不一致。

（三）一般需要在完工产品与月末在产品之间分配生产费用

由于大批、大量、多步骤产品陆续完工，月末通常有一定数量的在产品，因此，对于在各步骤、各种产品的成本计算单上归集的生产费用，还应采用一定的分配方法，在各步骤、各种产品的完工产品与月末在产品之间进行分配，以计算各种产品和各步骤的完工产品成本和月末在产品成本。

（四）需按照产品品种结转各步骤的成本

在分步法下，企业的产品生产往往是分步骤进行的，上一步骤生产的半成品是下一步骤的加工对象，因此，还需按照产品品种结转各步骤的成本，这是分步法的一个重要特点。

任务二　逐步结转分步法下完工产品与在产品成本核算

一、逐步结转分步法的成本核算程序

采用逐步结转分步法在计算各步骤产品成本时，由于上一步骤的半成品将作为下一步骤的加工对象，因此，上一步骤计算的半成品成本要随着半成品实物的转移从上一步骤的基本生产明细账转入下一步骤相同产品的基本生产明细账，以便依次计算各步骤的半成品成本和最后步骤的产成品成本。

逐步结转分步法下，各步骤半成品成本的结转应与半成品实物的转移相适应。半成品实物转移的方式有两种。

（一）设半成品库进行半成品收发

在这一转移方式下，下一步骤不直接领用上一步骤的完工半成品，而是通过半成品库进行。因此，应设置自制“自制半成品”明细账，用来核算结转完工入库和生产领用的半成品的收、发、存情况。验收入库时，应将入库半成品成本借记“自制半成品——上一步骤”账户，贷记“基本生产成本——上一步骤”账户。下一步骤领用自制半成品时，再借记“基本生产——下一步骤”账户，贷记“自制半成品——上一步骤”账户。其核算程序如图 4-2-1 所示。

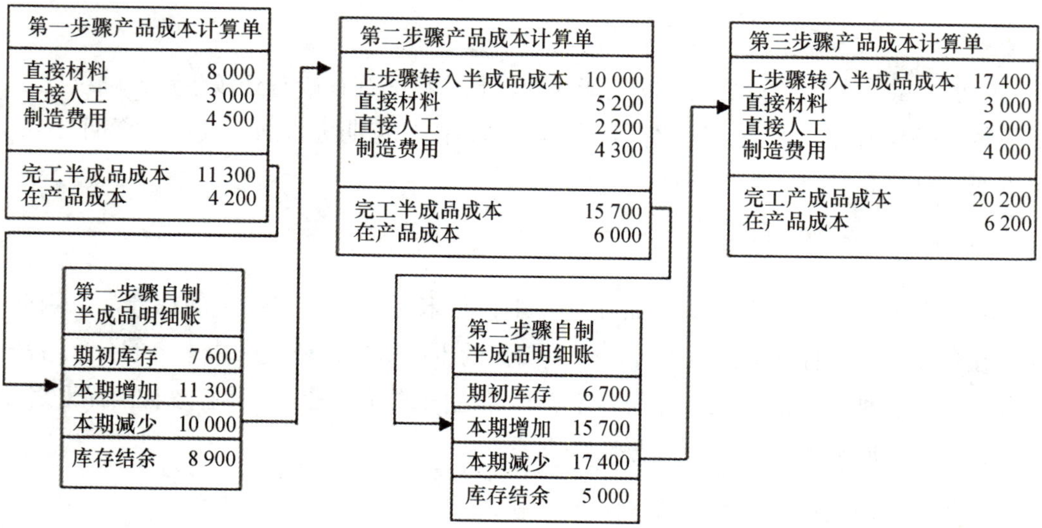

图 4-2-1　逐步结转程序（设自制半成品库）

（二）不设半成品库进行半成品收发

在不设半成品库进行半成品收发的情况下，下一步骤可以直接领用上一步骤的完工半成品。各步骤半成品实物直接转入下一步骤，其半成品成本也直接转入下一步骤的成本计算单，不必通过“自制半成品”明细账进行核算。其核算程序如图4-2-2所示。

根据以上所述，逐步结转分步法就是指按照产品生产加工的先后顺序逐步计算并结转半成品成本，直至最后一个步骤算出产成品成本的一种方法，亦被称为计算半成品成本的分步法。

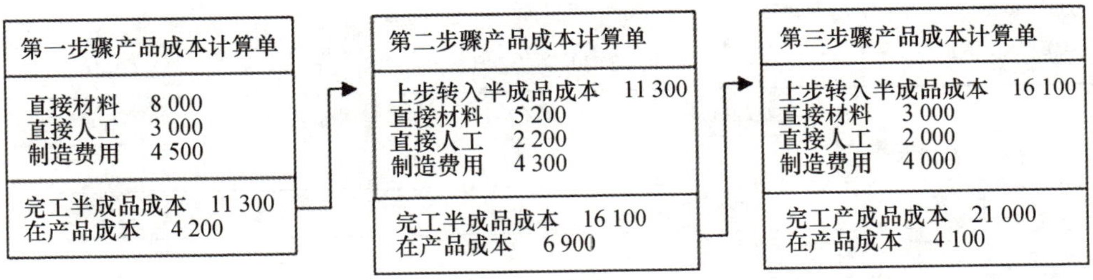

图 4-2-2 逐步结转程序（不设自制半成品库）

二、综合结转分步法

【例 4.2.1】

某企业某年 1 月份生产 A 产品，该产品经过 3 个车间加工，一车间投入原材料加工成甲半成品，二车间将甲半成品加工成乙半成品，三车间将乙半成品加工成 A 产成品，原材料在一车间生产时一次性投入，各步骤的在产品在本步骤的完工程度均为 50%，月末各步骤均采用约当产量法在完工产品与月末在产品之间分配生产费用。

（资料来源：作者根据相关资料整理）

问题

请计算该企业每个车间的半成品成本和产成品成本。

解析

按照生产步骤设置基本生产成本明细账。该产品需 3 个生产步骤，设置 3 个基本生产成本明细账。

（1）完成第一车间基本生产成本明细账，见表 4-2-1。

表 4-2-1 第一车间基本生产成本明细账

产品名称：甲半成品　　　　20××年×月　　　　金额单位：元

项目	直接材料	直接人工	制造费用	合计
月初在产品成本				
本月生产费用				
合计				
单位产品成本				
完工半成品成本				
月末在产品成本				

（2）完成第二车间生产成本明细账，见表 4-2-2。

表 4-2-2　第二车间基本生产成本明细账

产品名称：乙半成品　　20××年×月　　金额单位：元

项目	直接材料	直接人工	制造费用	合计
月初在产品成本				
本月生产费用				
合计				
单位产品成本				
完工半成品成本				
月末在产品成本				

（3）完成第三车间生产成本明细账，见表 4-2-3。

表 4-2-3　第三车间基本生产成本明细账

产品名称：A 产成品　　20××年×月　　金额单位：元

项目	直接材料	直接人工	制造费用	合计
月初在产品成本				
本月生产费用				
合计				
单位产品成本				
完工半成品成本				
月末在产品成本				

无月初、无半成品

情形一：无月初在产品，不通过半成品库

（1）产量资料见表 4-2-4。

表 4-2-4　产量资料

20××年 1 月　　数量单位：件

项目	一车间	二车间	三车间
投入产量（或领用量）	10	9	7
本月完工	9	7	6
月末在产品	1	2	1

（2）费用资料见表 4-2-5。

表 4-2-5　费用资料

20××年 1 月　　金额单位：元

项目	直接材料	直接人工	制造费用
一车间	1 000	760	570
二车间		560	400
三车间		390	260

（3）填写基本生产成本明细表。

第一步，计算第一车间甲半成品成本，将生产费用在甲半成品和月末在产品之间进行分配。

$$单位半成品直接材料成本=\frac{1\,000}{10}=100（元/件）$$

完工甲半成品直接材料成本=9×100=900（元）

月末在产品直接材料成本=1×100=100（元）

$$单位半成品直接人工成本=\frac{760}{9+0.5}=80（元/件）$$

完工甲半成品直接人工成本=9×80=720（元）

月末在产品直接人工成本=0.5×80=40（元）

$$单位半成品制造费用=\frac{570}{9+0.5}=60（元/件）$$

完工甲半成品制造费用=9×60=540（元）

月末在产品制造费用=0.5×60=30（元）

根据以上计算结果填写第一车间基本成本明细账，见表4-2-6。

表4-2-6 第一车间基本生产成本明细账

产品名称：甲半成品 20××年1月 金额单位：元

项目	直接材料	直接人工	制造费用	合计
本月生产费用	1 000	760	570	2 330
单位产品成本	100	80	60	240
完工半成品成本	900	720	540	2 160
月末在产品成本	100	40	30	170

第二步，计算第二车间乙半成品成本，将生产费用在乙半成品和月末在产品之间进行分配。

$$单位半成品直接材料成本=\frac{2\,160}{9}=240（元/件）$$

完工乙半成品直接材料成本=7×240=1 680（元）

月末在产品直接材料成本=2×240=480（元）

$$单位半成品直接人工成本=\frac{560}{8}=70（元/件）$$

完工乙半成品直接人工成本=7×70=490（元）

月末在产品直接人工成本=1×70=70（元）

$$单位半成品制造费用=\frac{400}{8}=50（元/件）$$

完工乙半成品制造费用=7×50=350（元）

月末在产品制造费用=1×50=20(元)

根据以上计算结果填写第二车间基本生产成本明细账，见表4-2-7。

表4-2-7 第二车间基本生产成本明细账

产品名称：乙半成品　　20××年1月　　金额单位：元

项目	直接材料	直接人工	制造费用	合计
本月生产费用	2 160	560	400	3 120
单位产品成本	240	70	50	360
完工半成品成本	1 680	490	350	2 520
月末在产品成本	480	70	50	600

第三步，计算第三车间A产成品成本，将生产费用在A产成品和月末在产品之间进行分配。

$$单位产成品直接材料成本=\frac{2\,520}{7}=360(元/件)$$

完工A产成品直接材料成本=6×360=2 160(元)

月末在产品直接材料成本=1×360=360(元)

$$单位产成品直接人工成本=\frac{390}{6.5}=60(元/件)$$

完工A产成品直接人工料成本=6×60=360(元)

月末在产品直接人工成本=0.5×60=30(元)

$$单位产成品制造费用=\frac{260}{6.5}=40(元/件)$$

完工A产成品制造费用=6×40=240(元)

月末在产品制造费用=0.5×40=20(元)

根据以上计算结果填写第三车间基本生产成本明细账，见表4-2-8。

表4-2-8 第三车间基本生产成本明细账

产品名称：A产成品　　20××年1月　　金额单位：元

项目	直接材料	直接人工	制造费用	合计
本月生产费用	2 520	390	260	3 170
单位产品成本	360	60	40	460
完工半成品成本	2 160	360	240	2 760
月末在产品成本	360	30	20	410

情形二：有月初在产品，不通过半成品库

假定该厂2月份继续生产A产品，原材料在第一车间生产时一次性投入，各步骤的在产品在本步骤的完工程度也均为50%。

(1)产量资料见表4-2-9。

有月初、无半成品

表 4-2-9 产量资料

20××年 2 月 数量单位：件

项目	一车间	二车间	三车间
月初在产品	1	2	1
投入产量（或领用量）	13	12	10
本月完工	12	10	9
月末在产品	2	4	2

（2）费用资料见表 4-2-10。

表 4-2-10 费用资料

20××年 2 月 金额单位：元

项目	直接材料	直接人工	制造费用
一车间	1 300	1 000	750
二车间		770	550
三车间		570	380

（3）填写基本生产成本明细表。

第一步，计算第一车间甲半成品成本，将生产费用在甲半成品和月末在产品之间进行分配。

$$单位半成品直接材料成本=\frac{1\,400}{14}=100（元/件）$$

完工甲半成品直接材料成本 = 12×100 = 1 200（元）

月末在产品直接材料成本 = 2×100 = 200（元）

$$单位半成品直接人工成本=\frac{1\,400}{12+1}=80（元/件）$$

完工甲半成品直接人工成本 = 12×80 = 960（元）

月末在产品直接人工成本 = 1×80 = 80（元）

$$单位半成品制造费用=\frac{780}{12+1}=60（元/件）$$

完工甲半成品制造费用 = 12×60 = 720（元）

月末在产品制造费用 = 1×60 = 60（元）

根据以上计算结果填写第一车间基本生产成本明细账，见表 4-2-11。

表 4-2-11 第一车间基本生产成本明细账

产品名称：甲半成品 20××年 2 月 金额单位：元

项目	直接材料	直接人工	制造费用	合计
月初在产品成本	100	40	30	170
本月生产费用	1 300	1 000	750	3 050
合计	1 400	1 040	780	3 220

续表

项目	直接材料	直接人工	制造费用	合计
单位产品成本	100	80	60	240
完工半成品成本	1 200	960	720	2 880
月末在产品成本	200	80	60	340

第二步，计算第二车间乙半成品成本，将生产费用在乙半成品和月末在产品之间进行分配。

$$单位半成品直接材料成本=\frac{3\ 360}{14}=240（元/件）$$

完工乙半成品直接材料成本 $=10\times240=2\ 400$（元）

月末在产品直接材料成本 $=4\times240=960$（元）

$$单位半成品直接人工成本=\frac{840}{10+2}=70（元/件）$$

完工乙半成品直接人工成本 $=10\times70=700$（元）

月末在产品直接人工成本 $=2\times70=140$（元）

$$单位半成品制造费用=\frac{600}{10+2}=50（元/件）$$

完工乙半成品制造费用 $=10\times50=500$（元）

月末在产品制造费用 $=2\times50=100$（元）

根据以上计算结果填写第二车间基本生产成本明细账，见表 4-2-12。

表 4-2-12　第二车间基本生产成本明细账

产品名称：乙半成品　　20××年 2 月　　金额单位：元

项目	直接材料	直接人工	制造费用	合计
月初在产品成本	480	70	50	600
本月生产费用	2 880	770	550	4 200
合计	3 360	840	600	4 800
单位产品成本	240	70	50	360
完工半成品成本	2 400	700	500	3 600
月末在产品成本	960	140	100	1 200

第三步，计算第三车间 A 产成品成本，将生产费用在 A 产成品和月末在产品之间进行分配。

$$单位产成品直接材料成本=\frac{3\ 960}{11}=360$$

A 产成品直接材料成本 $=9\times360=3\ 240$（元）

月末在产品直接材料成本 $=2\times360=720$（元）

$$单位产成品直接人工成本=\frac{600}{9+1}=60（元/件）$$

完工A产成品直接人工成本=9×60=540（元）

月末在产品直接人工成本=1×60=60（元）

$$单位产成品制造费用=\frac{400}{9+1}=40（元/件）$$

完工A产成品制造费用=9×40=360（元）

月末在产品制造费用=1×40=40（元）

根据以上计算结果填写第三车间基本生产成本明细账，见表4-2-13。

表4-2-13 第三车间基本生产成本明细账

产品名称：A产成品　　　20××年2月　　　金额单位：元

项目	直接材料	直接人工	制造费用	合计
月初在产品成本	360	30	20	410
本月生产费用	3 600	570	380	4 550
合计	3 960	600	400	4 960
单位产品成本	360	60	40	460
完工半成品成本	3 240	540	360	4 140
月末在产品成本	720	60	40	820

情形三：有月初在产品，通过半成品库

现仍使用上述情形二案例，假定将二车间领用的数量改为11件，月末在产品3件，将第三车间领用数量改为9件，月末在产品1件，其余资料不变。请根据有关资料填制基本生产明细账。

有月初、有半成品

（1）产量资料见表4-2-14。

表4-2-14 产量资料

20××年2月　　　数量单位：件

项目	一车间	二车间	三车间
月初在产品	1	2	1
投入产量（或领用量）	13	11	9
本月完工	12	10	9
月末在产品	2	3	1

（2）费用资料见表4-2-15。

表4-2-15 费用资料

20××年2月　　　金额单位：元

项目	直接材料	直接人工	制造费用
一车间	1 300	1 000	750
二车间		770	550
三车间		570	380

（3）填写基本生产成本明细账。

第一步，计算第一车间甲半成品成本，将生产费用在甲半成品和月末在产品之间进行分配。

$$单位半成品直接材料成本=\frac{1\,400}{14}=100（元/件）$$

$$完工甲半成品直接材料成本=12\times100=1\,200（元）$$

$$月末在产品直接材料成本=2\times100=200（元）$$

$$单位半成品直接人工成本=\frac{1040}{12+1}=80（元/件）$$

$$完工甲半成品直接人工成本=12\times80=960（元）$$

$$月末在产品直接人工成本=1\times80=80（元）$$

$$单位半成品制造费用=\frac{780}{12+1}=60（元/件）$$

$$完工甲半成品制造费用=12\times60=720（元）$$

$$月末在产品制造费用=1\times60=60（元）$$

根据以上计算结果填写第一车间基本生产成本明细账，见表4-2-16。

表4-2-16　第一车间基本生产成本明细账

产品名称：甲半成品　　20××年2月　　金额单位：元

项目	直接材料	直接人工	制造费用	合计
月初在产品成本	100	40	30	170
本月生产费用	1 300	1 000	750	3 050
合计	1 400	1 040	780	3 220
单位产品成本	100	80	60	240
完工半成品成本	1 200	960	720	2 880
月末在产品成本	200	80	60	340

第二步，计算第二车间乙半成品成本，将生产费用在乙半成品和月末在产品之间进行分配。

$$单位半成品直接材料成本=\frac{480+240\times11}{13}=240（元/件）$$

$$完工乙半成品直接材料成本=10\times240=2\,400（元）$$

$$月末在产品直接材料成本=3\times240=720（元）$$

$$单位半成品直接人工成本=\frac{840}{10+1.5}=73.04（元/件）$$

$$完工乙半成品直接人工成本=10\times73.04=730.40（元）$$

$$月末在产品直接人工成本=840-730.4=109.60（元）$$

$$单位半成品制造费用=\frac{600}{10+1.5}=52.17（元/件）$$

完工乙半成品制造费用=10×52.17=521.70（元）

月末在产品制造费用=600−521.7=78.30（元）

根据以上计算结果登记表 4−2−17 第二车间基本生产成本明细账。

表 4−2−17 第二车间基本生产成本明细账

产品名称：乙半成品　　20××年 2 月　　金额单位：元

项目	直接材料	直接人工	制造费用	合计
月初在产品成本	480	70	50	600
本月生产费用	2 640	770	550	3 960
合计	3 120	840	600	4 560
单位产品成本	240	73.04	52.17	365.21
完工半成品成本	2 400	700.40	521.70	3 652.10
月末在产品成本	720	109.60	78.30	907.90

第三步，计算第三车间 A 产成品成本，将生产费用在 A 产成品和月末在产品之间进行分配。

$$单位产成品直接材料成本=\frac{360+9\times365.21}{10}=364.69（元/件）$$

A 产成品直接材料成本=9×364.69=3 282.21（元）

月末在产品直接材料成本=3 646.89−3 282.21=364.68（元）

$$单位产成品直接人工成本=\frac{600}{9+0.5}=63.16（元/件）$$

完工 A 产成品直接人工成本=9×63.16=568.44（元）

月末在产品直接人工成本=600−568.44=31.56（元）

$$单位产成品制造费用=\frac{400}{9+0.5}=42.10（元/件）$$

完工 A 产成品制造费用=9×42.10==378.90（元）

月末在产品制造费用=400−378.90=21.10（元）

根据以上计算结果填写第三车间基本生产成本明细账，见表 4−2−18。

表 4−2−18 第三车间基本生产成本明细账

产品名称：A 产成品　　20××年 2 月　　金额单位：元

项目	直接材料	直接人工	制造费用	合计
月初在产品成本	360	30	20	410
本月生产费用	3 286.89	570	380	4 236.89
合计	3 646.89	600	400	4 646.89
单位产品成本	364.69	63.16	42.10	469.95
完工半成品成本	3 282.21	568.44	378.90	4 229.55
月末在产品成本	364.68	31.56	21.10	417.34

三、综合结转分步法的成本还原

采用综合结转法结转半成品成本时，各步骤所消耗半成品的成本是以“原材料”或专设的“自制半成品”成本项目综合反映的，这样计算出来的产成品成本不能提供按原始成本项目反映的成本资料，在生产步骤较多的情况下，按顺序综合结转半成品成本后，表现在产成品成本中“原材料”或“自制半成品”成本项目的成本往往占了绝大部分的费用，而其他费用仅是最后一个步骤的加工费用，在产成品成本中所占的比重很小，甲产品成本项目明细见表 4-2-19。

表 4-2-19　甲产品成本项目明细表

金额单位：元

生产步骤	半成品	直接材料	直接人工	制造费用	成本合计
第一步半成品成本		1 200	960	720	2 880
第二步半成品成本	2 400		730.40	521.70	3 652.10
第三步半成品成本	3 288.21		568.44	378.90	4 229.55
实际的原始成本项目金额		1 200	2 258.84	1 620.60	5 079.44

从表 4-2-19 可以看出，第一步骤完工的半成品成本 2 400 元转作第二步骤的半成品费用，第二步骤完工的半成品成本为 3 652.10 元，其中 3 288.21 元转作第三步骤的半成品费用。在第三步骤产品成本 4 229.55 元中，半成品费用 3 288.21 元占产品成本 4 229.55 元的 77% 以上，而工资及制造费用仅有 947.34 元，不足产品成本的 30%，这与该产品成本的实际成本项目构成，即直接材料费用 1 200 元，直接人工费用 2 258.84 元、制造费用 1 620.60 元相差甚远。所以，为了满足成本管理的需要，应将顺序结转算出的产成品成本进行成本还原，使其成为按原始成本项目反映的成本。

在实际工作中，成本还原就是将产成品成本中的“自制半成品”项目从最后一个步骤起，逐步分解为规定的成本项目，然后将各步骤的成本项目数额相加，即可求得按规定成本项目反映的产品成本。具体以最后一个加工步骤为起点，将最后一步骤完工成品中所消耗上一步骤半成品的综合成本，按上一加工步骤完工半成品的成本结构进行还原，最后一步骤的成本还原后再依据前诉方法还原倒数第二步骤的，直至第一加工步骤为止，最后汇总每一加工步骤相同成本项目的金额，从而计算出按原始成本项目反映的产成品成本。计算公示如下：

$$\text{成本还原分配率}=\frac{\text{本月产成品所耗上一步骤半成品费用合计}}{\text{本月上一步骤所产的半成品成本合计}}$$

$$\text{应还原为上步骤某项成本项目金额}=\frac{\text{上一步骤生产的半成品}}{\text{某个成本项目的成本}}\times\text{成本还原分配率}$$

仍以情形三为例，从最后一个步骤起进行成本还原，具体数据见表 2-8-16~表 2-8-18。

第一次成本还原。

$$\text{还原分配率}=\frac{3282.21}{3652.10}=0.898\ 72$$

A 产品所耗乙半成品费用中的直接材料费用=2 400×0.898 72=2 156.93(元)

A 产品所耗乙半成品费用中的直接人工费用=730.40×0.898 72=656.43(元)

A 产品所耗乙半成品费用中的制造费用=3 282.21-2 156.93-656.43=468.85(元)

第二次成本还原。

$$\text{还原分配率}=\frac{2\ 156.93}{2880}=0.748\ 934$$

乙半成品所耗甲半成品费用中的直接材料费用=1 200×0.748 934=898.72(元)

乙半成品所耗甲半成品费用中的直接人工费用=960×0.748 934=718.98(元)

乙半成品所耗甲半成品费用中的制造费用=2 156.93-898.72-718.98 =539.23(元)

成本还原一般是通过成本还原表进行的。根据表 4-2-16~表 4-2-18 等资料编制 A 产品成本的成本还原计算表，见表 4-2-20。

表 4-2-20 产品成本还原计算表

20××年×月 金额单位：元

行次	项目	产量	还原分配率	半成品	直接材料	直接工资	制造费用	合计
1	还原前产成品成本	9 件		3 282.21		568.44	378.9	4 229.55
2	第二步骤半成品成本			2 400		730.40	521.70	3 652.10
3	第一次成本还原		0.898 72	2 156.93		656.43	468.85	3 282.21
4	第一步骤甲半成品成本				1 200	960	720	2 880
5	第二次成本还原		0.748 934	-2 156.93	898.72	718.98	539.23	2 156.93
6	还原后产成品总成本				898.72	1 943.85	1 386.98	4 229.55
7	还原后产成品单位成本	9 件			99.86	215.98	154.11	469.95

采用综合结转法逐步结转半成本便于分析和考核各步骤所消耗半成品费用水平，有利于加强内部成本控制，降低成本，但还原工作量较大。因此，一般适用于管理上既要求单独计算各步骤所消耗半成品费用，又要求成本还原的情况。

课堂小练习 34

任务三 平行结转分步法下完工产品与在产品成本核算

一、平行结转分步法的概述

平行结转分步法是指各加工步骤只计算本步骤发生的生产费用和应计入最终完工

产品成本的费用，后将各步骤应计入最终完工产品成本的费用进行汇总，计算出最终产品成本的一种成本计算方法，也称不计算半成品成本的分步法。

（一）平行结转分步法的特点

1.不要求计算各步骤半成品成本

在生产过程中，上一步骤的半成品实物转入下一步骤时，其半成品成本不随实物的转移而结转，仍保留在原步骤内，不要求计算各步骤半成品成本，只要求计算各步骤发生的各项费用中应计入完工产品成本的份额，并于产品完工进入产成品库时，平行汇总计入完工产成品成本。所以，此法又可以被称为“不计算半成品成本的分步法”。

2.生产费用要在广义在产品和最终完工产品之间分配

为了正确计算各步骤应计入产成品成本的份额，各步骤应将本步骤月初在产品成本与本期生产费用（不包括耗用的上一步骤半成品成本）的合计数在最终产成品与广义在产品之间进行分配。广义在产品是指从全厂的角度出发，相对于最终产成品而言的在产品，而不是各步骤本身结存的在产品。它包括各步骤正在加工中的在制品，本步骤已完工转入半成品库的半成品，以及已转移到以后各步骤进一步加工，但尚未最后形成产成品的一切半成品。其分配方法可采用约当产量比例法或定额比例法等。

3.不通过“自制半成品”账户核算

由于不计算各步骤半成品成本，因而半成品无论是在各步骤之间直接转移，还是通过半成品库收发，均不通过“自制半成品”账户进行价值核算，只需进行自制半成品的数量核算。

4.不存在成本还原的问题

由于产成品成本一般是按照成本项目平行结转汇总各步骤中应计入产成品成本的份额得出的，因而不存在成本还原的问题。各步骤也可以同时计算成本，不需要等待上一步骤的成本计算结果，其成本计算更为及时。

（二）平行结转分步法的成本计算程序

平行结转分步法的基本计算程序有如下 3 步。

（1）分步骤、按产品品种设置基本生产明细账或成本计算单，归集生产费用。

各步骤（或车间）根据各种费用分配表，登记各步骤（或车间）产品成本计算单，以确定不包括耗用上一步骤半成品费用在内的其他各项费用的数额。

（2）采用约当产量比例法或定额比例法等，按成本项目将各步骤月初在产品成本与本期归集的生产费用的合计数在最终产成品与广义在产品之间进行分配，以确定各步骤应计入产成品成本的份额和各步骤的广义在产品成本。

（3）产成品入库时，将各步骤应计入产成品成本的份额平行汇总。编制“产成品成本计算单”，以确定产成品的实际总成本及单位成本。

平行结转分步法的成本结转程序如图 4-3-1 所示。

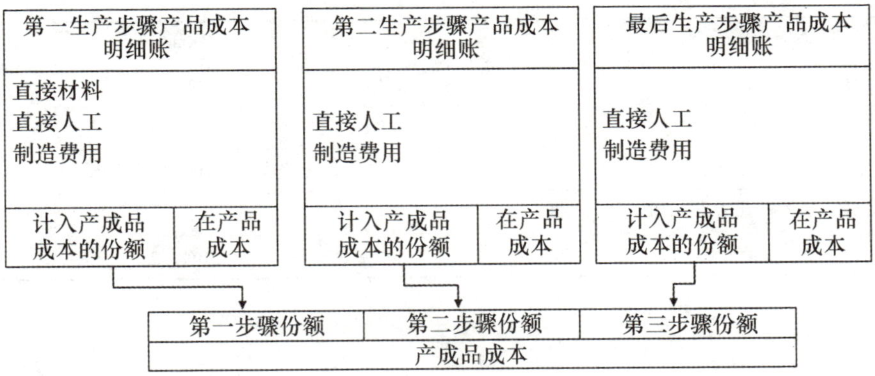

图 4-3-1　平行结转分步法的成本结转程序

二、约当产量比例法在平行结转分步法的应用

平行结转分步法的成本计算关键在于合理计算各生产步骤应计入产成品的“份额”，月末各步骤要将本月本步骤汇总的生产费用在最终完工产品与广义在产品之间进行分配，通常采用约当产量法和定额比例法确定出本步骤费用中应计入最终完工产品成本的费用。现以约当产量法举例，计算公式如下：

约当产量比例法在平行结转分步法是如何理解的?

$$\text{某步骤各成本项目分配率}=\frac{\text{该步骤期初在产品费用}+\text{本月生产费用}}{\text{最终完工产品数量}+\text{广义在产品约当产量}}$$

$$\text{广义在产品约当产量}=\text{该步骤期末狭义在产品约当产量}+\text{本步骤以后各步骤在产品数量}$$

$$\text{应计入最终完工产品各成本项目的费用}=\text{最终完工产品数量}\times\text{某步骤各成本项目分配率}$$

$$\text{广义在产品应负担的各成本项目}=\text{广义在产品约当产量}\times\text{某步骤各成本项目分配率}$$

【例 4.3.1】

某企业经过 3 个制造车间大量生产甲产品，第一车间生产的 A 半成品直接转入第二车间生产 B 半成品，再转入第三车间甲产成品。

原材料在第一车间一次投入，在生产过程中第二车间单位产品（半产品、在产品）耗用第一车间半成品 1 件。该企业采用平行结转分步法计算产品成本，月末在产品成本按约当产量法计算，在产品完工程度均为 50%。该企业 20××年 8 月份产品生产情况及生产费用见表 4-3-1、表 4-3-2。

定额比例法下平等结转分步法是如何结转的?

（资料来源：作者根据相关资料整理）

表 4-3-1　产品生产情况表

金额单位：元

项目	一车间	二车间	三车间	产成品
月初在产品数量	8	14	22	
本月投产或上车间转入数量	110	90	92	
本月完工或转入下车间数量	90	92	100	100
期末各车间在产品数量	28	12	14	
加工程度	50%	50%	50%	

表 4-3-2　生产费用表

金额单位：元

项目		直接材料	直接人工	制造费用	合计
一车间	月初在产品成本	5 030	1 880	960	7 870
	本月生产费用	25 000	5 680	3 240	33 920
二车间	月初在产品成本		950	680	1 630
	本月生产费用		4 330	3 520	7 850
三车间	月初在产品成本		540	660	1 200
	本月生产费用		4 810	3 941	8 751

问题

表中月初在产品成本根据上月成本单资料取得，本月发生费用根据本月各项费用分配表取得。根据上述资料，填制各车间成本计算单，见表 4-3-3~表 4-3-5。

表 4-3-3　第一车间成本计算单

产品名称：甲产品　　完工产成品产量：100 件　　金额单位：元

20××年		摘要	直接材料	直接人工	制造费用	合计
月	日					
8	1	月初在产品成本				
	31	本月发生生产费用				
	31	合计				
	31	单位费用分配率				
	31	应计入产成品成本份额				
	31	期末在产品成本				

表 4-3-4　第二车间成本计算单

产品名称：甲产品　　完工产成品产量：100 件　　金额单位：元

20××年		摘要	直接材料	直接人工	制造费用	合计
月	日					
8	1	月初在产品成本				
	31	本月发生生产费用				

续表

20××年		摘要	直接材料	直接人工	制造费用	合计
月	日					
	31	合计				
	31	单位费用分配率				
	31	应计入产成品成本份额				
	31	期末在产品成本				

表 4-3-5 第三车间成本计算单

产品名称：甲产品　　　　完工产成品产量：100 件　　　　金额单位：元

20××年		摘要	直接材料	直接人工	制造费用	合计
月	日					
8	1	月初在产品成本				
	31	本月发生生产费用				
	31	合计				
	31	单位费用分配率				
	31	应计入产成品成本份额				
	31	期末在产品成本				

解析

（1）计算直接材料成本。

第一车间期末广义在产品约当产量=28×100%+12+14=54（件）

第二车间期末广义在产品约当产量=12×100%+14=26（件）

第三车间期末广义在产品约当产量=14×100%=14（件）

（2）计算直接人工等成本。

第一车间期末广义在产品约当产量=28×50%+12+14=40（件）

第二车间期末广义在产品约当产量=12×50%+14=20（件）

第三车间期末广义在产品约当产量=14×50%=7（件）

约当产量比例法下平行结转分步法是如何结转的?

（3）各车间成本计算。

第一车间成本计算。

直接材料成本：

材料费用分配率=（5 030+25 000）÷（100+54）=195（元/件）

原材料费用应计入产成品成本份额=100×195=19 500（元）

期末广义在产品的原材料费用=5 030+25 000−19 500=10 530（元）

直接人工成本：

工资费用分配率=（1 880+5 680）÷（100+40）=54（元/件）

直接人工应计入产成品成本份额=100×54=5 400（元）

期末广义在产品直接人工费用=1 880+5 680−5 400=2 160（元）

制造费用成本：

制造费用分配率=（960+3 240）÷（100+40）=30（元/件）

制造费用应计入产成品成本份额=100×30=3 000（元）

期末广义在产品制造费用=960+3 240−3 000=1 200（元）

第二车间成本计算。

直接人工成本：

工资费用分配率=（950+4 330）÷（100+20）=44（元/件）

直接人工应计入产成品成本份额=100×44=4 400（元）

期末广义在产品直接人工费用=22×44=880（元）

制造费用成本：

制造费用分配率=（680+3 520）÷（100+20）=35（元/件）

制造费用应计入产成品成本份额=100×35=3 500（元）

期末广义在产品制造费用=20×35=700（元）

第三车间成本计算。

直接人工成本：

工资费用分配率=（540+4 810）÷100+7=50（元/件）

直接人工应计入产成品成本份额=100×50=5 000（元）

期末广义在产品直接人工费用=50×7=350（元）

制造费用成本：

制造费用分配率=（660+3 941）÷（100+7）=43（元/件）

制造费用应计入产成品成本份额=100×43=4 300（元）

期末广义在产品制造费用=43×7=301（元）

计算结果列入成本计算单，见表4-3-6~表4-3-8。

表4-3-6　第一车间成本计算单

产品名称：甲产品　　完工产成品产量：100件　　金额单位：元

20××年		摘要	直接材料	直接人工	制造费用	合计
月	日					
8	1	月初在产品成本	5 030	1 880	960	7 870
	31	本月发生生产费用	25 000	5 680	3 240	33 920
	31	合计	30 030	7 560	4 200	41 790
	31	单位费用分配率	195	54	30	279
	31	应计入产成品成本份额	19 500	5 400	3 000	27 900
	31	期末在产品成本	10 530	2 160	1 200	13 890

表 4-3-7 第二车间成本计算单

产品名称：甲产品 完工产成品产量：100 件 金额单位：元

20××年 月	日	摘要	直接材料	直接人工	制造费用	合计
8	1	月初在产品成本		950	680	1 630
	31	本月发生生产费用		4 330	3 520	7 850
	31	合计		5 280	4 200	9 480
	31	单位费用分配率		44	35	79
	31	应计入产成品成本份额		4 400	3 500	7 900
	31	期末在产品成本		880	700	1 580

表 4-3-8 第三车间成本计算单

产品名称：甲产品 完工产成品产量：100 件 金额单位：元

20××年 月	日	摘要	直接材料	直接人工	制造费用	合计
8	1	月初在产品成本		540	660	1 200
	31	本月发生生产费用		4 810	3 941	8 751
	31	合计		5 350	4 601	9 951
	31	单位费用分配率		50	43	93
	31	应计入产成品成本份额		5 000	4 300	9 300
	31	期末在产品成本		350	301	651

三、定额比例法在平行结转分步法的应用

按定额比例分配法，分配率的计算公式为：

$$\text{月末广义在产品定额消耗量(工时)或定额费用} = \text{月初广义在产品定额消耗量(工时)或定额费用} + \text{本月投入的定额消耗量(工时)或定额费用} - \text{本月产成品定额消耗量(工时)或定额费用}$$

$$\text{本月产成品定额消耗量(工时)或定额费用} = \text{本月产成品数量} \times \text{单位产成品的消耗定额(工时)或费用定额}$$

$$\text{某步骤某项费用应计入产成品成本的份额} = \text{产成品定额消耗量(工时)或定额费用} \times \text{某步骤某项费用分配率}$$

【例 4.3.2】

假定本月丁产品的产成品数量为 40 件。该产成品的定额工时为 100 小时，其中第一步骤为 30 小时。第一步骤月初广义在产品的定额工时为 3 200 小时，本月投入定额工时 2 200 小时。第一步骤月初广义在产品制造费用为 38 000 元，本月发

生制造费用 16 000 元。

（资料来源：作者根据相关资料整理）

问题

请计算第一步骤制造费用在产成品与广义在产品之间按定额比例法的分配。

解析

题意解析如图 4-3-2 所示。

$$第一步骤制造费用应计入产成品的份额=30\times 40\times \frac{38\ 000+160\ 00}{3\ 200+2\ 200}=12\ 000（小时）$$

$$第一步骤广义在产品应分配的制造费用=4\ 200\times \frac{38\ 000+16\ 000}{3\ 200+2\ 200}=42\ 000（元）$$

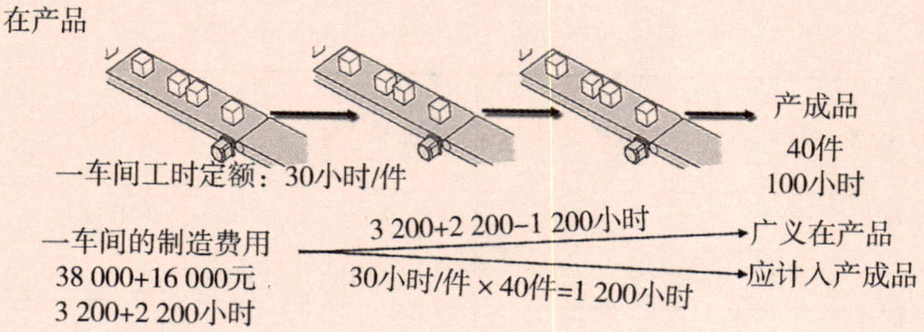

课堂小练习 35

图 4-3-2　第一步骤制造费用分配分析

四、平行结转分步法优缺点及适用范围

平行结转分步法一般只宜在半成品种类较多，逐步结转半成品成本的工作量较大，管理上又不要求提供各步骤半成品资料的情况下采用。在采用平行结转分步法时，应当注意：第一，加强各步骤在产品收发结存的数量核算，以便为在产品的实物管理和资金管理提供资料（在产品数量乘单位定额成本即为在产品资金）；第二，加强各步骤废品损失的核算和在产品的清查，以便及时发现在产品的报废、短缺和毁损情况，及时反映在产品加工报废和盘亏、毁损造成的损失，弥补平行结转分步法由于在产品费用与在产品实物脱节所产生的缺点。

项目五　分　批　法

知识目标

1.了解分批法的含义和适用范围。
2.掌握普通分批法的计算程序。
3.理解简化分批法的计算原理。

技能目标

1.能够描述分批法的特点。
2.能够准确判断企业适用的成本计算方法。
3.能够熟练运用普通分批法或简化分批法进行成本计算。

思政目标

1.培养精益求精的工匠精神。
2.树立勇于探索的创新意识。
3.养成磨刀不误砍柴工的良好习惯。

思维导图

- 分批法
  - 认识分批法
    - 分批法的含义
    - 分批法的适用范围
    - 分批法的特点
    - 分批法在企业实际应用中的体现
  - 普通分批法下完工产品与在产品成本核算
    - 分批法的计算程序
    - 普通分批法核算
  - 简化分批法下完工产品与在产品成本核算
    - 简化分批法的含义
    - 简化分批法的核算
    - 简化分批法特点及计算程序

案例导入

轮船、电梯以及大型机器设备制造企业，动辄投入上万甚至上亿资金，建造出一种产品，甚至是一个产品。随着科技的进步，往往不会重复生产。这批制造的叫“济南号”，下批产品可能就叫“长城号”，如图 5-0-1 所示，该种产品的体积庞大，制造难度更大。

图 5-0-1

（资料来源：作者根据相关资料整理）

案例讨论：计算这类产品成本时，用品种法或者分步法合适吗？

任务一 认识分批法

一、分批法的含义

分批法也称订单法，是指以产品的生产批别作为成本计算对象，按批别设置生产成本明细账或成本计算单，用以归集生产费用并计算产品成本的一种方法。由于对间接计入费用的分配方法存在差异，形成两种分批法：一般分批法和简化分批法。

分批法是一种什么样的计算方法

二、分批法的适用范围

企业按照生产组织方式来分，不同的企业有不同的特点，按企业生产组织方式分类的企业特点见表5-1-1。

表5-1-1 按企业生产组织方式分类的企业特点

生产组织方式	企业特点简单描述		
产量大小	大	较大	小
生产的重复性	不断重复同一产品	一段时间内重复同一产品	一般不会重复
品种的稳定性	品种稳定	一段时间内品种稳定	品种不稳定

【例5.1.1】

问题

请判断，从企业生产组织方式上来看，轮船制造企业属于上述表格中的哪一种呢？知道了轮船适用于分批法，那么分批法从生产组织方式来看适用于哪种类型的企业？

解析

轮船制造企业属于上述表格中第三列的情况描述的企业，具体原因如下。

第一，轮船这种产品产量一般不会太大，因为耗资多、用时长（如出航就沉没了的豪华邮轮泰坦尼克号）。就算是民航，一般在较长一段时间内，企业往往也只能做出寥寥的几艘来，产量非常小。

第二，轮船一般不会重复生产同一产品。比如说泰坦尼克号，沉了就是沉了，到现在为止也没有人会去花费上亿资金再打造一艘一模一样的。

第三，因为轮船不会重复生产，它每一批次产品都是绝版，下一次生产肯定有改进或者变动，已经不是它原本的样子了，因此，品种极不稳定。

如果一个企业符合上述的这些情况，那么它极大的可能选择分批法来计算产品成本。

分批法主要适用于单件生产和小批生产的企业。在大量大批生产类型的企业中，主要产品生产之外的新产品试制、来料加工、自制设备等的成本计算也可以采用分批法。主要包括以下4种情况。

（1）单件、小批生产的精密仪器、重型机械、船舶制造、专用设备、专用工具等制造企业。

（2）根据购买者订单生产的企业和经常需要变换产品种类的时装制造等企业。

（3）提供机器设备修理等劳务的生产单位。

（4）从事新产品试制、自制设备、自制工具、模具等生产任务的生产单位。

话题讨论

除了轮船、电梯等大型机器设备制造企业，还有哪些可以使用分批法计算产品成本的企业呢？

三、分批法的特点

【例5.1.2】

问题

以轮船制造为例，请思考以下问题。

（1）思考成本计算期。如果你承接了一个项目，生产我国的航空母舰山东舰2号，你会多久计算一次成本呢？方案一，像一般的会计核算期一样每月、每季、每年计算一次成本；方案二，看看多长时间轮船能制造出来，并完工交付使用，交付使用时再算成本；方案三，看整个轮船制造要分几期生产，按照每期交付时作为一个批次，每批次计算一次成本。

（2）思考成本计算对象。还是以生产山东舰2号为例，准备计算谁的成本呢？如果按照方案一，每个月计算一次成本，那么月底，可能轮船连个船头都没有生产出来，那么应计算谁的成本？半个船头的成本吗？如果按照方案二，全部轮船都交付使用再计算成本，那么计算的就是整艘轮船的成本了，成本计算对象是品种吗？方案三，如果分期交付，成本计算对象又是什么？批次吗？哪种方式更加合理呢？

（3）思考期末在产品。还是以生产山东舰2号为例，上述3种方法都会产生在产品吗？期末需不需要计算完工产品和在产品成本呢？

解析

（1）方案一：对于轮船这种大型机械设备制造企业，生产周期一般很长，甚至以年为计量单位。如果依据会计核算期，按照每月、每季、每年来看成本的话，计算出来的根本不能被称为成本，成本是企业为了生产一定种类和数量的产品消耗的物化劳动和劳动中必要劳动的货币表现。月底可能轮船连个船头都没有生产出来，此时计算的只能称为费用，而不能称为成本。

（2）方案二：如果使用全部轮船生产出来了再计算成本的方法。首先，这是品种法，不是分批法；其次，在轮船生产出来之前，若干年内将没有收入，也没有成本，同样也就没有利润（完工交付才能计算出数据）。即使不考虑这个方案的合理性，以及是否符合权责发生制原则，就算是造船员工们也会难以忍受的，这若干年里大家没有收入，怎么发放工资？所以说，这个方案也不合理。

（3）方案三：按照生产周期分批次交付使用，并计算产品成本。很明显，这是较为合理的办法，根据这种方案的描述，成本计算期就是产品的生产周期，成本计算对象就是产品的交付批次，每批次产品交付后一般不存在在产品。

四、分批法在企业实际应用中的体现

（一）以产品批别为成本计算对象

虽然分批法有时也称订单法，但分批法的成本计算对象却不一定是购货单位的原订单，而是产品的批别。企业产品批别的组织是由生产计划部门负责，生产计划部门依据用户订单签发一式多份的“生产任务通知单”，供应部门据以备料，生产部门据以安排生产，财会部门据以设置成本计算单。严格来讲，生产计划部门按批别组织生产，并不一定按客户的订单来组织，还要考虑企业自身的生产承载能力，来合理安排生产批次。一般的处理方式有以下 4 种。

（1）如购货单位的一张定单包括几种产品，为了按每种产品考核和分析成本计划的完成情况，应按产品的品种划分成多个批次组织生产，计算成本。

（2）如购货单位的一张定单仅包括一种产品，但其数量较大，而供货单位又要求分批交货时，可将一张订单拆分成数批组织生产，计算成本。

（3）如不同购货单位在同时定购同一种产品，也可将这些相同产品的订单合为一批组织生产，计算成本。

（4）如在一张定单中只规定有一种产品，但其属于大型复杂产品，具有较高价值和较长的生命周期，也可以按产品的组成部分分批组织生产，计算成本。

（二）成本计算期与生产周期一致

采用分批法核算成本的企业，要按月汇集各批产品的实际生产费用，但只有该批产品或订单产品全部完工，才能计算其实际成本。由于各期所投产的不同批次产品的生产周期长短不一，有的批次当月投产当月完工，有的则可能要数月甚至数年才能完工，因此，不能定期计算产品成本。所以，分批法下的成本计算期与生产周期一致，与会计报告期不一致。

（三）一般不需要在完工产品和在产品之间分配生产费用

在单件或小批生产、购货单位要求一次交货的情况下，每批产品要求同时完工。这样，该批产品完工前的基本生产成本明细账上所归集的生产费用，即为在产品成本；完工后的基本生产成本明细账上所归集的生产费用，即为完工产品成本。因此，在通常情况下，生产费用不需要在完工产品和在产品之间分配。

但如果产品批量较大，购货单位要求分次交货时，就会出现批内的产品跨月陆续完工的情况。此时，一部分先完工的产品需要先发售给定货人，而另外一部分产品尚未完工。在月末计算成本时，就有必要在完工产品与在产品之间分配费用，以便计算完工产品成本与月末在产品成本。部分完工产品成本可以按以下 3 种方法处理。

（1）以计划成本或定额成本计算。根据计划或定额成本计算完工产品的生产成本，从成本计算单转出。

（2）以估计成本确定。估计成本是根据近期生产同类产品的实际成本，考虑到产品结构、生产条件等变化因素，并结合本批产品实际生产情况，加以适当调整作为实际成本，从成本计算单转出。

（3）按约当产量计算。对尚未完工产品，其直接材料成本按照已投料数量和还需投料的估计数计算，直接人工和制造费用等成本项目按照完工程度折算约当产量分配。

不论采用上述哪种方法计算分批完工产品的成本，都带有估计性质。因此，当该定单产品全部完工时，还应当重新计算全部产品的实际总成本和单位成本。

话题讨论

分批法一定不会出现在产品吗？

任务二　普通分批法下完工产品与在产品成本核算

一、分批法的计算程序

（一）按产品批别设置生产成本明细账或成本计算单

材料定额耗用量比例法

分批法以产品批别作为成本计算对象，因此，应当按产品批别设置生产成本明细账或成本计算单，用以归集和分配生产费用，计算各批产品的实际总成本和单位成本。

（二）按产品批别归集和分配本月发生的各项生产费用

根据原始凭证或原始凭证汇总表及其他相关资料，编制各种要素费用分配表并登记各种明细账。对于直接费用，可直接计入各批别产品生产成本明细账或成本计算单，对于多批产品共同发生的间接计入费用，则应当按照企业确定的费用分配方法，在各批别产品（或各受益对象）之间进行分配计入各批产品生产成本明细账。

（三）分配辅助生产费用

设有辅助生产车间的企业，月末应将归集的辅助生产费用分配给各受益单位，包括分配给产品的生产成本和基本生产车间负担的制造费用等。

（四）分配基本车间制造费用

基本生产车间的制造费用应该由该生产单位的各批产品成本负担，月末应将归集的基本生产车间的制造费用分配给各受益对象。

（五）计算并结转完工产品成本

月末根据完工批别产品的完工通知单，将该批产品的成本明细账所归集的生产费用，按成本项目进行汇总。计算出该批完工产品的总成本和单位成本，并结转库存商品。如果出现批内产品跨月陆续完工并已销售或提货的情况，应采用适当的方法将生产费用在完工产品与月末在产品之间进行分配，计算出该批完工产品的总成本和单位成本。

二、普通分批法核算

【例 5.2.1】

某企业设有一个基本生产车间，按定单（生产任务通知单）组织生产甲、乙、丙 3 种产品，属于小批生产类型的企业。该公司根据自身的生产特点和管理要求，采用普通分批法计算投产各批产品的生产成本。

该企业在 20××年 12 月份共有 3 个批次产品需要生产，其中，07 批号甲产品在 11 月投产并完工了一部分，12 月全部完工；而 08 批号乙产品为 12 月投产，12 月全部交付使用；09 批号丙产品为新试制投产的产品，12 月投产，12 月一件都没有完工。3 个批次产品都是生产开始时一次性投料，其成本计算的相关信息见表 5-2-1。

（资料来源：作者根据相关资料整理）

1.产量及工时信息

表 5-2-1　各批产品的生产情况

20××年 12 月

产品批号	产品名称	开工日期	批量（台）	完工产量（台）		本月耗用工时（小时）	
				11 月	12 月	一车间	二车间
07	甲产品	11 月份	20	10	10	3 000	1 600
08	乙产品	12 月份	15		15	1 500	2 000
09	丙产品	12 月份	10			1 000	1 500

2.料工费投入信息

11 月份的料工费投入情况：07 批甲产品的直接材料 10 500 元，直接人工 18 900 元，制造费用 6 050 元。

12 月份各批产品使用材料的情况：08 批乙产品耗用材料 40 500 元，09 批丙产品耗用材料 9 500 元。12 月份各批产品投入人工的情况见表 5-2-2。

表 5-2-2　直接人工费用表

20××年 12 月　　金额单位：元

项目	一车间	二车间
07 批甲产品	9 900	4 000
08 批乙产品	4 950	5 010
09 批丙产品	3 300	3 750

12 月份的制造费用情况：一车间为 5 500 元，二车间为 6 120 元，制造费用按生产工时比例在各批产品之间分配。

3.成本会计制度信息

该厂对定单内跨月陆续完工的产品按计划成本转出（中间过程简化处理），待全部完工后再重新计算完工产品的实际总成本和单位成本（最后结果精确处理）。本例中 07 批甲产品 11 月末完工 10 台，按计划单位成本结转，其中原材料计划单位成本 500 元，人工计划单位成本 950 元，制造费用计划单位成本 300 元。

问题

（1）根据制造费用信息，填写制造费用分配表 5-2-3。

表 5-2-3　制造费用分配表

20××年 12 月　　金额单位：元

产品批别	一车间			二车间			合计
	工时	分配率	金额	工时	分配率	金额	
07 批							
08 批							
09 批							
合计							

（2）按照产品批别，分别设置生产成本明细账，并将11月和12月的料工费在各批次产品之间进行分配，并填写表5-2-4~表5-2-6。

表5-2-4 基本生产成本明细账

批号：07　　产品名称：甲产品　　金额单位：元
开工日期：20××年11月　　完工日期：20××年12月

20××年		凭证号数	摘要	直接材料	直接工资	制造费用	合计
月	日						
11	30						
12	31						

表5-2-5 基本生产成本明细账

批号：08　　产品名称：乙产品　　金额单位：元
开工日期：20××年12月　　完工日期：20××年12月　　完工数量：15台

20××年		凭证号数	摘要	直接材料	直接工资	制造费用	合计
月	日						
12	31	略					

表5-2-6 基本生产成本明细账

批号：09　　产品名称：丙产品　　金额单位：元
开工日期：20××年12月　　完工日期：

20××年		凭证号数	摘要	直接材料	直接工资	制造费用	合计
月	日						
12	31						

解析

1.填制12月份制造费用分配表5-2-7

（1）先将已知数据填入表中。

材料定额耗用量比例法

表 5-2-7　制造费用分配表

20××年 12 月　　　　金额单位：元

产品批别	一车间			二车间			合计
	工时（小时）	分配率	金额	工时（小时）	分配率	金额	
07 批	3 000			1 600			
08 批	1 500			2 000			
09 批	1 000			1 500			
合计	5 500		5 500	5 100		6 120	11 620

（2）计算分配率。

$$一车间分配率=\frac{5\,500}{3\,000+1\,500+1\,000}=\frac{5\,500}{5\,500}=1（元/小时）$$

$$二车间分配率=\frac{6\,120}{1\,600+2\,000+1\,500}=\frac{6\,120}{5\,100}=1.2（元/小时）$$

（3）计算每批次产品分得制造费用金额。

一车间 07 批产品分得制造费用金额 $=3\,000\times1=3\,000$（元）

一车间 08 批产品分得制造费用金额 $=1\,500\times1=1\,500$（元）

一车间 09 批产品分得制造费用金额 $=1\,000\times1=1\,000$（元）

二车间 07 批产品分得制造费用金额 $=1\,600\times1.2=1\,920$（元）

二车间 08 批产品分得制造费用金额 $=2\,000\times1.2=2\,400$（元）

二车间 09 批产品分得制造费用金额 $=1\,500\times1.2=1\,800$（元）

（4）以上分配数据填入表格 5-2-8。

表 5-2-8　制造费用分配表

20××年 12 月　　　　金额单位：元

产品批别	一车间			二车间			合计
	工时（小时）	分配率	金额	工时（小时）	分配率	金额	
07 批	3 000		3 000	1 600		1 920	4 920
08 批	1 500		1 500	2 000		2 400	3 900
09 批	1 000		1 000	1 500		1 800	2 800
合计	5 500	1	5 500	5 100	1.2	6 120	11 620

2. 设置生产成本明细账，并按照分批法分配料工费

（1）11 月份只有甲产品，先将 11 月份料工费投入信息填入甲产品生产成本明细账，见表 5-2-9。

完工转出 10 台，根据企业制度信息，按照计划单位成本结转。因为分批法需要的是批次生产完工结束，交付使用后的准确信息，而中间过程中如果临时需要计算数据，一般选择计划、定额等预算数，简化工作量。

表 5-2-9 基本生产成本明细账

批号：07　　产品名称：甲产品　　金额单位：元

开工日期：20××年 11 月　　完工日期：20××年 12 月

20××年 月	日	凭证号数	摘要	直接材料	直接工资	制造费用	合计
11	30	略	11 月份成本合计	10 500	18 900	6 050	35 450
	30		完工 10 台转出成本				
	30		11 月末在产品成本				
12	31	略	一车间成本分配				
			二车间成本分配				
	31		12 月份成本合计				
			12 月份完工 10 台转出成本				
	31		20 台产品累计总成本				
			单位成本				

结转 10 台的材料成本=500×10=5 000（元）

结转 10 台的人工成本=950×10=9 500（元）

结转 10 台的制造费用=300×10=3 000（元）

月末在产品材料费用=10 500－5 000=5 500（元）

月末在产品人工费用=18 900－9 500=9 400（元）

月末在产品制造费用=6 050－3 000=3 050（元）

根据计算结果，填制基本生产成本明细账，见表 5-2-10。

表 5-2-10 基本生产成本明细账

批号：07　　产品名称：甲产品　　金额单位：元

开工日期：20××年 11 月　　完工日期：20××年 12 月

20××年 月	日	凭证号数	摘要	直接材料	直接工资	制造费用	合计
11	30	略	11 月份成本合计	10 500	18 900	6 050	35 450
	30		完工 10 台转出成本	5 000	9 500	3 000	17 500
	30		11 月末在产品成本	5 500	9 400	3 050	17 950
12	31	略	一车间成本分配				
			二车间成本分配				
	31		12 月份成本合计				
			12 月份完工 10 台转出成本				
	31		20 台产品累计总成本				
			单位成本				

（2）分配 12 月料工费，见表 5-2-11～表 5-2-13。

表 5-2-11 基本生产成本明细账

批号：07　　产品名称：甲产品　　金额单位：元

开工日期：20××年 11 月　　完工日期：20××年 12 月

20××年 月	日	凭证号数	摘要	直接材料	直接工资	制造费用	合计
11	30	略	11 月份成本合计	10 500	18 900	6 050	35 450
	30		完工 10 台转出成本	5 000	9 500	3 000	17 500
	30		11 月末在产品成本	5 500	9 400	3 050	17 950
12	31	略	一车间成本分配		9 900	3 000	12 900
			二车间成本分配		4 000	1 920	5 920
	31		12 月份成本合计		13 900	4 920	18 820
			12 月份完工 10 台转出成本	5 500	23 300	7 970	36 770
	31		20 台产品累计总成本	10 500	32 800	10 970	54 270
			单位成本	525	1 640	548.50	2 713.50

表 5-2-12 基本生产成本明细账

批号：08　　产品名称：乙产品　　金额单位：元

开工日期：20××年 12 月　　完工日期：20××年 12 月　　完工数量：15 台

20××年 月	日	凭证号数	摘要	直接材料	直接工资	制造费用	合计
12	31	略	一车间成本分配	40 500	4 950	1 500	46 950
	31	略	二车间成本分配		5 010	2 400	7 410
			生产费用合计	40 500	9 960	3 900	54 360
	31	略	转出完工产品成本	40 500	9 960	3 900	54 360
			单位成本	2 700	664	260	3 624

表 5-2-13 基本生产成本明细账

批号：09　　产品名称：丙产品　　金额单位：元

开工日期：20××年 12 月　　完工日期：

20××年 月	日	凭证号数	摘要	直接材料	直接工资	制造费用	合计
12	31	略	一车间成本分配	9 500	3 300	1 000	13 800
	31	略	二车间成本分配		3 750	1 800	5 550
	31	略	12 月份累计成本	9 500	7 050	2 800	19 350

对于 07 批次甲产品来说，11 月份曾经按照计划成本转出过 10 台，12 月份又转出 10 台，全部产品在 12 月份生产完工。因此，将 11 月按计划成本转出后剩下的在产品成本，加上 12 月份又投入的费用，就是本次又转出的 10 台的成本了。本批次产品已经结束，可以封账。

12 月份完工 10 台转出材料成本＝5 500＋0＝5 500（元）

12 月份完工 10 台转出人工成本＝9 400＋13 900＝23 300（元）

12月份完工10台转出制造费用=3 050+4 920=7 970（元）

对于08批次乙产品来说，12月投产，全部产出，所以有多少费用就转出多少即可，也可以封账。

对于丙产品来说，12月投产，还没有完工，所以下个月需要继续登记，直至完工封账。

3.账务处理

编制11月份分录。

借：库存商品——07批产品	17 500	
贷：生产成本——基本生产成本——07批产品		17 500

编制12月份分录。

借：库存商品——07批产品	36 770	
——08批产品	54 360	
贷：生产成本——基本生产成本——07批产品		36 770
——08批产品		54 360

话题讨论

普通分批法和品种法有什么区别呢？普通分批法有什么缺点？

任务三 简化分批法下完工产品与在产品成本核算

一、简化分批法的含义

在单件、小批生产的企业中，有时同时投产的产品批别较多，如果将各种间接计入费用在各批产品之间按月分配，其工作将极为繁重。因此，在投产批别及月末未完工批数特别多的企业中，可采用简化分批法，即累计分配法。所谓简化分批法，也称累计间接计入费用分配法，又称不分批计算在产品成本的分批法。它是采用累计分配率来分配间接费用的成本计算方法，对当月发生的间接计入费用，不是按月在各批产品之间分配，而是先累计在基本生产成本二级账上，到各批产品完工时再进行分配。

简化分批法下题意解释——一级、二级账如何设置？

二、简化分批法的核算

【例 5.3.1】

某企业设有一个基本生产车间，按定单（生产任务通知单）组织产品生产，属于小批生产类型的企业。由于小批生产多种产品，其产品批数多，生产周期较长，每月末经常有大量未完工的产品批数。为了简化产品成本计算工作，采用简化的分批法计算投产各批产品的生产成本。

该企业20××年9月份共有4个批次产品需要生产，其中，701批号A产品共8件，7月投产，9月全部完工；812批号B产品共10件，8月投产，9月完工了6件（月末在产品按计划成本核算，计划单位工时每件895小时，计划单位材料费每件3 174元）；824批号C产品共8件，8月投产，9月尚未完工；901批号D产品共5件，9月投产，9月尚未完工。4个批次产品都是生产开始时一次性投料，直接人工和制造费用按照工时比例分配金额，分配率保留两位小数，跨月完工产品的在产品按计划成本转出。其成本计算的相关信息如下。

（1）9月发生费用及工时情况表（表5-3-1）。

表5-3-1 本月费用及工时情况表

20××年09月31日　　　　金额单位：元

	生产工时（小时）	直接材料	直接工资	制造费用	合计
701批次	9 800	28 200			
812批次	9 420	6 880			
824批次	4 270	8 680			
901批次	6 660	37 840			
合计	30 150	81 600	54 300	70 384	206 284

（2）开设基本生产成本二级账（表5-3-2）。

表5-3-2 基本生产成本二级账

金额单位：元

20××年		凭证号数	摘要	生产工时（小时）	直接材料	直接工资	制造费用	合计
月	日							
9	1	略	期初余额	30 650	218 000	50 276	68 240	336 516

（3）开设基本生产成本明细账（表 5-3-3~表 5-3-6）。

表 5-3-3　基本生产成本明细账

批号：701　　开工日期：20××年 7 月　　产品批量：8 件

产品名称：A 产品　　完工日期：20××年 9 月　　金额单位：元

20××年		凭证号数	摘要	生产工时（小时）	直接材料	直接工资	制造费用	合计
月	日							
7	31	略	本月发生	9 460	64 850			
8	31	略	本月发生	5 940	36 650			

表 5-3-4　基本生产成本明细账

批号：812　　开工日期：20××年 8 月　　产品批量：10 件

产品名称：B 产品　　完工日期：20××年 9 月完工 6 件　　金额单位：元

20××年		凭证号数	摘要	生产工时（小时）	直接材料	直接工资	制造费用	合计
月	日							
8	31	略	本月发生	7 410	74 420			

表 5-3-5　基本生产成本明细账

批号：824　　开工日期：20××年 8 月　　产品批量：8 件

产品名称：C 产品　　完工日期：　　金额单位：元

20××年		凭证号数	摘要	生产工时（小时）	直接材料	直接工资	制造费用	合计
月	日							
8	31	略	本月发生	7 840	42 080			

表 5-3-6　基本生产成本明细账

批号：901　　开工日期：20××年 9 月　　产品批量：5 件

产品名称：D 产品　　完工日期：　　金额单位：元

20××年		凭证号数	摘要	生产工时（小时）	直接材料	直接工资	制造费用	合计
月	日							

（资料来源：作者根据相关资料整理）

问题

使用简化分批法将二级账及明细账填写完整。

完工产品与在完工产品成本

解析

1.现有资料分析

（1）根据最新会计准则的会计科目表内容，确定生产成本是一级科目，开设总账账户。需要建立的二级账户为基本生产成本账户。基本生产成本下根据企业具体情况，现设置701批次、812批次、824批次和901批次产品4个明细会计账户，如图5-3-1所示。

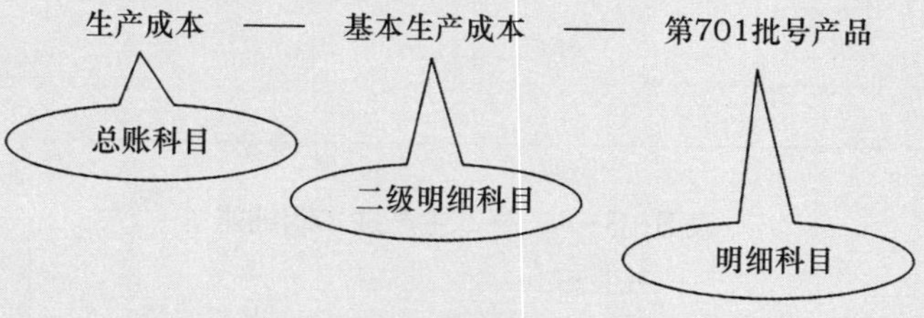

图5-3-1　总账及明细科目关系

（2）当701批次产品明细账中增加了1万元资金的时候，二级账、总账中同样要增加1万元资金，这叫平行登记。而二级账、总账中如果增加了1万元资金，701批次产品明细账中不一定会增加，因为可能是812、824或者901批次产品增加导致的，如图5-3-2所示。

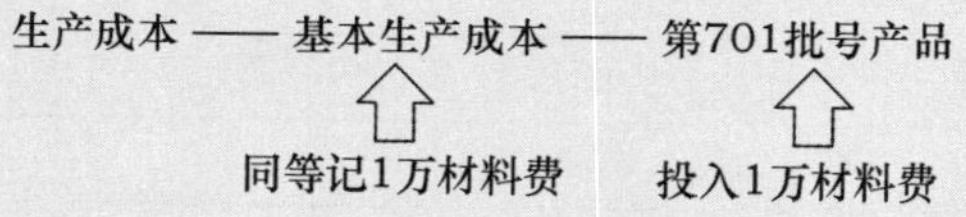

图5-3-2　总账及明细科目金额关系

（3）由前面二级账和明细账的资料情况可以看出，9月份之前，这4个批次产品都没有出现完工产品，因此金额没有分离，料工费都在二级账中记了合计金额。明细账中只登记有直接材料和工时数据，直接人工和制造费用没有分开批次。分析表5-3-3至表5-3-5，这3个表的合计加总数据，同表5-3-2的数据相核对，如图5-3-3所示。

例如，将期初数据检验，可以看出：二级账中工时等于明细账中分别工时之和，即30 650=9 460+5 940+7 410+ 7 840（小时）；二级账中直接材料等于明细账中直接材料之和，即218 000=64 850+36 650+ 74 420+42 080（元）。

由此可以看出，对于简化分批法来说，如果某月没有完工产品，只需登记二级账的总数据，明细账的直接材料和工时数据。对于直接人工和制造费用可以不做分配处理。

表5-3-2 基本生产成本二级账

20××年		凭证号数	摘要	生产工时（小时）	直接材料	直接工资	制造费用	合计
月	日							
9	1	略	期初余额	30 650	218 000	50 276	68 240	336 516

表5-3-3 基本生产成本明细账

批号：701　开工日期：20××年7月　产品批量：8件

产品名称：A产品　完工日期：20××年9月　金额单位：元

20××年		凭证号数	摘要	生产工时（小时）	直接材料	直接工资	制造费用	合计
月	日							
7	31	略	本月发生	9 460	64 850			
8	31	略	本月发生	5 940	36 650			

表5-3-4 基本生产成本明细账

批号：812　开工日期：20××年8月　产品批量：10件

产品名称：B产品　完工日期：20××年9月完工6件　金额单位：元

20××年		凭证号数	摘要	生产工时（小时）	直接材料	直接工资	制造费用	合计
月	日							
8	31	略	本月发生	7 410	74 420			

表5-3-5 基本生产成本明细账

批号：824　开工日期：20××年8月　产品批量：8件

产品名称：C产品　完工日期：　金额单位：元

20××年		凭证号数	摘要	生产工时（小时）	直接材料	直接工资	制造费用	合计
月	日							
8	31	略	本月发生	7 840	42 080			

图5-3-3 数据核对图

2. 日常填写9月份已知数据

将9月份费用及工时情况填写进入二级账和明细账。同此前要求一样，二级账中登记4个批次产品合计数据，明细账中只登记直接材料和工时数据。

参考答案见表5-3-7~表5-3-11。

表5-3-7 基本生产成本明细账

批号：701　开工日期：20××年7月　产品批量：8件

产品名称：A产品　完工日期：20××年9月　金额单位：元

20××年		凭证号数	摘要	生产工时（小时）	直接材料	直接工资	制造费用	合计
月	日							
7	31	略	本月发生	9 460	64 850			
8	31	略	本月发生	5 940	36 650			
9	30	略	本月发生	9 800	28 200			
9	30	略	累计数及累计间接费用分配率	25 200	129 700			

表 5-3-8　基本生产成本明细账

批号：812　　开工日期：20××年 8 月　　产品批量：10 件
产品名称：B产品　　完工日期：20××年 9 月完工 6 件　　金额单位：元

20××年		凭证号数	摘要	生产工时（小时）	直接材料	直接工资	制造费用	合计
月	日							
8	31	略	本月发生	7 410	74 420			
9	30	略	本月发生	9 420	6 880			
9	30	略	累计数及累计间接费用分配率	16 830	81 300			

表 5-3-9　基本生产成本明细账

批号：824　　开工日期：20××年 8 月　　产品批量：8 件
产品名称：C产品　　完工日期：　　金额单位：元

20××年		凭证号数	摘要	生产工时（小时）	直接材料	直接工资	制造费用	合计
月	日							
8	31	略	本月发生	7 840	42 080			
9	30	略	本月发生	4 270	8 680			

表 5-3-10　基本生产成本明细账

批号：901　　开工日期：20××年 9 月　　产品批量：5 件
产品名称：D产品　　完工日期：　　金额单位：元

20××年		凭证号数	摘要	生产工时（小时）	直接材料	直接工资	制造费用	合计
月	日							
9	30	略	本月发生	6 660	37 840			

表 5-3-11　基本生产成本二级账

金额单位：元

20××年		凭证号数	摘要	生产工时（小时）	直接材料	直接工资	制造费用	合计
月	日							
9	1	略	期初余额	30 650	218 000	50 276	68 240	336 516
9	30	略	本月发生额	30 150	81 600	54 300	70 384	206 284
9	30	略	累计	60 800	299 600	104 576	138 624	542 800

3.对于本月有完工的批次产品进行分配工作

根据题意，本月份701批次和812批次产品有完工，其直接人工和制造费用还没有分离出来，因此明细账中需要进行分离数据处理。而只有二级账中数据较全，所以先从二级账入手，寻找分配率。

(1)计算和登记累计间接计入费用分配率。

直接人工累计费用分配率=104 576 ÷ 60 800=1.72(元/小时)

制造费用累计费用分配率=138 624 ÷ 60 800=2.28(元/小时)

根据计算结果填表5-3-12。

表5-3-12 基本生产成本二级账

金额单位：元

20××年		凭证号数	摘要	生产工时(小时)	直接材料	直接工资	制造费用	合计
月	日							
9	1	略	期初余额	30 650	218 000	50 276	68 240	336 516
9	30	略	本月发生额	30 150	81 600	54 300	70 384	206 284
9	30	略	累计	60 800	299 600	104 576	138 624	542 800
9	30	略	累计间接费用分配率			1.72	2.28	

(2)累计间接费用分配率代入明细账中使用。这里需要注意的是，只有本月出现完工产品的批次才需要分配数据，其他批次产品不需要分配间接费用。由于701和812批次产品出现了完工产品，因此只需要代入这两个明细账中即可，见表5-3-13和表5-3-14。

表5-3-13 基本生产成本明细账

批号：701　　开工日期：20××年7月　　产品批量：8件

产品名称：A产品　　完工日期：20××年9月　　金额单位：元

20××年		凭证号数	摘要	生产工时(小时)	直接材料	直接工资	制造费用	合计
月	日							
7	31	略	本月发生	9 460	64 850			
8	31	略	本月发生	5 940	36 650			
9	30	略	本月发生	9 800	28 200			
9	30	略	累计数及累计间接费用分配率	25 200	129 700	1.72	2.28	
9	30		本月转出完工产品成本					
			完工产品单位成本					

表 5-3-14　基本生产成本明细账

批号：812　　　　开工日期：20××年 8 月　　　　产品批量：10 件
产品名称：B 产品　　　　完工日期：20××年 9 月　　　　金额单位：元

20××年		凭证号数	摘要	生产工时（小时）	直接材料	直接工资	制造费用	合计
月	日							
8	31	略	本月发生	7 410	74 420			
9	30	略	本月发生	9 420	6 880			
9	30	略	累计数及累计间接费用分配率	16 830	81 300	1.72	2.28	

（3）计算结转 701 批次完工产品成本。

701 批次产品本月结转 8 件完工产品直接人工费用 =25 200×1.72=43 344（元）

701 批次产品本月结转 8 件完工产品制造费用 =25 200×2.28=57 456（元）

701 批次产品完工产品单位成本 =(129 700+43 344+57 456)÷8=28 812.5（元/件）

因为 701 批次产品本月全部完工，所有的金额全部结转，期末没有余额，可以封账。

（4）计算结转 812 批次完工产品成本。

812 批次产品投产 10 件，完工 6 件，在产品 4 件。在产品成本按计划结转，计划单位工时 895 小时，计划单位材料费 3 174 元。

812 批次在产品 4 件的工时 =895×4=3 580（小时）

812 批次在产品 4 件的直接材料费用 =3 174×4=12 696（元）

倒挤完工产品的工时和直接材料数据。

812 批次完工产品 6 件的工时 =16 830−3 580=13 250（小时）

812 批次完工产品 6 件的直接材料费用 =81 300−12 696=68 604（元）

根据工时和累计间接费用分配率计算 6 件完工产品的直接人工和制造费用。

812 批次产品本月结转 6 件完工产品直接人工费用 =13 250×1.72=22 790（元）

812 批次产品本月结转 6 件完工产品制造费用 =13 250×2.28=30 210（元）

812 批次产品完工产品单位成本 =(68 604+22 790+30 210)÷6≈20 267(元/件)

（5）继续填表 5-3-15 和表 5-3-16，得到最终答案。

表 5-3-15 基本生产成本明细账

批号：701　　开工日期：20××年 7 月　　产品批量：8 件

产品名称：A 产品　　完工日期：20××年 9 月　　金额单位：元

20××年		凭证号数	摘要	生产工时（小时）	直接材料	直接工资	制造费用	合计
月	日							
7	31	略	本月发生	9 460	64 850			
8	31	略	本月发生	5 940	36 650			
9	30	略	本月发生	9 800	28 200			
9	30	略	累计数及累计间接费用分配率	25 200	129 700	1.72	2.28	
9	30		本月转出完工产品成本	25 200	129 700	43 344	57 456	230 500
			完工产品单位成本		16 212.5	5 418	7 182	28 812.5

表 5-3-16 基本生产成本明细账

批号：812　　开工日期：20××年 8 月　　产品批量：10 件

产品名称：B 产品　　完工日期：20××年 9 月　　金额单位：元

20××年		凭证号数	摘要	生产工时（小时）	直接材料	直接工资	制造费用	合计
月	日							
8	31	略	本月发生	7 410	74 420			
9	30	略	本月发生	9 420	6 880			
9	30	略	累计数及累计间接费用分配率	16 830	81 300	1.72	2.28	
9	30	略	本月转出完工产品成本	13 250	68 604	22 790	30 210	121 604
		略	完工产品单位成本		11 434	3 798	5 035	20 267
9	30		月末在产品	3 580	12 696			

三、简化分批法特点及计算程序

（一）简化分批法特点

课堂小练习 36

1.采用累计分配法分配间接计入费用

各批产品在完工前，只按月登记其发生的直接费用和生产工时。对于每月发生的间接费用，如计时工资、制造费用等，不按月在这批产品之间计算分配，而是将全部产品的间接费用集中核算，按成本项目登记在基本生产成本二级账中。只有在有完工产品的月份，才将基本生产成本二级账中累计起来的费用按照本月完工产品工时占全部累计工时的比例向本月完工产品分配，未完工产品的间接计入费用保留在基本生产成本二级账中。本月完工产品从基本生产成本二级账分配转入的间接计入费用，加上产品生产成本明细账（产品成本计算单）原登记的直接计入费用，即为本月完工产品总成本。对完工产品间接计入费用的分配，一般按完工产品累计生产工时比例分配，可用下列公式进行计算：

$$间接计入费用累计分配率=\frac{全部产品累计间接计入费用}{全部产品累计工时}$$

$$\begin{array}{c}某批完工产品\\应负担的间接计入费用\end{array}=\begin{array}{c}该批完工产品\\累计工时\end{array}\times\begin{array}{c}间接计入费用\\累计分配率\end{array}$$

2.设置基本生产成本二级账

采用简化分批法时，仍应按产品的批别开设成本明细账。在明细账中，平时只按月登记有关产品的直接费用，以及该批产品的已完工工时（已完实际工时或已完定额工时），而不分配登记有关产品间接费用。该批产品完工时，根据完工产品的工时，以及上述每工时间接费用分配率，计算求得完工产品应负担的间接费用，并将间接费用转入产品成本明细账。

此外，为了提供全部产品的累计间接费用和累计已完工时数，还需另外增设一个基本生产成本二级账，账中分成本项目登记全部在产品的累计间接费用，以及累计生产工时，在有完工产品的月份，依据账中全部在产品的累计间接费用记录和累计工时记录，按照上列公式计算登记全部产品累计间接计入费用分配率以及完工产品总成本和月末在产品成本。

3.不分批计算月末在产品成本

采用简化分批法时，每月发生的各项间接计入费用不是按月在各批产品之间进行分配，而是在基本生产成本二级账中累计起来，在有完工产品的月份，按照完工产品累计生产工时的比例在各批完工产品之间进行分配，对未完工的在产品则不分配间接计入费用，即不分批计算在产品成本。

（二）简化分批法的计算程序

1.按照产品批别设置生产成本明细账和基本生产成本二级账

按照产品批别设置基本生产成本明细账和基本生产成本二级账，并分别按成本项目设置专栏，用以反映各批产品在生产过程中所发生的各项费用和生产工时。

2.归集和分配生产费用与生产工时

（1）根据月初在产品成本资料及生产工时资料计入各批产品成本明细账和基本生产成本二级账。

（2）根据本月原材料费用分配表及生产工时记录，将各批产品耗用的直接材料费用和耗用的生产工时分别计入各批产品成本二级账。

（3）根据工资及其他费用分配表或汇总表将本月发生的工资及其他费用计入基本生产成本二级账。

（4）根据月初在产品成本、生产工时记录与本月生产费用、生产工时记录，确定本月末各项费用与生产工时累计数。

3.计算产品成本

如果月末各批产品均未完工，则各项费用与生产工时累计数转至下月继续登记；如果本月有完工产品或某批全部完工，则需要根据公式计算全部产品各项费用累计分配率，据以分配费用并计算完工产品成本。

话题讨论

简化分批法为什么被称为不分批计算在产品成本的分批法？它的适用范围是什么？

项目六　分　类　法

知识目标

1.了解分类法的含义及适用范围。
2.熟悉分类法的特点。
3.掌握分类法的成本计算程序。
4.熟悉分类法中类内产品成本的分配方法。

技能目标

1.能应用分类法基本原理解决企业的成本计算。
2.能根据企业不同的环境选择合适的成本计算方法。

思政目标

1.培养为国家建设做贡献的价值观。
2.增强公平担当的责任意识。
3.养成勤俭节约的工作习惯。

思维导图

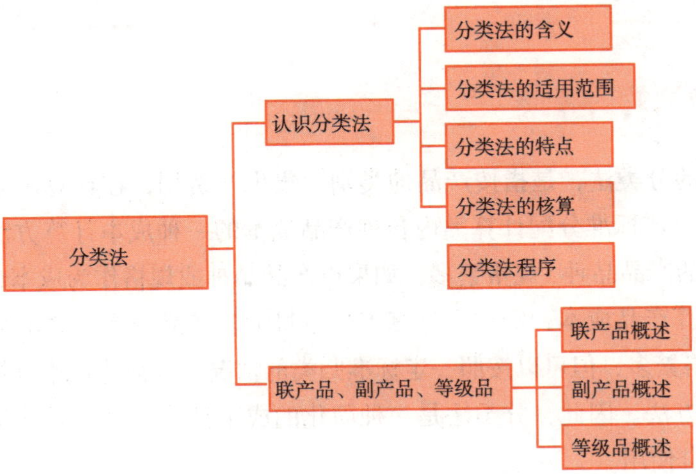

案例导入

海达制鞋厂生产的男式和女式牛皮鞋共包括10个型号，本月男、女式牛皮鞋全部产品实际总成本为727 800元，如果按10种型号产品分别计算成本，工作量较大。该厂先按类别计算出本月男式牛皮鞋总成本为397 800元、女式牛皮鞋总成本为330 000元，再将各自的总成本采用系数分配法分别在男式牛皮鞋、女式牛皮鞋内部进行分配。例如，男式牛皮鞋包括38码至42码5种号型，定额成本分别为108元、114元、120元、126元、132元，根据定额成本资料计算的系数分别为0.9、0.95、1.0、1.05、1.1；5种号型男式牛皮鞋本月实际产量分别为200双、200双、1 500双、1 000双、300双，按系数折算的标准产量分别为180双、190双、1 500双、1 050双、330双，标准总产量为3 250双。用实际总成本397 800元除标准总产量3 250双，可以计算出标准产量的单位成本为122.4元；用单位成本乘标准产量，可以计算出5种号型男式牛皮鞋的总成本分别为22 032元、23 256元、183 600元、128 520元、40 392元；再用各号型的总成本除对应的实际产量，求得5种号型男式牛皮鞋单位成本分别为110.16元、116.28元、122.40元、128.52元、134.64元。

（资料来源：来臣军，喻硕，晋江涛. 成本会计[M]. 东营：中国石油大学出版社，2020.）

案例讨论：该厂对男式牛皮鞋、女式牛皮鞋两类产品总成本的计算是采用品种法吗？该厂5种号型男式牛皮鞋的成本是如何计算的？该厂的成本核算对象是什么？

任务一　认识分类法

一、分类法的含义

成本计算的分类法，是指按产品的类别归集生产费用，在计算出某类产品总成本的基础上，按一定标准分配计算类内各种产品成本的一种成本计算方法。在一些工业企业中，生产的产品品种、规格繁多，如果以产品品种或规格作为成本计算对象来归集生产费用、计算产品成本，则成本计算工作量过大。产品成本计算的分类法，就是在产品品种、规格繁多，但可以按照一定标准归类的情况下，简化成本计算工作而采用的一种成本计算方法。因此，分类法是一种简化的成本计算方法，必须与成本计算的各种基本方法结合使用。

二、分类法的适用范围

分类法不是一种独立的成本计算方法，它要根据各类产品的生产工艺特点和管理的要求，与成本计算的 3 种基本方法相结合应用。分类法与品种法结合起来使用，即把某类产品视为某一品种产品；分类法与分批法结合起来使用，即把某类产品视为某一批别产品；分类法与分步法结合起来使用，即把某类产品视为某一步骤产品。分类法主要适用于产品品种或规格较多的企业或车间，具体包括：用同样原材料，经过同样工艺过程生产出来的不同规格的产品；几种主要产品使用同一种原材料进行加工而同时制造出的联产品；生产主要产品的生产过程中，附带生产的非主要产品，即副产品等。

三、分类法的特点

（一）以产品的类别作为成本计算对象，计算该类产品的总成本

分类法以产品的类别作为成本的计算对象，企业采用分类法计算产品成本时，应先将产品按不同的标准，如用途、结构、产品性质等划分为不同的产品类别，再归集各类产品的生产费用。企业归集生产费用时，各类产品的直接费用直接计入产品成本，间接费用采用一定的分配标准分配计入产品成本。

（二）成本计算期要根据生产特点及管理要求来确定

分类法的成本计算期要根据企业的生产特点及管理要求，结合 3 种基本成本的计算方法来确定。如果企业是大批量生产，结合品种法或分步法进行成本计算，则应定期按月在月末进行成本计算；如果与分批法结合运用，成本计算期可不固定，与生产周期一致。

（三）生产费用在完工产品和在产品之间进行分配

采用分类法计算产品成本时，如果月末在产品数量较多，应将该类产品生产费用总额在完工产品和月末在产品之间进行分配，需采用约当产量法、定额成本法或定额比例法等分配方法。

四、分类法的核算

【例 6.1.1】

假设某企业生产的产品品种、规格繁多，其中A、B、C 3种产品经过的生产工艺流程、使用的原材料都相同，只是规格不同，所以可以划分为同一类进行产品成本计算。这类产品称为甲类产品，该类产品的直接材料费用按照各种产品的原材料系数进行分配，原材料系数按直接材料定额成本确定，直接工资等其他费用项目均按各种产品定额工时系数分配。该类产品中A产品为标准产品，有关产品产量、分配标准和成本资料等见表6-1-1~表6-1-3。

（资料来源：作者根据相关资料整理）

问题

请根据上述资料，进行成本核算。

表6-1-1 单位产品直接材料消耗定额和计划单价

产品：甲类 20××年度使用 编号：01

产品类别	产品品种	直接材料名称或编号	消耗定额（千克）	计划单价（元）
甲类	A产品	101	180	100
		205	100	140
		310	40	150
	B产品	101	150	100
		205	90	140
		310	44	150
	C产品	101	138	100
		205	120	140
		310	100	150

表6-1-2 产量、工时定额资料

产品：甲类 20××年3月

产品类别	产品品种	计量单位	产量	单位产品工时定额（小时）
甲类	A产品	件	500	220
	B产品	件	400	330
	C产品	件	120	308

表 6-1-3　甲类产品成本计算单

产品：甲类　　　　20××年 3 月　　　　金额单位：元

月	日	项目	直接材料	直接工资	制造费用	合计
3	1	在产品成本（定额成本）	3 140	2 850	5 380	11 370
3	31	本月发生费用	403 080	119 330	107 007	629 417
3	31	合计	406 220	122 180	112 387	640 787
3	31	完工产品成本	391 560	119 192	107 780	618 532
3	31	在产品成本（定额成本）	14 660	2 988	4 607	22 255

解析

根据上述资料，成本核算具体程序说明如下。

（1）根据单位产品材料消耗定额和计划单价，计算确定直接材料费用系数，其结果见表 6-1-4。

表 6-1-4　直接材料费用系数计算表

产品：甲类　　　　20××年 3 月

产品类别	产品品种	单位产品直接材料费用				直接材料费用系数	定额工时系数
		原材料名称或编号	消耗定额（千克）	计划单价（元）	定额成本（元）		
甲类	A产品	101	180	100	180	1	1
		205	100	140	140		
		310	40	150	60		
		小计	—	—	380		
	B产品	101	150	100	150	$\frac{342}{380}=0.9$	$\frac{330}{220}=1.5$
		205	90	140	126		
		310	44	150	66		
		小计	—	—	342		
	C产品	101	138	100	138	$\frac{456}{380}=1.2$	$\frac{308}{220}=1.4$
		205	120	1 40	168		
		310	100	1 50	150		
		小计	—	—	456		

（2）根据材料费用系数、定额工时系数及甲类产品成本计算单的相关资料，分别计算甲类产品中各种完工产品成本，见表 6-1-5。

表 6-1-5　甲类完工产品成本计算单

产品：甲类　　　　20××年 3 月

项目	产量（千克）	材料系数	直接材料总系数	定额工时系数	定额工时总系数	应分配的费用				单位成本（元）
						直接材料（元）	直接工资（元）	制造费用（元）	合计（元）	
分配率						390	94	85		
A产品	500	1	500	1	500	195 000	47 000	42 500	284 500	569
B产品	400	0.9	360	1.5	600	140 400	56 400	51 000	247 800	619.50
C产品	120	1.2	144	1.4	168	56 160	15 792	14 280	86 232	718.60
合计	—	—	1 004	—	1 268	391 560	119 192	107 780	618 532	—

五、分类法程序

（一）分类法下产品成本计算的基本程序

（1）合理确定产品类别。采用分类法计算产品成本时，根据生产产品的结构、性质、所用的原材料及工艺技术过程的不同，将产品划分为几个类别。例如，将各种品种相同但质量不同的等级品归为一类，将同一品种的不同规格产品归为一类等。

（2）以产品类别作为成本计算对象设立基本生产成本明细账。以产品类别为成本计算对象，按照产品类别和规定的成本项目设置产品成本明细账，归集生产费用，计算类别产品费用总额。

（3）将每类产品的费用总额在该类完工产品和在产品之间进行分配。计算出该类完工产品总成本，分配的方法一般有在产品按定额成本计算、在产品按定额比例分配等。

（4）类内各种产品成本的计算。采用合理的分配方法，将各类产品的总成本在类内各种产品之间进行分配。

假设某厂生产甲、乙、丙3类产品，分别设置3张成本计算单。甲类产品包括A、B、C 3种产品，乙类产品包括D、E、F 3种产品，丙类产品包括G、H、I 3种产品。分类法成本计算程序如图6-1-1所示。

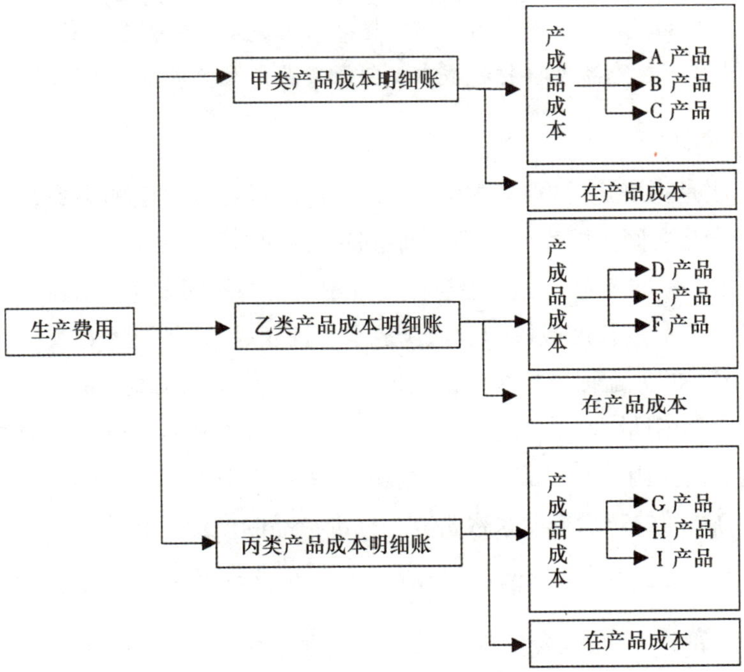

图6-1-1 分类法成本计算程序

（二）类内各种产品成本的分配方法

分类法下需要根据各类产品的生产特点来确定各类完工产品总成本在该类各种不

同规格的产品中进行分配的方法，可以采用产品的技术指标，如产品的体积、浓度、重量等作为分配的标准，也可以采用产品的经济价值指标，如销售单价、计划成本等作为分配的标准，还可以采用生产产品的定额消耗指标作为分配的标准。类内各种产品成本的分配方法通常采用定额比例法以及系数法。

1. 定额比例法

采用定额比例法时，产品的生产成本在完工产品和月末在产品之间按照两者的定额消耗量或定额成本比例分配。其中，直接材料成本按直接材料的定额消耗量或定额成本比例分配，直接人工、制造费用等一般按定额工时比例分配。

$$\text{直接材料分配率}=\frac{\text{月初在产品直接材料成本}+\text{本月新发生直接材料成本}}{\begin{matrix}\text{月末完工产品材料定额消耗量}\\\text{（或定额成本）}\end{matrix}+\begin{matrix}\text{月末在产品材料定额消耗量}\\\text{（或定额成本）}\end{matrix}}$$

$$\text{月末在产品定额消耗量}=\text{月末在产品约当产量}\times\text{消耗定额}$$

$$\text{直接人工（或制造费用）分配率}=\frac{\begin{matrix}\text{月初在产品直接人工}\\\text{（或制造费用）}\end{matrix}+\begin{matrix}\text{本月新发生直接人工}\\\text{（或制造费用）}\end{matrix}}{\text{月末完工产品定额工时}+\text{月末在产品定额工时}}$$

$$\text{月末在产品定额工时}=\text{月末在产品约当产量}\times\text{工时定额}$$

$$\begin{matrix}\text{月末完工}\\\text{产品成本}\end{matrix}=\begin{matrix}\text{完工产品}\\\text{直接材料成本}\end{matrix}+\begin{matrix}\text{完工产品}\\\text{直接人工成本}\end{matrix}+\begin{matrix}\text{完工产品}\\\text{制造费用成本}\end{matrix}$$

$$\text{月末在产品成本}=\text{在产品直接材料成本}+\text{在产品直接人工成本}+\text{在产品制造费用成本}$$

2. 系数分配法

系数分配法是指确定分配标准后，将分配标准折算成固定的系数，按照固定的系数在类内各种产品之间分配生产费用，确定各产品成本的方法。其步骤如下。

（1）确定分配标准。企业需选用与耗用费用最密切的因素作为分配标准，比如产品的售价或重量、产品的长度或体积、定额成本、计划成本等。

（2）将确定好的分配标准折算为固定的系数。一般是在同类产品中选择一种具有代表性的产品，比如销量大、产量大、生产比较稳定的产品，将单位标准产品的系数定为“1”，并确定出类内其他产品与标准产品的比率（系数）。

（3）将类内产品的产量按照系数折算为标准产品的产量，计算公式为：

$$\text{某产品相当于标准产品的产量}=\text{某产品的实际产量}\times\text{某产品的系数}$$

（4）计算全部产品折算为标准产品的总产量，以此为标准分配类内各种产品的成本。

任务二 联产品、副产品、等级品

一、联产品概述

（一）联产品的含义及特点

所谓联产品，是指企业在生产过程中，利用同一种原材料，经过同一个生产过程，同时生产出几种产品，并且这些产品都是企业的主要产品。例如，炼油厂从原油中可同时提炼出汽油、煤油、柴油等产品，这些产品都是炼油厂的主要产品，可称之为联产品。

联产品在生产过程中使用同样的原材料，并且是在同一生产过程生产出来的，各种联产品一般要在生产过程终了时才能分离出来。有时也可能在生产过程的某一个步骤中先分离出来某一种产品，这个分离时的生产步骤被称为分离点。在联产品分离之前，不可能按照每种产品归集和分配生产费用，只能将其归为一类，按照分类法的成本计算原理计算其总成本，然后，采用适当的方法分别计算联产品中每种产品的成本。

联产品虽然可以按类别归集费用计算成本，但它同分类法是有区别的，因为联产品分离后有时还需要继续加工，这样，就需要按照分离后产品的生产特点，选择适当的方法计算分离后产品加工成本。通常情况下，将分离前发生的成本称为联合成本，而把分离后每种产品发生的成本称为可归属成本，因此，联产品的成本应该包括其所应负担的联合成本和分离后的可归属成本。

（二）联产品的成本分配方法

联产品分离前的联合成本计算可采用前述分类法进行，计算出联合成本之后，需要将其在各种联产品之间进行分配，分配时可根据企业具体情况确定应采用的分配方法，常用的分配方法包括实物量分配法和标准产量比例法。

1. 实物量分配法

实物量分配法，是指将联合成本按各联产品实物量（如质量、长度或容积）进行分配的一种方法，其计算公式如下：

$$联产品成本分配率=\frac{联合成本}{各种联产品实物量之和}$$

$$某种产品应分配的联合成本=该种联产品实物量\times联合成本分配率$$

【例 6.2.1】

假设某企业生产 A、B、C 3 种联产品，本期发生的联合成本为 348 000 元，根据各种产品重量可进行联合成本分配，计算结果见表 6–2–1。

（资料来源：作者根据相关资料整理）

表6-2-1 A、B、C产品的成本分配表

产品名称	产量(千克)	分配率	应分配成本(元)
A产品	450		156 600
B产品	260		90 480
C产品	290		100 920
合 计	1 000	348	348 000

2. 标准产量比例法

标准产量比例法也称系数分配法。它是根据各种联产品实际产量，按系数将其折算为标准产量来分配联合成本的一种方法，具体程序是：首先确定各种联产品的系数，然后用每种产品的产量乘各自的系数，计算出标准产量，再将联合成本除各种联产品标准产量之和，求得联合成本分配率。最后，用联合成本分配率乘每种产品的标准产量，就可以计算出各种联产品应负担的联合成本。

【例 6.2.2】

假设某企业利用同一种原材料，在同一工艺流程中生产出甲、乙、丙、丁 4 种主要产品。进行联合成本分配时，以产品售价为标准确定系数，以甲产品为标准产品，其系数确定为 1，甲产品分离后还要继续加工。联产品的有关资料见表 6-2-2 和表 6-2-3。

（资料来源：作者根据相关资料整理）

表6-2-2 联产品资料1

产品名称	产量(千克)	单位售价(元)	系数
甲产品	1 800	10	1
乙产品	600	12	1.20
丙产品	900	8	0.80
丁产品	300	14	1.40

表6-2-3 联产品资料2

金额单位：元

项目	直接材料	直接工资	制造费用	合计
分离前的联合成本	23 400	5 620	1 724	30 744
各成本项目占总成本比重	76.11%	18.28%	5.61%	100%
分离后甲产品加工成本	810	195	105	1 110

3.销售价值分配法

销售价值分配法，是指按照各种联产品的销售价值为分配标准来分配联合成本的一种联产品成本分配方法。销售价值分配法的计算公式如下：

$$联合成本分配率=\frac{联合成本}{各种联产品销售价值之和}$$

某种联产品应分配的联合成本 = 该种联产品销售价值 × 联合成本分配率

销售价值分配法中的销售价值即产品销售收入。但是，这里的销售收入不是按照产品销售量计算的，而是按照产品产量计算的。即产品销售价值不只包括已经售出产品的价值，还包括未售出产品的价值。

以表 6-2-2 和表 6-2-3 的资料为例，采用销售价值分配法进行联产品成本的分配，计算结果见表 6-2-4。

表 6-2-4 联产品成本计算单

金额单位：元

产品名称	产量（千克）	单价（元）	销售价值（元）	比重（%）	分配联合成本	单位成本	毛利	毛利率（%）
甲产品	1 800	10	18 000	49.18	15 119.90	8.40	2 880.1	16
乙产品	600	12	7 200	19.67	6 047.34	10.08	1 152.66	16
丙产品	900	8	7 200	19.67	6 047.34	6.72	1 152.66	16
丁产品	300	14	4 200	11.48	3 529.42	11.76	670.58	16
合计	3 600	—	36 600	100	30 744	—	5 856	16

通过表 6-2-4 的计算可以看出，虽然各种联产品的单位成本不一致，但是，各种联产品的毛利率是一致的。这是由于各种联产品的销售价值都是按产品产量计算的，销售价值分配法的目的就是要使各种产品取得相同的毛利率。

这一分配方法将联合成本的分配与联产品的最终价值联系起来，使联产品成本的分配与各种产品的获利能力保持一定比例关系，从而可以避免售价低的产品可能因分配标准的选用不当造成其分配的费用太多，从而造成产品亏损的情况。但是，产品成本的高低并非都与产品售价有关，价格高的产品不一定成本高。因此，销售价值分配法只适于成本高低与售价关系紧密的联产品的成本分配。另外，这一分配方法使各种联产品的毛利率相同，也与实际情况有出入。

（三）联产品成本计算程序

第一步，编制联产品成本计算单，见表 6-2-5。

表 6-2-5 联产品成本计算单

金额单位：元

产品名称	产量（千克）	系数	标准产量	联合成本	分配率	应分配的联合成本
	①	②	③ = ①×②	④	⑤ = ④ ÷ ③	⑥ = ③×⑤
甲产品	1 800	1	1 800			15 120
乙产品	600	1.20	720			6 048
丙产品	900	0.80	720			6 048
丁产品	300	1.40	420			3 528
合计	—	—	3 660	30 744	8.40	30 744

第二步，编制甲产品成本汇总计算表，见表6-2-6。

为了编制产品成本汇总计算表，需要将表6-2-5中计算的各种产品分配的联合成本，依据表6-2-3中各成本项目比重进行分离，具体计算结果见表6-2-6。

表6-2-6　甲产品成本汇总计算单

金额单位：元

项目	分配的联合成本		分离后的加工成本	总成本	单位成本
	比重	金额			
	①	②=①×总金额	③	④=②+③	⑤=④÷产量
直接材料	76.11%	11 507 832	810	12 317 832	6.84
直接工资	18.28%	2 763 936	195	2 958 936	1.64
制造费用	5.61%	848 232	105	953 232	0.53
合计	100%	15 120	1 110	16 230	9.02

二、副产品概述

（一）副产品的含义及特点

副产品是指企业在生产主要产品的过程中附带生产出来的一些非主要产品。副产品不是企业的主要产品，但它们却有一定的价值和用途。如在高炉炼铁过程中，生产生铁这种主要产品时，可以回收煤气；如炼油厂在提炼原油过程中，还会生产一些渣油、石油焦等。

由于副产品和主要产品是在同一生产过程中生产出来的，它们发生的费用很难分开。因此，一般将副产品和主要产品归为一类，按照分类法归集费用计算其总成本，主、副产品分离前的成本可视为联合成本。一般来说，副产品的价值相对较低，在企业全部产品中所占比重较小。所以，可将副产品按照简化的方法计价，从主、副产品的总成本中扣除，从而确定主要产品的成本。显然，要计算主要产品的成本，必须解决副产品成本的计价问题。

（二）副产品的计价方法

（1）副产品成本不计价法。副产品不计价法是指副产品不负担分离前的成本，而将副产品的销售收入直接作为收益处理。这种方法一般适用于副产品分离后不再加工，而且其价值较低的情况。采用这种方法的优点是手续简便，但由于副产品成本是由主要产品负担的，从而会影响主要产品成本的准确性。

（2）副产品按分离后的成本计价法。采用这种计价方法时，副产品成本只包括分离后进一步加工的成本，不负担分离前的成本费用。这种方法的优缺点与前一种计价方法类同。

（3）副产品按固定成本计价法。这种计价方法是指将确定的固定成本作为副产品的成本，从主要产品成本中扣除。其中，固定成本可按固定价格计价，也可以按计划单位成本计价，这种方法计算手续简便。但是，当副产品成本变动较大、市价不稳定时，会影响主要产品成本的正确性。

（4）副产品按销售价格扣除销售税金、销售费用后的余额计价法。副产品按销售价格扣除销售税金、销售费用后的余额计价法，也可以说是按副产品的售价减去按正常利润率计算的销售利润后的余额计价，以此作为分离前的共同成本中副产品应负担的部分，这种方法适用于副产品价值较高的情况。如果副产品在分离后还需进一步加工才能出售，那么按这一方法对副产品计价时，还应从售价中扣除分离后的加工费。

上述计价方法解决了产品分离前的联合成本中副产品应负担部分的金额计量问题。副产品成本计算出来后，还需要考虑如何从联合成本中扣除的问题。副产品成本从联合成本中扣除的方法有两种：一是将副产品成本（副产品计价）从分离前联合成本中的“直接材料”成本项目中扣除；二是按副产品的计价额与其总成本的比例，分别从分离前联合成本的各成本项目中扣除。前一种方法适用于副产品成本中直接材料费用所占比重较大或副产品成本占共同成本的比重很小的情况，后一种方法适用于副产品各成本项目的比重相差不大或副产品成本在联合成本中占有一定比重的情况。

选择会计计价方法，将副产品成本从联合成本中扣除，是副产品成本计算中的一个主要问题，企业可根据实际情况合理进行确定。

应该说明的是，联产品成本计算和副产品成本计算有着相同之处，即它们都是经过同一生产过程，在某个分离点生产出来的几种产品。分离后，有的产品还需进一步加工，才能成为产成品。但是，联产品中的各种产品都是主要产品，其价值都比较高，应采用能体现这一特点的方法计算各种联产品成本。副产品则是生产过程中附带生产出来的，副产品的价值较低，所以，可以采用简化的计价方法进行计算。当然，主要产品和副产品的关系是可以相互转化的。随着条件的改变，副产品可能变为主要产品。这时，就要改变成本计算方法将副产品作为联产品，采用联产品的成本计算方法来计算成本。

（三）副产品成本计算举例

【例 6.2.3】

假设某企业在生产主要产品甲产品的同时，附带生产出乙、丙、丁 3 种副产品。乙副产品按售价扣除销售税金等有关项目后的余额计价，并按比例从联合成本各成本项目中扣除。丙副产品按计划成本计价，从联合成本的直接材料项目中扣除。丁副产品由于数量较少、价值较低，采用简化的方法不予计价。20××年6月有关产量、成本资料见表 6-2-7、表 6-2-8。

（资料来源：作者根据相关资料整理）

表6-2-7　产量、单价、计划成本资料

金额单位：元

产品名称	产量（吨）	单位售价	单位税金	单位销售费用	计划单位成本
甲	1 500				
乙	270	40	5	6	
丙	80				20
丁	1				

表6-2-8　有关成本费用资料

金额单位：元

项目	直接材料	直接人工	制造费用	合计
本月主、副产品共同成本	36 000	4 000	10 000	50 000
乙产品分离后加工费用		500	580	1 080

问题

根据上述资料，编制完工产品成本计算表。

解析

完工产品成本计算表见表6-2-9。

表6-2-9　完工产品成本计算表

金额单位：元

项目	共同成本		丙产品（80吨）		乙产品（270吨）				甲产品	
	金额	比重	总成本	单位成本	总成本			单位成本	总成本	单位成本
					分离前	分离后	合计			
	（1）	（2）	（3）	（4）	（5）	（6）	（7）	（8）	（9）	（10）
直接材料	36 000	72%	1 600	20	4 860	—	4 860	18	29 540	19.69
直接人工	4 000	8%	—	—	540	500	1 040	3.85	3 460	2.31
制造费用	10 000	20%	—	—	1 350	580	1 930	7.15	8 650	5.77
合计	50 000	100%	1 600	20	6 750	1 080	7 830	29	41 650	27.77

三、等级品概述

（一）等级品的含义

等级品是指企业在同一生产过程中，以相同的材料生产出品种相同，但质量不同的产品。按照产品的不同质量，在产品检验时要将其分为不同等级，制定不同的售价。等级品的成本可能不同，也可能相同。

（二）总成本在等级品中的分配方法

1.按实际产量分配

如果不同的等级品是运用相同的材料、经过相同的生产过程而制造出来，但由于生产和管理的原因（如违反操作规程、技术不熟练等）造成等级不同的，那么它们应负担相同的成本，就可按实际产量直接把总成本分配到每一种等级品中，各种等级品的单位成本相同。

2.按系数分配

如果等级品的等级不同是由于原料的质量、工艺技术条件不同引起的，难以控制产品的质量，则不同的等级品应负担不同的成本。如不同煤层因煤炭可能含量不同，采掘出不同等级的煤；漂泊粉因含氯量不同分为不同的等级；电子器件等由于电源、电压等的不同也分为不同等级。等级品按系数分配时可以按售价制定系数，也可以根据含量等其他工艺参数制定。

项目七　成本报表的编制与分析

知识目标

1.掌握产品生产成本表、主要产品单位成本报表和各种费用报表的结构及编制方法。

2.理解成本报表的意义。

3.了解成本报表的概念和种类。

4.掌握成本报表分析的方法和主要内容。

技能目标

1.能够使用Excel等工具进行成本报表的编制工作。

2.能够使用不同的方法进行成本分析。

思政目标

1.培养一丝不苟的工匠精神。

2.树立勇于担当的责任意识。

3.养成勤俭节约的良好习惯。

思维导图

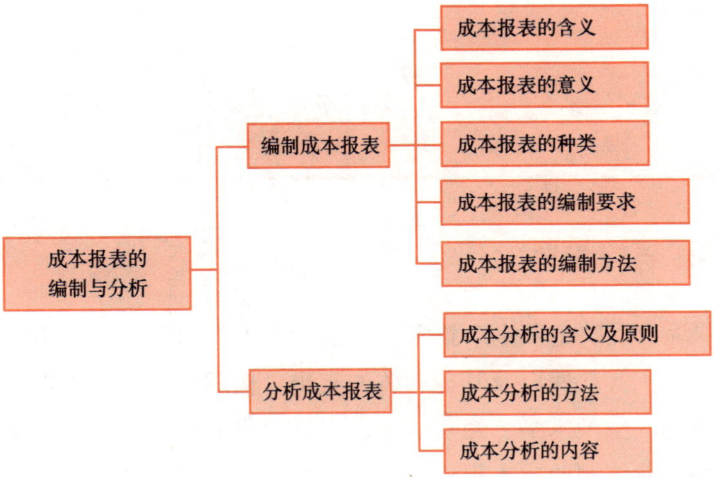

案例导入

大华公司生产甲、乙、丙3种产品，年底成本核算人员编制了主要产品乙的成本报表，见表7-0-1。

表7-0-1　主要产品单位成本表

20××年12月

产品名称：乙　　计量单位：件　　本月计划产量：18件

产品规格：××　　销售单位：860元　　本月实际产量：20件

本年累计计划产量：200件

本年累计实际产量：300件

成本项目		历史先进水平19××年	上年实际平均	本年计划	本月实际	本年累计实际平均
直接材料（元）		470	480	480	475	482
燃料及动力（元）		37	52	48	40	53
直接人工（元）		81	86	82	75	78
制造费用（元）		140	142	140	145	150
产品单位成本（元）		728	760	750	735	763
主要技术经济指标	计量单位	耗用量	耗用量	耗用量	耗用量	耗用量
A材料	千克	19	21	20	18	18
B材料	千克	32	33	32	30	34

（资料来源：来臣军，喻硕，晋江涛．成本会计[M]．东营：中国石油大学出版社，2020.）

案例讨论：成本报表的格式和内容有统一的要求吗？乙产品的成本控制做得如何？乙产品耗用的主要材料消耗量是如何变化的？

任务一　编制成本报表

一、成本报表的含义

成本是一项综合反映企业生产技术、经营管理工作水平的重要指标。企业的原材料、机器设备、人工等耗费以及其他相关的支出，构成了企业的成本费用，并以此反映出企业物料消耗、生产水平、经营管理水平以及影响企业的外部因素。相关的信息使用者通过了解企业编制的成本报表并对其进行分析，用以考核企业成本、费用计划的执行情况，寻找降低成本、费用的途径。

成本报表是根据企业日常产品成本和期间费用的核算资料以及其他有关资料编制的，用以综合反映企业一定时期成本费用水平、构成情况及变动情况的一种报告性书面文件，是会计报表体系的重要组成部分。编制和分析成本报表是成本会计日常工作的一项重要内容。

二、成本报表的意义

成本报表作为内部报表，主要是为满足企业内部经营管理的需要而编制的，所以报表的种类、格式，指标的设计和编制方法，编报日期以及具体的报送对象，都由企业自行决定，根据会计核算应当遵循的全面性和重要性相结合的原则，会计部门除了定期编报全面反映成本计划和各项费用计划完成情况的报表外，为了加强成本的日常管理，对于成本耗用的主要指标，也可以按旬、按周、按日，甚至按生产班次编报并及时提供给有关部门负责人和值班人员，以保证成本控制的及时性和针对性，及时发现成本耗费过程中的“例外”情况，贯彻“例外管理”的原则。另外，为了将成本管理与技术管理相结合，分析成本升降的具体原因，寻求降低成本的途径和方法，简化报表种类和编制方法，也可以将成本会计指标、统计指标和技术经济指标结合起来编制报表。为了加强成本工作的预见性，还可以在成本计划执行过程中，对未来时期能否完成成本计划进行预测，编制并向有关部门和人员报送分析报告，以及时沟通成本信息，保证成本计划顺利完成。

总之，各企业应从生产经营情况和内部管理要求出发设计和编报成本报表。

三、成本报表的种类

在实际工作中，成本报表的种类、格式和内容均可由企业根据其生产特点和管理要求自行规定。常见的成本报表有以下 5 种。

（一）全部商品产品成本表

全部商品产品成本表是反映企业一定时期全部商品产品总成本和单位成本状况的报表，通过该表可以了解全部商品产品成本计划的完成情况及可比产品成本降低任务的完成情况，以便分析成本变化的原因，寻求进一步降低成本的途径。

商品产品成本报表按可比产品和不可比产品分别反映其单位成本和总成本。可比产品是指以前年度或上年度曾经生产过的产品；不可比产品是指以前年度未正常生产过的产品。对可比产品而言，不仅要和计划成本相比较，而且还要和上年度实际成本相比较，所以还要列示按上年实际平均单位成本计算的总成本。对不可比产品而言，因为没有上年度的实际单位成本可比，所以只列示计划成本和本年的实际成本。商品产品成本报表分析的重点是可比产品。

（二）主要产品单位成本表

主要产品单位成本表是反映企业在一定时期内生产各种主要产品单位成本的构成及其变动情况的成本报表，用以考核各种主要产品单位成本计划的执行情况，分析各成本项目和消耗定额的增减变动情况及其原因，进一步挖掘降低成本的潜力。主要产品单位成本表应分别按成本项目列示历史先进水平、上年实际平均单位成本、本年计划单位成本、本期实际单位成本和本年累计实际平均单位成本。分别根据成本历史资料、上年成本报表、本年成本计划和本年成本明细账填列。

（三）制造费用明细表

制造费用明细表是反映工业企业在一定时期内发生的各项制造费用及其构成情况的成本报表。表中的各明细项目，应包括企业各个生产单位为组织和管理生产所发生的各项费用。

（四）期间费用明细表

期间费用明细表主要包括管理费用明细表、财务费用明细表和营业费用明细表。

（五）其他成本报表

成本报表可以按照报表编制的时间分为定期报表和不定期报表，按照成本报表反映的内容分为反映成本情况的报表和反映费用情况的报表，按照报送单位分为对外成本报表和对内成本报表。

本项目着重介绍全部商品产品成本表、主要产品单位成本表和制造费用明细表的编制方法。期间费用明细表的编制方法基本上与制造费用明细表的编制方法相同，在此不再做介绍。其他成本报表的灵活性较大，无统一格式和内容，也不再做介绍。

四、成本报表的编制要求

为了加强企业内部经营管理、提高经济效益，在具体编制报表时应做到数字真实、计算正确、内容完整、编报及时，以提供真实、可靠的成本资料。

（一）数字真实

数字真实是指编制成本报表时必须客观、如实地反映企业的费用、成本水平，报表所提供的各项指标必须真实、可靠。这要求企业在编制成本报表之前必须将所有有关成本的经济业务登记入账，做到先结账后编表，不得为赶编报表而提前结账；要进行财产清查，核对账目，做到账实相符、账账相符，以保证成本资料的真实、可靠，不得以估计数字编表；要保证报表内有关指标的一致性，做到表表相符，严禁弄虚作假，不得人为改动报表中的数字。总之，报表所提供的数据资料必须客观、真实地反映企业生产经营的实际情况。

（二）计算正确

计算正确是指在编制成本报表的过程中，表内各项指标数据的计算必须准确无误，不得出现计算、书写错误。如果成本报表在填列过程中产生错误，或者账、证等资料中出现计算错误，据以编制的报表同样不准确，也就不能客观、真实地反映企业在一定时期内的费用、成本水平。

（三）内容完整

内容完整是指在编制成本报表时，报表种类必须齐全，表内的指标、项目，报表附注资料必须填列完整，不得少填漏填，任意取舍。但是，也要注意报表内容的实用性，注意指标项目的简化，不拘泥于形式。

（四）编报及时

编报及时是指企业应按规定的时间编制并报送各种成本报表，及时进行成本信息资料的传递、反馈；否则即使指标非常准确，也将因此而丧失其应有的作用。

（五）内容实用

由于成本报表主要是为企业内部经营管理提供信息的，不对外报告，所以在报表格式和内容、种类的设计上应根据各企业的生产经营特点和管理要求进行，在满足管理需要的前提下尽可能简化，并且应注重报表内容的实用性，不拘泥于形式。

五、成本报表的编制方法

（一）全部商品产品成本表的编制方法

（1）“产品名称”项目，应填列主要的“可比产品”和“不可比产品”的名称，主要商品产品的品种要按规定填写。

（2）“实际产量”项目，反映本月和从年初起至本月末止各种主要商品产品的实际产量。应根据“成本计算单”或“产成品明细账”的记录计算填列。

（3）“单位成本”项目的编制方法如下。

①“上年实际平均”，反映各种主要可比产品的上年实际平均单位成本。应分别根据上年度本表所列各种可比产品的全年实际平均单位成本填列。

②“本年计划”，反映各种主要商品产品的本年计划单位成本。应根据年度成本计划的有关数字填列。

③“本月实际”，反映本月生产的各种商品产品的实际单位成本。应根据有关产品成本计算单中的资料，按下列公式计算填列：

$$某产品本月实际单位成本=\frac{某产品本月实际总成本}{某产品本月实际产量}$$

④“本年累计实际平均”，反映从年初起至本月末止企业生产的各种商品产品的实际单位成本。应根据成本计算单的有关数字，按下列公式计算填列：

$$某产品本年累计实际平均单位成本=\frac{某产品本年累计实际总成本}{某产品本年累计实际产量}$$

（4）“本月总成本”项目的编制方法如下。

①“按上年实际平均单位成本计算”，用本月实际产量乘上年实际平均单位成本计算填列。

②“按本年计划单位成本计算”，用本月实际产量乘本年计划单位成本计算填列。

③“本月实际”，根据本月产品成本计算单的资料填列。

（5）“本年累计总成本”项目的编制方法如下。

①“按上年实际平均单位成本计算”，用本年累计实际产量乘上年实际平均单位成本计算填列。

②“按本年计划单位成本计算”，用本年累计实际产量乘本年计划单位成本计算填列。

③“本年实际”，根据本年成本计算单的资料填列。

全部商品产品成本表格式及内容见表 7-1-1。表 7-1-1 补充资料中的“可比产品成本降低额”和“可比产品成本降低率”的本年累计实际数应按下列公式计算填列：

$$\begin{matrix}可比产品\\成本降低额\end{matrix}=\begin{matrix}可比产品按上年实际\\平均单位成本计算的本年累计总成本\end{matrix}-\begin{matrix}可比产品本年\\实际累计总成本\end{matrix}$$

$$可比产品成本降低率=\frac{可比产品成本降低额}{可比产品按上年实际平均单位成本计算的本年累计总成本}$$

可比产品成本降低率的“本年计划数”，应根据年度成本计划填列，可比产品成本的“超支额”和“超支率”，应在“降低额”和“降低率”项目内以“–”表示。

表 7–1–1　全部商品产品成本表

编制单位：××工厂　　　　20××年 12 月　　　　金额单位：元

产品名称	规格	计量单位	实际产量		单位成本				本月总成本			本年累计总成本		
			本月	本年累计	上年实际平均	本年计划	本月实际	本年累计实际平均	按上年实际平均单位成本计算	按本年计划单位成本计算	本月实际	按上年实际平均单位成本计算	按本年计划单位成本计算	本年实际
			(1)	(2)	(3)	(4)	(5)	(6)	(7)	(8)	(9)	(10)=(2)×(3)	(10)=(2)×(4)	(12)
可比产品合计	—	—	—	—	—	—	—	—	1 890 000	1 840 600	1 846 400	18 430 000	17 947 000	17 758 000
其中：A 产品		台	2 000	22 000	130	126	123	125	260 000	252 000	246 000	2 860 000	2 772 000	2 750 000
B 产品		台	8 000	76 000	195	190	192	188	1 560 000	1 520 000	1 536 000	14 820 000	14 440 000	14 288 000
C 产品		台	1 400	15 000	50	49	46	48	70 000	68 600	64 400	750 000	735 000	720 000
不可比产品合计		—	—	—	—					216 100	239 000		3 344 400	2 457 200
其中：D 产品		台	500	6 400	—	56	60	58		28 000	30 000		358 400	371 200
E 产品		台	1 045	10 000	—	180	200	125.6		188 100	209 000		1 800 000	1 256 000
其他													1 186 000	830 000
全部商品产品制造成本			—	—	—	—	—			2 056 700	2 085 400		21 291 400	20 215 200

（二）主要产品单位成本表的编制方法

主要产品单位成本表应按每种主要产品分别编制。

（1）本月计划产量”和“本年累计计划产量”项目，应根据本月和本年产品产量计划资料填列。

（2）“本月实际产量”和“本年累计实际产量”项目，应根据统计提供的产品产量资料或产品入库单填列。

（3）“成本项目”项目，应按规定进行填列。

（4）“主要技术经济指标”项目反映主要产品每一单位产量所消耗的主要原材料、燃料、工时等的数量。

（5）“历史先进水平”，是指本企业历史上该种产品成本最低年度的实际平均单位成本和实际单位用量，应根据历史成本资料填列。

（6）“上年实际平均”，是指上年实际平均单位成本和单位用量，应根据上年度本表的本年累计实际平均单位成本和单位用量的资料填列。

（7）“本年计划”，是指本年计划单位成本和单位用量，应根据年度成本计划中的资料填列。

（8）“本月实际”，是指本月实际单位成本和单位用量，应根据本月完工的该种产品成本资料填列。

（9）“本年累计实际平均”，是指本年年初至本月末止该种产品的实际平均单位成本和单位用量，应根据年初至本月末止的已完工产品成本计算单等有关资料，采用加权平均法计算后填列。

主要产品单位成本表表用于不可比产品时，则不填列“历史先进水平”和“上年实际平均”的单位成本和单位用量。

由于主要产品单位成本表表是商品产品成本表的补充，所以，表中按成本项目反映的“上年实际平均”“本年计划”“本月实际”“本年累计实际平均”的单位成本合计，应与商品产品成本表中的各该单位成本的数字分别相等。

主要产品单位成本表格式及内容见表 7－1－2 和表 7－1－3。

表 7－1－2　主要产品单位成本表（一）

编制单位：××工厂　　　　20××年 12 月

产品名称	A产品	本月计划产量	1 850
规格		本月实际产量	2 000
计量单位	台	本年累计计划产量	21 500
销售单价	160 元	本年累计实际产量	22 000

表 7－1－3　主要产品单位成本表（二）

成本项目	行次	历史先进水平 201×年	上年实际平均	本年计划平均	本月实际平均	本年累计实际平均
		1	2	3	4	5
直接材料	1	78.80	74.91	71.19	66.80	67.09
直接工资	2	32.40	42.48	42.48	45.00	45.89
制造费用	3	11.89	12.61	12.33	11.20	12.02
合计	4	123	130	126	123	125
主要技术经济指标	5	用量	用量	用量	用量	用量
普通刚才	6	69	73	70	69.6	68.8
工时	7	10	12	12	12.5	13

（三）制造费用明细表的编制方法

制造费用明细表的结构按规定的制造费用项目分别反映“本年计划数”“上年同期实际数”和“本年累计实际数”，便于用本年实际数分别同本年计划数和上年同期实际数进行比较，以便加强对制造费用的管理。

（1）“本年计划数”各项数字，根据制造费用的年度计划数填列。

（2）“上年同期实际数”各项数字根据上年同期本表的“本年累计实际数”填列。如果表内所列项目和上年度的费用项目在名称或内容上不一致，应对上年度的各项数字按照表内规定的项目进行调整。

（3）“本年累计实际数”各项数字填列自年初起至编报月月末止的累计实际数，应根据“制造费用明细账”的记录计算填列。制造费用明细表的格式及内容见表 7-1-4。

表 7-1-4　制造费用明细表

编制单位：××工厂　　20××年 12 月　　金额单位：元

项目	行次	本年计划数	上年同期实际数	本年累计实际数
职工薪酬	1	100 000	90 000	105 000
折旧费	2	90 000	88 000	86 400
租赁费	3	13 000	12 600	14 200
修理费	4	48 000	45 000	41 200
机物料消耗	5	16 000	17 500	15 500
低值易耗品	6	22 000	23 100	21 800
取暖费	7	52 000	52 800	51 700
水电费	8	48 000	50 500	47 300
办公费	9	30 000	31 400	33 00
差旅费	10	30 000	28 000	27 900
保险费	11	50 000	63 000	49 300
设计制图费	12	19 000	19 200	18 100
检验试验费	13	31 000	33 000	36 700
劳动保护费	14	44 000	41 000	43 200
其他	15	20 000	20 800	21 000
合计	—	613 000	615 900	612 300

（四）期间费用报表的编制方法

期间费用报表一般包括管理费用明细表、财务费用明细表和营业费用明细表。它们的结构基本相同，都是按照规定的费用项目，分别反映“本年计划数”“上年实际数”“本年实际数”，便于用本年实际数分别同本年计划数和上年实际数进行比较，以便加强对费用的控制和管理。

有关期间费用报表的格式和内容见表 7-1-5～表 7-1-7。

表 7-1-5　管理费用明细表

编制单位：××工厂　　20××年 12 月　　金额单位：元

项目	行次	本年计划数	上年实际数	本年实际数
职工薪酬	1	95 000	92 000	96 000
折旧费	2	70 000	71 000	73 000
办公费	3	56 000	51 000	53 400
修理费	4	30 000	31 000	38 000
差旅费	5	42 000	41 000	46 030
物料消耗	6	12 000	12 000	11 000
劳动保险费	7	10 000	9 900	10 000
待业保险费	8	14 250	13 800	14 400
低值易耗品摊销	9	9 000	9 500	9 300
…	…	…	…	…
其他	12	18 000	20 500	15 000
合计	13	404		

表 7-1-6　财务费用明细表

编制单位：××工厂　　20××年 12 月　　金额单位：元

项目	行次	半年计划数	上年实际数	本年实际数
利息支出	1	110 000	118 000	102 000
金融机构手续费	2	22 000	21 800	21 350
汇兑损失	3	4 500	5 700	6 100
其他	4	12 000	15 000	11 420
合计	5	148 500	160 500	140 870

表 7-1-7　销售费用明细表

编制单位：××工厂　　20××年 12 月　　金额单位：元

项目	行次	本年计划数	上年实际数	本年实际数
职工酬薪	1	85 000	82 800	83 100
差旅费	2	44 200	43 920	43 400
办公费	3	21 500	20 800	19 700
保险费	4	21 000	19 000	19 500
修理费	5	2 800	2 800	2 890
物料消耗	6	2 200	2 260	3 100
运杂费	7	8 000	8 600	8 560
包装费	8	4 000	5 082	4 600
折旧费	9	6 000	6 800	5 700
…	…	…	…	…
其他	13	2 000	1 600	2 070
合计	14	201 600	176 692	205 360

管理费用明细表、财务费用明细表和销售费用明细表各项目的填列方法如下。

（1）“本年计划数”栏各项目数字，根据本年度各项费用预算填列。

（2）“上年实际数”栏各项目数字，根据上年度本表的“本年实际数”栏相应数字填列。如果表内所列费用项目和上年度的费用项目在名称和内容上不一致，应对上年度的各项数字按本年度表内项目的规定进行调整。

（3）“本年实际数”栏各项目数字，根据本年度“管理费用明细账”“财务费用明细账”和“营业费用明细账”中各项费用的累计数填列。

任务二　分析成本报表

一、成本分析的含义及原则

（一）成本分析的含义

成本分析是指利用成本核算及其他相关资料，对成本水平与构成的变动情况进行分析评价，以揭示影响成本升降的各种因素及其变动的原因，寻找降低成本的潜力。

从广义上说，成本分析可以在成本形成前后进行事前、事中和事后分析。在成本形成之前，为了选择降低成本的最佳方案，确定目标成本，编制成本计划，需要对成本进行预测分析，即事前分析。在成本形成之中，为了随时检查各项定额和成本计划的执行情况，控制各种消耗、费用支出，保证目标成本的实现，需要进行成本控制分析，即事中分析。在成本形成之后，把成本核算数据与其他资料结合起来，评价成本计划的执行结果，揭露矛盾，总结经验教训，指导未来，需要进行成本考核分析，即事后分析。所以，成本分析贯穿于成本会计的全过程，它对充分发挥成本会计的积极作用具有重要意义。

从狭义上说，成本分析主要指事后成本分析。事后成本分析是以成本核算提供的数据为主，结合有关的计划、定额、统计、技术和其他调查资料，按照一定的原则，应用一定的方法对影响成本和成本效益升降的各种因素进行科学分析，查明成本和成本效益变动的原因，制定降低成本的措施，以便充分挖掘企业内部降低成本和提高成本效益的潜力，用较少的劳动消耗取得较大的经济效益。

（二）成本分析的原则

成本分析的原则是组织成本分析的规范，也是发挥成本分析职能作用，完成成本分析和使用分析方法的准绳。概括地说，成本分析的一般原则是，要以马克思主义唯物辩证法为理论基础，以党和国家有关的方针政策、法律法规为依据，以目标成本和定额为标准，以健全的成本信息系统为手段，以提高经济效益为核心，全面地、系统地、及时地对企业的成本和成本效益进行分析，并给予正确评价。具体地说，在分析时要着重掌握下列原则。

（1）全面分析与重点分析相结合的原则。这里的全面分析并非完全指分析内容的全面性，而是说进行成本分析时要着眼整体，树立全局观念，切忌片面，必须以党和国家有关的方针政策、法律法规为依据，企业成本效益要与社会效益结合起来进行分析；要运用一分为二的观点进行分析，对成绩和缺点、经验和问题、有利因素和不利因素、主流和支流，必须坚持实事求是的态度，不能强调一个方面而忽视另一个方面，这样才能得出正确的结论。此外，要以产品成本形成的全过程为对象，结合生产经营各阶段的不同性质和特点进行成本分析。

必须指出，全面分析并不意味着要对同成本有关的生产经营活动面面俱到，而要按照例外管理原则抓住重点，找出关键性问题，深入剖析。一般来说，企业日常出现的成本差异是繁多、数不胜数的。为了提高成本分析的工作效率，分析人员要把精力集中在例外差异上，即对那些差异或差异额较大、差异持续时间较长、差异影响了企业长期盈利能力的项目进行重点分析，并及时反馈给有关责任单位，迅速采取措施予以消除。

（2）专业分析与群众分析相结合的原则。成本涉及企业所有部门及全体职工的工作业绩，为了使成本分析能够做到经常性和有效性，真正达到成本分析的目的，必须发动群众参加，将分析化为广大群众的自觉性行动。这就要求成本分析要做到上下结合、专群结合，充分发挥每个部门和广大群众分析成本、挖掘降低成本潜力的积极性，把专业分析建立在群众分析的基础上。这样才能充分揭露矛盾，深挖提高成本效益的潜力，充分发挥其应有的作用。

（3）经济分析与技术分析相结合的原则。成本的高低既受经济因素影响，又受技术因素影响，在一定程度上技术因素起决定性作用。所以，成本分析如果只停留在经济指标的分析，而不深入技术领域，结合技术指标进行分析，就不能达到其目的。为此，必须要求分析人员通晓一些技术知识并注意发动技术人员参加成本分析，把经济分析与技术分析结合起来。所谓经济分析与技术分析相结合，就是通过经济分析为技术分析提供课题，增强技术分析的目的性；而技术分析又可反过来提高经济分析的深度，并从经济效果角度对所采取的技术措施加以评价，从而通过改进技术来提高经济效果。这两方面分析的结合，就能防止片面性，并能结合技术因素查明成本指标变动的原因，以全面改进工作，提高效益。

（4）纵向分析与横向分析相结合的原则。纵向分析是指企业内部的纵向对比分析，包括本期实际与上期实际比较、与上年同期实际比较、与历史最高水平比较、与有典型意义的时期比较等。这种纵向对比，可以观察企业成本的变化趋势，是成本分析的主要内容。但在市场经济体制下，企业必须面向市场、面向世界，所以要收集和掌握国内外同类型企业成本的先进水平资料，广泛开展横向厂际对比分析。这种横向对比，有助于企业在更大范围内发现领先与落后的差距，促使企业产生紧迫感，增强竞争能力。

（5）报表数据分析与实地分析相结合的原则。成本分析必须系统掌握和充分利用报表数据，这是做好分析工作的基础。但是要完整了解实际情况，真正弄清问题的实质，从复杂因素中找出关键因素，得出全面的分析结论，只凭报表数据是不够充分的，还必须深入实践，有的放矢，进行必要的调查研究，把报表数据和实际情况结合起来，才能加深认识，进一步提高分析的质量。

二、成本分析的方法

成本分析的方法在实践中是多种多样的。采用哪种方法，要按分析的目的、分析对象的特点、所掌握的计划资料和核算资料的性质和内容来决定。通常采用的分析方法有以下 3 种。

（一）比较分析法

比较分析法是指通过将两个有内在联系的可比经济指标在时间上和空间上进行相减对比分析的一种方法。通过比较分析，可以确定差异、评价业绩、掌握动态、寻求潜力，达到降低成本、提高经济效益的目的。

在进行具体指标比较分析时，分析者可以根据目的，选择对比的基期数字，可以是本企业本期或历史各期。主要有以下 3 种形式。

（1）实际数与计划数对比。主要了解企业计划完成情况，找出脱离计划的差距和产生差距的原因。

（2）报告期实际数与基期实际数据对比。基期实际数据可以是本企业上期、上年同期或历史上最好水平。主要是要了解企业成本动态变化，找出差距，总结经验，进而改进企业成本管理工作。

（3）企业与同类先进企业的相同指标实际数据相对比。主要了解企业与国内外先进企业之间的差距，以便采取措施，挖掘潜力，提高企业在同行业中的竞争力。

比较分析法是一种绝对数分析法，一般适用于同类型企业、同类指标进行对比分析，采用此法进行成本分析时，必须注意指标间的可比性，注意指标计算的口径、计价的基础是否一致等。在与同类先进企业进行对比时，要注意它们在技术经济上的可比性。

（二）比率分析法

比率分析法是指将反映成本状况或与成本水平相关的两个因素联系起来，通过计算比率，反映它们之间的关系，借以评价企业成本状况和经营情况的一种成本分析方法，根据分析的不同内容和要求不同，比率分析法主要有以下两种。

1. 相关比率分析法

相关比率分析法是指以某个项目和其他有关但又不同的项目加以对比，求出比率，以便更深入地认识某方面的生产经营情况的方法。如将利润项目同销售成本项目对比，求出成本利润率，从而可以观察比较企业成本效益水平的高低。

2. 趋势比率分析法

趋势比率分析法是指将几个时期同类指标的数字进行对比以求出比率，分析该项指标增减速度和发展趋势以判断企业某方面业务的趋势并从其变化中发现企业在经营方面所取得的成果或不足的方法。趋势比率分析法主要有两种形式。

第一种，定基比率，也被称为定基发展速度，就是将报告期水平与某一固定基期水平相除，用来反映现象在较长时间内变化的相对程度。其计算公式为：

定基发展速度=（报告期发展水平/某一固定基期水平）×100%

第二种，环比比率，也被称为环比发展速度，就是将报告期水平与其前一期的发展水平相除，用来反映现象在相应的时期内变化的相对程度。其计算公式：

环比发展速度=（报告期水平/前一期发展水平）×100%

通过比率计算，把一些平时不可比的企业变成可比的企业，可以为其外部或内部决策者在选择决策方案时进行比较分析。但比率分析法也存在不足：指标比率只反映比值，不能说明其绝对数额的变动；且同比较分析法一样，无法说明指标变动的具体原因，达不到成本分析的目标。

（三）因素分析方法

因素分析法是指依据分析指标与其影响因素之间的关系，按照一定的程序和方法确定各因素对分析指标差异影响程度的一种技术分析方法。连环替代法是因素分析法的一种主要形式，这种方法是从数值上测定各个相互联合因素对有关经济指标差异影响程度的一种分析方法。通过这种计算，可以衡量各项因素影响程度大小，有利于分清原因和责任，使评价工作更有说服力，并可作为制定措施、挖掘潜力的参考，这种分析方法的计算程序如下。

（1）根据影响某项经济指标完成情况的因素，按其依存关系将经济指标的基数（计划数或上期数等）和实际数分解为两个指标体系。

（2）以基数指标体系为计算的基础，用实际指标体系中每项因素的实际数逐步顺序地替换其基数；每次替换后，实际数就被保留下来，有几个因素就替换几次；每次替换后计算出由于该因素变动所得的新结果。

（3）将每次替换所算的结果，与这一因素被替换前的结果进行比较，两者的差额就是这一因素变化对经济指标的影响程度。

（4）将各个因素的影响数值相加，其代数和应同该经济指标的实际数与基数之间的总差异数相符。

设某一经济指标N是由相互联系的A、B、C 3个因素组成，计划指标和实际指标的公式为：

课堂小练习 37

计划指标 $N_0=A_0\times B_0\times C_0$

实际指标 $N_1=A_1\times B_1\times C_1$

该指标实际脱离计划的差异（$N_1-N_0=D$）可能同时是上列3个因素变动的影响。在测定各个因素的变动对指标N的影响程度时可顺序计算如下：

计划指标 $N_0=A_0\times B_0\times C_0$ （1）

第一次替代 $N_a=A_1\times B_0\times C_0$ （2）

第二次替代 $N_b=A_1\times B_1\times C_0$ （3）

第三次替代（即实际指标） $N_1=A_1\times B_1\times C_1$ （4）

据此测定的结果：

（2）-（1）$=N_a-N_0$……是 A_0-A_1 变动的影响

（3）-（2）$=N_b-N_a$……是 B_0-B_1 变动的影响

（4）-（3）$=N_1-N_b$……是 C_0-C_1 变动的影响

把各因素变动的影响程度综合起来，则

$$(N_1-N_b)+(N_b-N_a)+(N_a-N_0)=N_1-N_0=D$$

现举例说明连环替代法的运用。

【例 7.2.1】

假设某企业有关产量、材料单耗和材料单价及材料总成本资料见表7-2-1。

表7-2-1 有关产量、材料单耗、单价及材料总成本资料

项目	单位	上年数	本年数	差异
产品产量	件	11 000	12 000	1 000
材料单耗	千克	10	8	-2
材料单价	元	10	13	+3
总成本	元	1 100 000	1 248 000	148 000

（资料来源：作者根据相关资料整理）

问题

请运用连环替代法进行成本分析。

解析

第一步：将指标因素分解并将因素排序。

材料费用=产品产量×单位产品材料消耗量×材料单价

第二步：确定分析对象。

材料总成本差异=1 248 000−1 100 000=148 000（元）

第三步：进行逐步替换。

上年材料总成本=11 000×10×10=1 100 000（元）　①

第一次替换：12 000×10×10=1 200 000（元）　②

第二次替换：12 000×8×10=960 000（元）　③

第三次替换：12 000×8×13=1 248 000（元）　④

第四步：比较各因素的替换结果，确定各因素对分析指标影响程度。

产品产量增加使材料总成本增加：

②−①=1 200 000−1 100 000=100 000（元）

或=（12 000−11 000）×10×10=100 000（元）

材料单耗节约使材料总成本节约：

③−②=960 000−1 200 000=−240 000（元）

或=12 000×（8−10）×10=−240 000（元）

材料单价上升使材料总成本增加：

④−③=1 248 000−960 000=288 000（元）

或=12 000×8×（13−10）=288 000（元）

第五步：检验分析结果。

因产量、单耗和单价3个因素变化对材料总成本影响为：

100 000−240 000+288 000=148 000（元）

此结果正好与材料的总差异相等。

应用连环替代法时，必须掌握以下4个基本要点。

（1）经济指标体系的组成因素，必须是确定能够反映形成该项指标差异的内在构成原因，否则失去其存在的价值。例如，如果将材料费用这一经济指标改为由两个因素（工人人数×每个工人平均用料额）所组成，就毫无分析的意义。

（2）分析某一因素变动对经济指标差异的影响程度，必须暂定其他因素不变，以便舍去其他因素的影响。

（3）各因素对经济指标差异数的影响，必须按顺序连环地逐一进行计算，不可采用不连环的方法计算。否则算出诸因素的影响程度之和，就不能等于经济指标的差异数。

（4）确定各因素影响时，是以以前各因素已经变动而其后各因素尚未变动为条件的；如果将各个因素替代的顺序改变，则各个因素的影响程度也就不相同。因此，在分析工作中必须从可能替代程序中确定比较正确的替代程序。一般应遵循要从诸因素相互依存关系出发，并使分析结果有助于分清经济责任。实际工作中，往往将这一原则具体化为先替代数量指标，后替代质量指标。先替代实物量指标，后替代货币指标，先替代主要指标，后替代次要指标。

三、成本分析的内容

（一）全部商品产品成本分析

制造业企业的全部商品产品可以分为可比产品和不可比产品两大类。进行成本分析时，对这两类产品的分析方法是不相同的。对于可比产品，不仅要将其实际成本与计划成本进行比较，还要考核可比产品成本比上年成本的降低幅度和降低数额，从而对企业在报告期内生产组织和经营管理工作改进的情况进行评价。对于不可比产品，由于在以前年度没有正式生产过，只能将其实际成本与计划成本进行比较。在对全部商品产品成本进行分析时，由于全部商品产品成本中包括不可比产品成本，所以，只能以全部商品实际总成本与计划总成本进行比较，确定全部商品产品实际成本与计划成本相比的降低额和降低率，以评价全部商品成本水平的升降情况。

【例 7.2.2】

假定某企业生产甲、乙、丙 3 种产品，其中甲、乙是可比产品，丙产品是不可比产品，相关资料见表 7-2-2。

表 7-2-2　全部商品产品成本表

金额单位：元

产品名称		计量单位	本年实际产量	单位成本			总成本		
				上年实际平均	本年计划	本年实际	按上年实际平均单位成本计算	按本年计划单位成本计算	本年实际
可比产品	甲	件	50	800	740	740	40 000	35 000	37 000
	乙	件	60	1 000	820	780	60 000	49 200	46 800
	小计		—	—	—	—	100 000	84 200	83 800
不可比产品	丙	件	10		600	610		6 000	6 100
全部商品产品成本								90 200	89 900

（资料来源：作者根据相关资料整理）

问题

请根据以上材料进行成本分析。

解析

根据表 7-2-2 的资料，可对该企业全部商品产品成本计划完成情况分析如下。

全部商品实际成本比计划成本降低额 = 本年计划单位成本计算的商品产品总成本 − 本年实际单位成本计算的商品产品总成本 = 89 900 − 90 200 = −300（元）。

全部商品产品实际成本的降低率 = 成本降低额 / 计划总成本 = −300/90 200 = −0.33%。

根据上面的分析结果可以看出，该企业全部商品产品实际成本比计划有所降低，但这并不能说明该企业已经全面完成了成本计划，因为要保证全部商品产品成本计划完成，必须保证每种产品成本计划都能完成。为此，需要按照可比产品、不可比产品和每种产品具体进行分析，可以编制全部商品产品成本计划完成情况分析表，见表 7-2-3。

表 7-2-3　全部商品产品成本分析表

金额单位：元

商品产品		实际产量		与计划的差异	
		计划成本	实际成本	升降额	升降率（%）
可比产品	甲	35 000	37 000	+2 000	+5.71
	乙	49 200	46 800	-2 400	-4.88
	小计	84 200	83 800	-400	-0.48
不可比产品	丙	6 000	6 100	+100	+1.67
全部商品产品成本		90 200	89 900	-300	-0.33

从表 7-2-3 的分析结果来看，该企业全部商品产品实际成本较计划有所降低，但从具体构成上看，虽然可比产品成本计划完成了，但其中的甲产品成本产生了超支，不可比产品丙产品的成本也产生了超支。这说明该企业并未全面完成成本计划，需要进一步分析甲、丙产品成本超支的原因。

（二）主要产品单位成本分析

进行成本分析时，不仅要分析总成本，而且要分析主要产品单位成本。主要产品单位成本表是指一种反映企业在报告期内生产的各种主要产品单位成本构成及其变动情况的成本报表。主要产品是指企业经常生产，在企业全部产品中所占比重较大，能概括反映企业生产经营面貌的产品。利用主要产品单位成本表，可以分析和考核主要产品成本计划的执行情况、单位成本的变动情况及各种主要产品的主要技术经济指标的执行情况，进而查明主要产品单位成本升降的具体原因。

对主要产品单位成本表进行分析，应结合主要产品单位成本计划、各项消耗定额、有关历史成本资料及各项技术经济指标等业务技术资料进行。

（1）主要产品单位成本变动情况的分析，是对主要产品单位成本所做的一般分析。查明单位成本实际与计划成本、上年实际成本、历史先进水平成本的差异，确定单位成本是升高还是降低，升降幅度有多大。然后，按成本项目进行对比分析，分别确定各成本项目的用量差异和价格差异，以便针对成本升高和降低的主要项目做进一步分析，使分析层层深入。

（2）主要成本项目分析。一定时期产品单位成本的高低，是与企业该时期的生产技术、生产组织的状况、经营管理水平以及采取的技术组织措施效果相联系的。因此，紧密结合企业技术经济方面的资料，查明成本升降的具体原因，是进行产品单位成本各个成本项目分析的特点。

（三）成本效益分析

成本效益分析是指将反映投入的成本指标与反映产出的生产经营成果指标进行对比分析。成本效益分析指标主要包括以下 4 个方面。

（1）每百元商品产值成本指标。在商品产品出厂价格不变的情况下，产品成本降低，就会相应地增加盈利的数额。为了把生产耗费和生产成果这两个方面的因素联系起来，综合地反映企业生产经营活动中所取得劳动耗费效益的大小，还应计算和分析每百元商品产值成本这一指标。其计算公式如下：

$$\text{每百元商品产值成本}=\frac{\text{商品产品成本}}{\text{商品产值}}\times 100$$

其中，商品产值一般是按现行出厂价格计算的，以反映企业在生产经营活动中的实际盈利水平。但在进行动态分析时，为了消除不同时期价格变动的影响，也可按不变价格计算。

每百元商品产值成本的数值愈小，说明成本效益愈大；反之，则表明成本效益愈小。利用这个指标的实际数同计划数、上期数和同行业数相比较，可以确定完成计划的程度如何，分析其动态变化，并从一定侧面反映出在同行业中成本效益情况。

（2）每百元销售收入成本费用指标。计算公式如下：

$$\text{每百元销售收入成本费用}=\frac{\text{产品销售成本}+\text{期间费用}}{\text{产品销售收入}}\times 100$$

企业生产的商品产品只有销售出去，才能实现成本费用的价值补偿，完成生产良性循环，所以，分析每百元销售收入成本费用指标具有很大的现实意义。该指标反映了企业每百元产品销售收入中的成本费用的含量，其作用是考核每百元销售收入中消耗了多少成本费用。每百元销售收入成本费用低，意味着销售盈利率高，经济效益好；反之，则经济效益低。可见，这一指标全面反映了企业生产经营过程中的各种劳动耗费的经济效益，可以鼓励企业在不断降低产品销售成本和期间费用的前提下，增加社会的有效供给，体现了社会主义市场经济的要求。

（3）销售毛利率，是指产品销售毛利与产品净收入之间的比率，其计算公式是：

$$\text{销售毛利率}=\frac{\text{销售净收入}-\text{产品成本}}{\text{销售净收入}}\times 100\%$$

销售毛利是销售净额与销售成本的差额，如果销售毛利率很低，表明企业没有足够多的毛利额，补偿期间费用后的盈利水平就不会高；也可能无法弥补期间费用，出现亏损局面，通过本指标可预测企业盈利能力。

（4）成本费用利润率。这一指标既可考核企业利润计划的完成情况，又可比较各企业之间和不同时期的经营管理水平，提高经济效益。其计算公式是：

$$成本费用利润率=\frac{利润}{成本费用}\times 100\%$$

该指标越高，表明企业为取得利润而付出的代价越小，成本费用控制得越好，盈利能力越强。

成本利润率一般分析，就是通过对各种形式的成本利润率的对比分析，揭示各种成本利润率变动情况，以及不同成本利润之间的相互关系。成本利润率一般分析的资料是企业的损益表。

项目八 成本会计与现代科技

知识目标

1. 了解大数据与财会机器人的前沿问题。
2. 通过大数据软件展示成本会计内容。
3. 通过财会机器人软件展示会计的未来发展。

技能目标

1. 能够对大数据可视化信息进行分析。
2. 能够利用RPA智能财会机器人处理各项工作事务。

思政目标

1. 培养勇于创新的拼搏精神。
2. 激发对新科技、新知识的学习兴趣。

思维导图

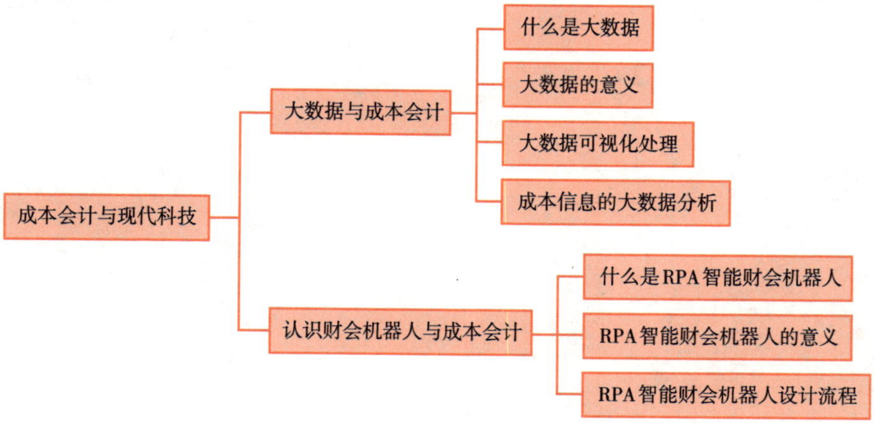

案例导入

某大型国资企业在全球各地拥有20多家分公司和子公司，公司业务主要包括供应链、地产、金融、制造业和新兴产业五大板块。公司总部在几年前打造了一个高度一体化的核心业务系统，旨在支持海内外各级分支机构的统一信息化管理。公司总部每月需要汇总各分公司和子公司的财务数据并上报至国有资产监督管理机构。对于大型的跨国企业来说，一份集合了各子公司及分支机构的合并财务报表的诞生需要经过复杂的工作流程：从最开始的数据催收、查阅汇率、科目余额汇总、合并抵消，到最后的财务报告生成以及财务核对校验……这些繁复的操作对财务人员来说虽然枯燥，但又必须执行。因此需要使用自动化技术来实现。

1.财务机器人使用流程

（1）财务机器人从财务系统中导出所需数据，并根据规则完成数据汇总和当月境内外合并数据的处理与计算，计算出期末余额，然后财务机器人对结果进行检查。

（2）财务机器人在每月初自动向各分公司和子公司的财务人员发出催收邮件，并实时监控收件箱，收集各子公司报送的月报文件。

（3）对于部分境外子公司提供的非电子化财务报告，财务机器人调用OCR处理组件对财务报表进行信息扫描和录入，使之转换为电子化财务数据。

（4）财务机器人对子公司报送的数据进行汇总。

（5）财务机器人根据整理的数据形成当月财务报告。财务人员根据监管要求将当月的财务汇总报告定时上报至国有资产监督管理机构。

2.财务报表流程自动化收益

使用财务机器人后，该企业的财务数据报表的处理效率得到很大提升，财务报表处理机器人在大约50分钟的时间内完成了原需3 000多分钟的工作量，效率提升了90%以上，财务机器人为该企业自动完成了月度财务报表汇总的全业务过程，财务数据汇总工作由原来的全人工操作转变为全机器操作。财务机器人在合并报表流程中的应用，使报表数据能够自动汇总和合并抵销，实现了财务报表的全自动生成，极大地缩短了财务报告的生成周期。

（资料来源：来臣军，喻硕，晋江涛.成本会计[M].东营：中国石油大学出版社，2020.）

案例讨论：现代科技会给人们的生活和工作带来什么变化呢？

任务一　大数据与成本会计

一、什么是大数据

大数据又被称为巨量资料，指的是所涉及的资料量规模巨大到无法透过主流软件工具，在合理时间内进行撷取、管理、处理，并将其整理成为帮助企业经营决策更积极目的的资讯。它是指需要新处理模式才能具有更强的决策力、洞察发现力和流程优化能力来适应海量、高增长率和多样化的信息资产。

二、大数据的意义

大数据技术的战略意义不在于掌握庞大的数据信息，而在于对这些含有意义的数据进行专业化处理。换而言之，如果把大数据比作一种产业，那么这种产业实现盈利的关键，在于提高对数据的“加工能力”，通过“加工”实现数据的“增值”，也可以称之为数据的可视化。

大数据时代背景下，很多单纯用脑和用笔的处理数据方式已经跟不上数据分析的需要了，因此产生了很多大数据处理软件，通过软件把想要知道的信息，清晰直观地展现出来，方便会计人员做出正确的决策，下面使用的是Power Bi大数据软件进行的展示[①]，其他操作软件，如首冠云的大数据与之相似。

通过互联网，很容易收集到上万甚至上亿条信息。例如，有3家医药公司某时期的股票数据、同期报表数据、同时期营业收入分布数据等，想知道数据之间有没有关系，很难通过肉眼识别，然而通过大数据软件制做出动图（动态图表，图表间有数据关联，可以鼠标单击查看某细节数据）后，一切就变得清晰可见。扫码见图8-1-1~图8-1-3。

图8-1-1~图8-1-3

三、大数据可视化处理

目前的大数据处理软件已经日渐成熟，开始广泛推广和应用，处理过程大致包括以下5个步骤。

（一）获得/爬取数据

通过互联网，如何使用搜索引擎搜索网上信息早已经众所周知，但是，通过各种方式获取的数据，其类型往往很多样：PDF类型的、Word类型的、Excel类型的等，它们很难统一运算，扫码见图8-1-4~图8-1-6。

图8-1-4~图8-1-6

（二）导入数据

具体操作步骤，扫码见图8-1-7~8-1-10（图片只展示导入数据的结果，软件内容比较庞大，操作比较复杂，需要在大数据软件课程中去具体学习）。

图8-1-7~图8-1-10

① 大数据可视化处理的软件和图表来自大数据应用服务平台www.vdc.pub。

（三）清洗数据

搜索到的数据不太规范，很多是不能直接使用的。例如，有的日期用的是日期格式（××××年××月××日），有的日期显示的却是数字格式；有的小标题叫“公司名称”，有的小标题却叫“公司”……所以需要统一形式，使得计算机能够识别并将它们建立联系。具体操作步骤请扫码见图 8-1-11～图 8-1-14。

图 8-1-11～图 8-1-14

（四）数据建模

数据建模是指建立数表之间数据的相互联系。对于 3 家医药公司某时期的股票数据、同期报表数据、同时期营业收入分布数据等，公司名称是它们共同的字段，也就是它们联系的纽带。具体步骤请扫码见图 8-1-15。

图 8-1-15

（五）数据可视化

数据可视化包括很多方面，可以创建各种类型的图表，以及对图表进行各种操作，从而得到不同维度的数据，具体操作步骤请扫码见图 8-1-16～图 8-1-22。

图 8-1-16～图 8-1-22

四、成本信息的大数据分析

由前面的操作可以看出，在互联网大数据环境下，面对庞大的数据量，积极学习新知识新技能是非常必要且紧迫的，运用大数据软件可以将信息可视化。同样的，成本数据也需要大数据软件的支撑。对大数据可视化信息进行分析，也必将成为成本会计人员的必备技能。

（一）通过大数据可视化分析进行采购成本管理

图 8-1-23 所示为 2016—2020 年采购成本及占营收比重。

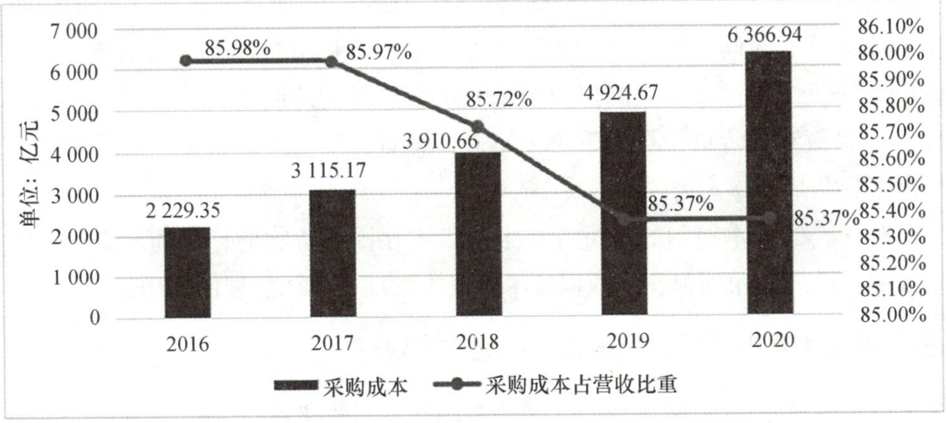

图 8-1-23　2016—2020 年采购成本及占营收比重

图 8-1-23 中是某公司披露的财务年报大数据分析结果，2016—2020 年采购成本占营业收入的比重整体呈下降态势，这说明其在控制采购成本方面取得了一定的成果。

该公司主要是通过大数据技术收集和评估供应商信息，存储供应商合作项目和供货记录，监督产品的质量和售后服务，从而更加了解供应商，建立评价指标体系，对优质和劣质供应商进行分类，再根据对商品库存量和需求量的预测，整合供应商的供应合规水平及其产品特点，快速准确筛选优质的供应商，降低交易成本。大数据技术的精确计算让它不仅拥有了庞大的采购规模和供应链利益分享机制，还形成了强大的议价能力，且凭借较少的步骤流程节约了采购成本。

（二）通过大数据可视化分析进行库存管理

图 8-1-24 所示为 2016—2020 年存货周转率。

图 8-1-24　2016—2020 年存货周转率

从图 8-1-24 中可以看出，该公司 2016—2020 年的存货周转率呈上升趋势。该公司运用大数据技术预测用户可能购买的商品和收货地址，提前备货，预先在前置仓库储存大量货物；计算商品关联度，根据储存规则将高度相关的产品放在一起；统一处理类似的出库商品，用机器学习和计算机算法代替人脑，在 2 100 万平方米的库房中迅速规划出最优拣货路径，让拣货员更便捷地将商品运出，实现减少仓储空间占用的同时，还能将货物在第一时间送至下单用户。此外，该公司利用大数据技术预测商品未来一段时间的需求量，通过对商品的历史销量和供应商供货速度进行分析，计算出各种商品的库存临界值和补货量，自助下单及时进行补货，降低了缺货成本和持有成本，极大地提高了存货周转率。

公司对于仓储成本控制的改进方式主要集中在提升货物的存货周转率以及对资金的使用效率上，成效很明显，大数据技术在其中发挥了不可忽视的作用。

（三）通过大数据可视化分析进行销售成本管理

图 8-1-25 所示为 2016—2020 年销售费用与占营收比重。

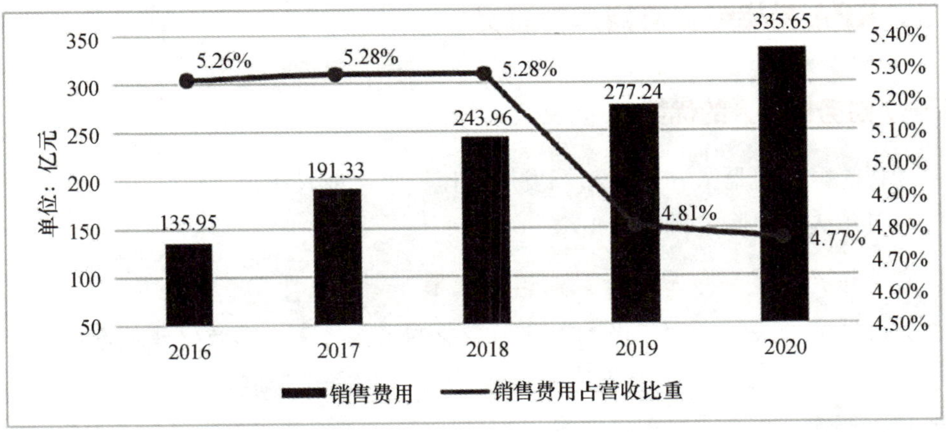

图 8-1-25 2016—2020 年销售费用与占营收比重

由图 8-1-25 中可以看出，该公司销售费用在逐年增加，但销售费用占营业收入的比重却在不断减少，这说明相对于经营规模的扩大、订单量的飞涨，销售成本有降低的迹象，这也是该公司采用大数据技术控制销售成本，从而获得明显效果。

未来企业在大数据背景下，应强化大数据在成本管理中的应用。随着市场经济的快速发展，在管理会计与互联网大数据背景下，企业财务人员处理的数据在工作量上与时间上都较之前有质的飞跃，需要利用大数据进行数据的收集、分析与预测，掌握使用大数据软件进行财务分析的能力。大数据技术在企业财务管理中将发挥巨大的作用，特别是在成本管理过程，将推动企业传统财务核算向管理型会计的转型。

任务二 认识财会机器人与成本会计

一、什么是RPA智能财会机器人

机器人流程自动化软件（robotic process automation，RPA）是指在人工智能和自动化技术的基础上建立，以机器人作为虚拟劳动力，依据预先设定的程序完成预期任务的技术，它无需改造现有系统，是独立存在的第三方软件系统。RPA可以代替人工处理复杂、重复性极高以及数量多的各项事务，从而大量减少企业的人力资源成本，提升工作效率，也可辅助工作流程当中某些环节，实现工作业务流程的自动化。

虽然财务RPA机器人顶着机器人的名号，但它并不是人们传统印象中那种实体拟人机器人，其实质是一种软件，是RPA流程自动化在财务领域中的应用。

目前的RPA财务机器人主要由 3 部分组成：机器人的眼睛——光学字符识别系统（OCR）；机器人的双手——机器人流程自动化（RPA）；机器人的账簿——电子账务记账系统。

二、RPA智能财会机器人的意义

（一）财务机器人的优势

RPA智能财会机器人在国外市场发展迅速，每年成长率近30%。目前我国也有很多企业将其引入到实际工作中。

1.它能供产销多环节应用，提高工作效率

财务机器人的投入运用，极大提升了企业的工作效率，高效完成数据的收集、录入、整理、统计工作，减少了财务工作时间，降低了财务工作成本。增值税发票管理中，财务机器人三四个小时能够干完之前一天的工作。在“以票控税”大前提下，税务局对于增值税发票管理非常严格，企业需要查询发票真伪，很多企业发票量大，整理起来非常耗时。而使用财务机器人之后，只需财务人员把增值税发票放入扫描仪中进行扫描，剩下的工作全部由它完成。配合OCR技术和Insight Tax Cloud发票查验云助手，不到一分钟的时间，它就成功查验一张发票并在Excel表中登记结果。

2.它能降低错误率，减少财务风险

机器人处理数据流程中错误率基本为0，精确度远高于人工，极大地提高了工作效率，基本上杜绝了信息失真以及财务造假的发生，保证财务信息的质量，减少偷税漏税的情况。而且，机器人完成任务的每个步骤都可以被监控和记录，甚至能够作为审计证据以满足法律的需求。

3.它能实现财务流程的标准化和智能化

计算机判断和识别信息需要将信息和流程标准化，这一过程增强了数据的质量与一致性。例如，A公司是一家航空业企业，用RPA自动化代替了人工录入和审核，同时引入了邮件自动反馈机制。RPA项目会自动审核起降费用成本核算业务的单据是否合规，对待支付已抽取的单据进行付款单的自动编制，对不符合要求的单据进行自动拒付，自动计算预提成本费用以实现成本核算。

4.提高财务增值效能，促进财务管理的发展

财务机器人优化了财务分析水平，例如，某A航空公司在差旅费审核中，除了简单核对，还实现了城市间交通费合理性的评价、识别是否存在出国及非公务票等特殊情况。

（二）财务机器人的问题

然而，财务机器人属于一种新生事物，自然有它做得还不太完善的地方。

（1）光学字符识别系统有些识别准确率达不到100%。

（2）功能尚不完善，缺乏应变能力。

（3）前期引进成本大，带来人员岗位调动所产生的损失，存在信息被盗风险。

这些问题在财务机器人发展过程中必然会被解决。RPA智能财会机器人发展的关键在于财会核算和管理流程的设计和规范，以及软件操作难易程度的降低。一方面需要流程改进，管理模块标准化和规范化，向着更适合计算机工作的方向发展；另一方面计算机编程模块化，使得编程难度降低，更利于普通财会人员进行维护和设计（下面以艺赛旗RPA财会机器人操作软件为例）。

三、RPA智能财会机器人设计流程

机器人的成本会计应用

目前的RPA智能财会机器人软件还在不断改进中，主流产品基本包含以下操作步骤。

（一）获取数据

获取数据的方式主要有通过网络平台收集企业委托数据、计算机导入自制电子表格文件、OCR扫描识别纸质文件3种方式。

（二）编制处理程序

图8-2-1～图8-2-4

总程序及登录会计网站、新增记账凭证、提取原始凭证和填入记账凭证等分程序，请扫码见图8-2-1～图8-2-4。

（三）程序试运行

试运行中，由人工启动机器人软件，单击“开始”按钮即可。从调用原始凭证，到审核原始凭证，再到提取原始凭证数据，然后登录网上凭证处理平台（如登录“好会计”网站，自动录入账号密码等），填制记账凭证，最后登记账簿编制报表，甚至进行财务分析，这些操作全部都由计算机自己完成。

（四）日常使用和维护机器人

程序编好之后，会计工作人员就变成了编程维护人员，日常只需要单击“开始”按钮，其他操作都能由机器人自主完成，极大减少了人员的重复性工作，增加了更多的管理时间和精力。对于成本会计人员来说，单击“开始”按钮，机器人可以自动收集成本数据、编制分配表、登录会计网站、填写记账凭证、登记账簿、编制成本分析报告。

财务机器人的应用和推广不可避免，基层会计人员可能将逐渐被淘汰。财务共享以及业财融合之后，人力解放出来，财务职能将向管理方向、战略层面和决策控制去倾斜。财会人员应当顺应时代，改变自己，让财务机器人辅助人们更快更好地成长进步。

附录 实训

训练一 品种法实训

一、企业基本情况

宏业公司设有两个生产车间。一车间为基本生产车间，大量生产甲、乙两种产品，根据生产工艺特点和管理要求，企业确定采用品种法计算甲、乙产品成本。二车间为辅助生产车间，该车间的制造费用通过“制造费用”科目核算。根据企业的需要，产品成本项目设置为“原材料”“燃料和动力”“直接人工”“制造费用”4个项目。各车间的人员工资采用计时工资。该企业低值易耗品采用一次摊销法。生产甲、乙产品共同耗用A材料，另外甲和乙产品分别耗用B材料和C材料。

二、20××年5月份该企业有关资料

（1）产量资料，甲、乙产品均无月初在产品，本月投产甲产品1 000件，乙产品1 200件。

（2）根据货币资金支出资料，编制的各车间有关各项货币支出的汇总表(代为原始凭证)见附表1-1。

附表1-1 货币支出汇总表

金额单位：元

应借科目			金额
总账科目	明细科目	成本或费用项目	
制造费用	一车间	办公费	10 000
		劳动保护费	10 000
		其他	5 000

续表

应借科目			金额
总账科目	明细科目	成本或费用项目	
制造费用	二车间	办公费	7 500
		劳动保护费	7 500
		其他	5 000
	小计		45 000
管理费用		办公费	10 000
		劳动保护费	5 000
		其他	5 000
		小计	20 000
合计			65 000

（3）甲、乙产品共同耗用A材料，单件甲、乙产品的A材料消耗定额分别为 4 千克和 5 千克。A材料费用按甲、乙产品的A材料消耗定额分配。

（4）按旬编制的领料凭证汇总表见附表 1-2～附表 1-4。

附表 1-2 领料凭证汇总表 20××年 05 月 1 日—10 日

项目		一车间	二车间
原材料	A	100 000	
	B	200 000	
	C	200 000	
	D		5 000
	小计	500 000	5 000
低值易耗品	E	2 000	
	F	3 000	
	G		2 000
	H		4 000
	小计	5 000	6 000
机物料消耗	I	2000	
	J	2000	
	K		1 500
	L		2 000
	小计	4 000	3 500

附表 1-3 领料凭证汇总表 20××年 05 月 11 日—20 日

项目		一车间	二车间
原材料	A	200 000	
	B	100 000	
	C	300 000	20 000
	D		10 000
	小计	600 000	30 000

续表

项目		一车间	二车间
低值易耗品	E	2 000	
	F	3 000	
	G		1 000
	H		2 000
	小计	5 000	3 000
机物料消耗	I		4 000
	J		1 000
	K	3 000	
	L	2 000	
	小计	5 000	5 000

附表 1-4　领料凭证汇总表 20××年 05 月 21 日—31 日

项目		一车间	二车间
低值易耗品		2 000	
	F	3 000	
	G		2 000
	H		4 000
	小计	5 000	6 000
机物料消耗	I	2 000	
	J	2 000	
	K		1 500
	L		2 000
	小计	4 000	3 500

（5）各车间及管理部门工资汇总见附表 1-5 所示。

附表 1-5　工资汇总表

金额单位：元

部门		应付工资					
		月标准工资	计件工资	奖金	津贴	扣缺勤工资	应付工资合计
一车间	生产工人	54 750		11 500	5 000		71 250
	管理人员	25 500		6 800	900	200	33 000
	小计	80 250		18 300	5 900	200	104 250
二车间	生产工人	24 000		5 500	2 600	100	32 000
	管理人员	16 500		4 050	850	400	21 000
	小计	40 500		9 550	3 450	500	53 000
行政管理		21 000		5 000	1 000		27 000

（6）本月甲、乙两种产品的工时记录分别为 2 275 小时和 2 475 小时。一车间生产

的甲、乙产品的工人工资按甲、乙产品的生产工时分配。

（7）外购动力费用见附表 1-6。5 月份电费共计 103 000 元，通过“应付账款”科目核算。一车间的生产用电按生产工时在甲、乙产品之间进行分配。

附表 1-6 各部门用电明细表 20××年 10 月份

金额单位：元

项目	生产用电	其他用电
一车间	114 000	20 000
二车间	32 000	30 000
行政管理		10 000

（8）5 月份各车间固定资产的折旧费用分别为：一车间 20 000 元，二车间 10 000 元，行政管理部门 10 000 元。

（9）5 月份财务费用为预提利息费用 10 000 元。

（10）该企业辅助生产费用采用直接分配法分配。本月二车间提供运输服务 101 900 吨·米，其中为一车间提供运输服务 90 000 吨·千米，为行政管理部门提供运输服务 11 900 吨·千米。

（11）该企业制造费用按产品的实际工时在甲、乙产品之间进行分配。

（12）该企业产品的消耗定额比较准确，甲、乙产品各月在产品数量变动大，采用在产品按定额成本计价法进行完工产品与在产品之间的费用分配，已知本月甲产品完工 800 件，乙产品完 1 000 件。

（13）月末各在产品的有关资料见附表 1-7。

附表 1-7 月末在产品有关资料

产品名称	所有工序	在产品数量（件）	单件在产品原材料定额费用（元）	单件在产品累计工时定额/时	单位工时定额（元/小时）		
					燃料及动力	直接工资	制造费用
甲产品	1	150	420	10	1.2	1.6	6
	2	50		20			
乙产品	1	100	560	5			
	2	100		15			

三、实务操作要求

（1）根据按旬编制的领料凭证汇总表，编制月度领料单凭证汇总表（附表 1-8）。

（2）根据领料凭证汇总表以及其他资料，编制材料费用分配表（附表 1-9）。

（3）根据工资汇总表，编制工资及福利费用分配表（附表 1-10）。

（4）根据各部门用电明细表，编制外购动力费用分配表（附表 1-11）。

（5）根据固定资产资料，编制固定资产折旧费用分配表（附表 1-12）。

（6）根据利息资料，编制财务费用分配表（附表 1-13）。

（7）根据各项费用分配表，登记辅助车间制造费用明细账（附表 1－14）、辅助生产车间生产成本明细账（附表 1－15）、基本生产车间制造费用明细账（附表 1－17）、基本生产车间生产成本明细账（附表 1－20、附表 1－21）、管理费用明细账（附表 1－23）财务费用明细账（附表 1－24）。

（8）根据辅助生产车间生产费用明细账和其他相关资料，编制辅助生产车间生产费用分配表（附表 1－16）。

（9）根据辅助生产车间生产费用分配表和其他资料，登记辅助生产车间生产费用明细账（附表 1－15）、基本生产车间制造费用账（附表 1－17）、产成品成本汇总表（附表 1－22）。

（10）根据基本生产车间制造费用明细账和其他相关资料，编制基本生产车间制造费用分配表（附表 1－18）。

（11）根据一车间制造费用分配表和其他资料，登记基本生产车间生产成本明细账（附表 1－20、附表 1－21）。

（12）根据月末在产品有关资料，编制月末在产品定额成本计算表（附表 1－19）。

（13）根据产品成本明细账和其他相关资料，计算各种产品的完工产品成本。

（14）根据产品成本明细账，编制产成品成本汇总表（附表 1－22）。

附表 1－8　领料凭证汇总表

20××年 05 月　　　　金额单位：元

项目		1 日—10 日	11 日—20 日	21 日—31 日	合计
一车间	原材料				
	低值易耗品				
	机物料消耗				
二车间	原材料				
	低值易耗品				
	机物料消耗				

附表 1－9　材料费用分配表

20××年 05 月　　　　金额单位：元

应借账户		成本或费用明细项目	间接计入			直接计入	合计
			定额耗用量（千克）	分配率	分配额		
基本生产成本	甲产品	原材料					
	乙产品	原材料					
	小计						
辅助生产成本	运输车间	原材料					
	小计						

续表

<table>
<tr><td colspan="2" rowspan="2">应借账户</td><td rowspan="2">成本或费用明细项目</td><td colspan="3">间接计入</td><td rowspan="2">直接计入</td><td rowspan="2">合计</td></tr>
<tr><td>定额耗用量（千克）</td><td>分配率</td><td>分配额</td></tr>
<tr><td rowspan="5">制造费用</td><td rowspan="2">一车间</td><td>低值易耗品</td><td></td><td></td><td></td><td></td><td></td></tr>
<tr><td>机物料消耗</td><td></td><td></td><td></td><td></td><td></td></tr>
<tr><td rowspan="2">二车间</td><td>低值易耗品</td><td></td><td></td><td></td><td></td><td></td></tr>
<tr><td>机物料消耗</td><td></td><td></td><td></td><td></td><td></td></tr>
<tr><td colspan="2">小计</td><td></td><td></td><td></td><td></td><td></td></tr>
<tr><td colspan="3">合计</td><td></td><td></td><td></td><td></td><td></td></tr>
</table>

附表 1-10　工资及福利费用分配表

20××年 05 月　　　　金额单位：元

<table>
<tr><td colspan="2">应借账户</td><td>成本或费用项目</td><td>生产工时</td><td>分配率</td><td>工资费用</td><td>计提标准</td><td>应付福利费</td><td>合计</td></tr>
<tr><td rowspan="3">基本生产成本</td><td>甲产品</td><td>直接人工</td><td></td><td></td><td></td><td></td><td></td><td></td></tr>
<tr><td>乙产品</td><td>直接人工</td><td></td><td></td><td></td><td></td><td></td><td></td></tr>
<tr><td colspan="2">小计</td><td></td><td></td><td></td><td></td><td></td><td></td></tr>
<tr><td rowspan="2">辅助生产成本</td><td>运输车间</td><td>直接人工</td><td></td><td></td><td></td><td></td><td></td><td></td></tr>
<tr><td colspan="2">小计</td><td></td><td></td><td></td><td></td><td></td><td></td></tr>
<tr><td rowspan="3">制造费用</td><td>一车间</td><td>工资及福利</td><td></td><td></td><td></td><td></td><td></td><td></td></tr>
<tr><td>二车间</td><td>工资及福利</td><td></td><td></td><td></td><td></td><td></td><td></td></tr>
<tr><td colspan="2">小计</td><td></td><td></td><td></td><td></td><td></td><td></td></tr>
<tr><td colspan="2">管理费用</td><td>工资及福利</td><td></td><td></td><td></td><td></td><td></td><td></td></tr>
<tr><td colspan="2">合计</td><td></td><td></td><td></td><td></td><td></td><td></td><td></td></tr>
</table>

附表 1-11　外购动力费用分配表

20××年 05 月　　　　金额单位：元

<table>
<tr><td colspan="2" rowspan="2">应借账户</td><td rowspan="2">成本项目或费用项目</td><td colspan="2">数量</td><td rowspan="2">分配金额</td></tr>
<tr><td>生产工时（分配率：1.2）</td><td>度数（单价：0.5）</td></tr>
<tr><td rowspan="3">基本生产成本</td><td>甲产品</td><td>燃料及动力</td><td></td><td></td><td></td></tr>
<tr><td>乙产品</td><td>燃料及动力</td><td></td><td></td><td></td></tr>
<tr><td>小计</td><td></td><td></td><td></td><td></td></tr>
<tr><td rowspan="2">辅助生产成本</td><td>运输车间</td><td>燃料及动力</td><td></td><td></td><td></td></tr>
<tr><td>小计</td><td></td><td></td><td></td><td></td></tr>
<tr><td rowspan="2">制造费用</td><td>一车间</td><td>水电费</td><td></td><td></td><td></td></tr>
<tr><td>二车间</td><td>水电费</td><td></td><td></td><td></td></tr>
<tr><td colspan="2">管理费用</td><td>水电费</td><td></td><td></td><td></td></tr>
<tr><td colspan="3">合计</td><td></td><td></td><td></td></tr>
</table>

附表 1-12　固定资产折旧费用分配表

20××年 05 月　　　　金额单位：元

项目	生产车间			行政管理	合计
	一车间	二车间	小计		
折旧费					

附表 1-13　财务费用分配表

20××年 05 月　　　　金额单位：元

应借科目	应付金额
财务费用	

附表 1-14　辅助生产车间制造费用明细账

20××年 05 月　　　　金额单位：元

月	日	摘要	工资及福利	机物料消耗	水电费	折旧费	低值易耗品	劳动保护	办公费	其他	恰计
05	31	据货币支出汇总表									
	31	据材料分配表									
	31	据工资及福利分配表									
	31	据外购动力费用分配表									
	31	据折旧费用分配表									
	31	转出制造费用									
	31	合计									

附表 1-15　辅助生产车间生产成本明细账

车间：二车间　　　　20××年 05 月　　　　金额单位：元

月	日	摘要	原材料	燃料及动力	直接人工	制造费用	合计
05	31	据材料分配表					
	31	据工资及福利分配表					
	31	据外购动力费用分配表					
	31	据辅助车间制造费用明细账					
	31	据辅助生产费用分配表					
	31	合计					

附表 1-16　辅助生产费用分配表（直接分配法）

车间：二车间　　　　20××年 05 月　　　　金额单位：元

	辅助生产部门名称	运输车间	合计
	待分配费用		
供应辅助生产部门以外单位的劳务量			
费用分配率（单位成本）			

续表

			运输车间	合计
	辅助生产部门名称		运输车间	合计
	待分配费用			
应计入账户	制造费用一车间	耗用数量		
		分配金额		
	管理费用	耗用数量		
		分配金额		
分配金额合计				

附表 1-17 一车间制造费用明细账

20××年 05 月 金额单位：元

月	日	摘要	工资及福利	机物料消耗	水电费	折旧费	运输费	低值易耗品	劳动保护	办公费	其他	合计
05	31	据货币支出汇总表										
	31	据材料分配表										
	31	据工资及福利分配表										
	31	据外购动力费用分配表										
	31	据折旧费用分配表										
	31	据辅助生产费用分配表										
	31	据制造费用分配表										
		合计										

附表 1-18 一车间制造费用分配表

20××年 05 月 金额单位：元

应借科目		生产工时	分配率	金额
生产成本	甲产品			
	乙产品			
合计				

附表 1-19 月末在产品定额成本计算表

20××年 05 月 金额单位：元

产品名称	所在工序	在产品数量	原材料		在产品工时定额	燃料及动力	工资及福利	制造费用	定额成本
			单件定额	定额费用					
甲产品	1								
	2								
甲产品合计									
乙产品	1								
	2								
乙产品合计									

附表 1-20　产成品明细账

产品名称：甲产品　　20××年 05 月　　金额单位：元

月	日	摘要	原材料	燃料及动力	直接人工	制造费用	合计
05	31	据材料分配表					
	31	据工资及福利分配表					
	31	据外购动力费用分配表					
	31	据一车间制造费用分配表					
	31	生产费用合计					
	31	产成品成本					
	31	月末在产品成本					

附表 1-21　产成品明细账

产品名称：乙产品　　20××年 05 月　　金额单位：元

月	日	摘要	原材料	燃料及动力	直接人工	制造费用	合计
05	31	据材料分配表					
	31	据工资及福利分配表					
	31	据外购动力费用分配表					
	31	据一车间制造费用明细账					
	31	生产费用合计					
	31	产成品成本					
	31	月末在产品成本					

附表 1-22　产成品成本汇总表

20××年 05 月　　金额单位：元

产成品	单位	数量	原材料	燃料及动力	工资及福利	制造费用	成本合计
甲产品	件						
乙产品	件						
合计							

附表 1-23　管理费用明细账

20××年 05 月　　金额单位：元

月	日	摘要	工资及福利	水电费	折旧费	运输费	劳动保护	办公费	其他	合计
05	31	据货币支出汇总表								
	31	据工资及福利分配表								
	31	据外购动力费用分配表								
	31	据折旧费用分配表								
	31	据辅助生产费用分配表								
	31	合计								

附表 1-24 财务费用明细账

20××年 05 月 金额单位：元

月	日	摘要	利息支出	其他	合计
10	31				

训练二 分批法实训

一、基本情况

顺风工厂是一家小批单件单步骤生产的中小型企业，成本核算方法采用分批法。该企业生产甲、乙两种产品，企业生产计划部门依据客户定单下达生产任务，按生产批号组织生产，以生产批号为成本计算对象。企业设有一个基本生产车间和一个机修辅助生产车间。该厂设有原材料、工资、制造费用等成本项目，费用按月汇总，产品成本是在一张定单的全部产品完工后才进行结算。如果一张定单有分月陆续完工情况，则按计划成本转出，待该产品全部完工后，再重新结算完工产品的总成本和单位成本。辅助生产车间不设置制造费用明细账。

二、20××年 7 月该企业的有关资料

（1）月初在产品成本资料见附表 2-1 所示。

附表 2-1 月初在产品成本资料

20××年 07 月 金额单位：元

项目	原材料	工资	制造费用	合计
0701 号	200 000	180 000	150 000	430 000
0802 号	240 000	200 000	100 000	540 000

（2）各生产批号的有关资料如下。

0701 号甲产品 100 件，5 月份投产，本月全部完工。

0802 号甲产品 150 件，6 月份投产，本月完工 50 件，未完工 100 件。

0903 号乙产品 200 件，7 月份投产，计划 8 月份完工。

0904 号乙产品 100 件，7 月份投产，本月全部完工。

（3）批号为 0802 号的甲产品的计划成本资料见附表 2-2。

附表 2-2　0802 号甲产品单位计划成本表

20××年 07 月　　　　金额单位：元

项目	原材料	工资	制造费用	合计
单位计划成本	2 930	916	2 240	6 086

（4）各部门领料情况见附表 2-3。

附表 2-3　领料凭证汇总表

20××年 07 月　　　　金额单位：元

项目		基本生产				辅助生产	制造费用	管理费用	合计
		0802 号	0903 号	0904 号	合计				
原材料	A	80 000			80 000				80 000
	B	70 000			70 000				70 000
	C	50 000			50 000				50 000
	D		150 000		150 000				150 000
	E		30 000		30 000				30 000
	F			200 000	200 000				200 000
	合计	200 000	180 000	200 000	580 000				580 000
辅助材料	H						15 000	5 000	20 000
	J					20 000			20 000
	K							5 000	5 000
	合计					20 000	15 000	10 000	45 000
低值易耗品	M					30 000			30 000
	N							5 000	5 000
	S						12 000		12 000
	X						3 000		3 000
	合计					30 000	15 000	5 000	50 000

（5）各部门的工资基本情况见附表 2-4，其中甲产品的生产工人采用计件工资，直接计入各产品批号产品的基本生产成本，各生产批号产品的计件工资见附表 2-5，甲产品的非计件工资，按计件工资额分配计入各生产批号产品成本。乙产品的生产工人采用计时工资，按生产公时分配计入各生产批号产品成本。乙产品的生产工资采用计时工资，按生产工时分配计入各生产批号产品的基本生产成本。

附表 2-4　工资结算汇总表

20××年 07 月　　　　金额单位：元

部门			应付工资					
			基本工资	加班工资	奖金	津贴	扣缺勤工资	应付工资合计
一车间	生产工人	甲产品	84 000	12 000	10 000	14 000		120 000
		乙产品	86 000	10 000	8 000	6 000		110 000
	管理人员		30 000		5 000	5 000		40 000

续表

部门		应付工资					
		基本工资	加班工资	奖金	津贴	扣缺勤工资	应付工资合计
机修车间	生产工人	76 000	3 000	6 000	5 000		90 000
	管理人员	20 000	1 000	2 000	2 000		25 000
行政管理		100 000		10 000	8 000		118 000

附表 2-5 甲产品各批号的计件工资及工时

20××年 07 月　　金额单位：元

生产批号	计件工资	生产批号	工时（小时）
0701 号	40 000	0903	20 000
0802 号	44 000	0904	30 000
合计	84 000	合计	50 000

（6）固定资产折旧计算表见附表 2-6。

附表 2-6 固定资产折旧计算表

20××年 07 月　　金额单位：元

使用部门		上月已提折旧	上月增加固定资产应计提折旧	上月减少固定资产应计提折旧	本月应计提折旧
生产车间	厂房	56 000	12 000		68 000
	设备	120 000		10 000	110 000
	小计	176 000	12 000	10 000	178 000
机修车间	厂房	50 000			50 000
	设备	20 000			20 000
行政管理		30 000			30 000

（7）7 月份用银行存款支付电费 90 800 元，水费 110 000 元。各车间、各部门本月耗用的水电量见附表 2-7。

附表 2-7 各部门耗用水电量

20××年 07 月

使用部门	用电量（度）	用水量（吨）
生产车间	278 000	51 000
机修车间	114 000	28 000
行政管理	62 000	31 000
合计	454 000	110 000

（8）生产车间用现金支付办公费 1 500 元。

（9）机修车间生产费用按各部门耗用劳务数量分配，机修车间提供的有关劳务见附表 2-8。

附表 2-8　机修车间供应劳务量汇总表

20××年 07 月

受益单位	修理工时（小时）
生产车间	34 000
管理部门	6 000
合计	40 000

（10）各批产品的机器加工工时见附表 2-9。

附表 2-9　各产品机器加工工时

生产批号	机器工时（小时）
0701 号	30 000
0802 号	20 000
0903 号	15 000
0904 号	35 000
合计	100 000

三、实务操作要求

（1）根据领料凭证汇总表和其他资料，编制材料费用分配表（附表 2-10）。

（2）根据工资结算汇总表和其他资料，编制工资及福利费用分配表（附表 2-11）。

（3）根据固定资产折旧计算表，编制固定资产折旧分配表（附表 2-12）。

（4）根据支付的水电费资料，编制水电费分配表（附表 2-13）。

（5）根据各项费用分配表和其他有关资料，登记辅助生产成本明细账（附表 2-14）、制造费用明细账（附表 2-16）、产品成本明细账（附表 2-18～附表 2-21）。

（6）根据辅助生产成本明细账和其他资料，登记辅助生产成本明细账（附表 2-15）。

（7）根据辅助生产费用分配表，登记辅助生产成本明细账（附表 2-14）。

（8）根据制造费用明细账和其他相关资料，编制制造费用分配表（附表 2-17）。

（9）根据制造费用分配表，登记制造费用明细账和产品成本明细账。

附表 2-10　材料费用分配表

20××年 07 月　　金额单位：元

项目	基本生产				辅助生产	制造费用	管理费用	合计
	0802 号	0903 号	0904 号	合计				
原材料								
辅助材料								
低值易耗品								
合计								

附表 2-11 工资及福利费用分配表

20××年 07 月　　　　金额单位：元

应借科目	生产人员工资							工资及福利				工资及福利费合计
	计件工资				计时工资			车间生产人员工资	车间管理人员工资	管理部门人员工资	福利费用	
	计件工资	分配率	应承担的非计件工资	小计	生产工时	分配律	金额					
基本生产成本	0701 号											
	0802 号											
	甲产品小计											
基本生产成本	0903 号											
	0904 号											
	乙产品小计											
	基本生产成本小计											
辅助生产成本												
制造费用												
管理费用												

附表 2-12 固定资产折旧费用分配表

20××年 07 月　　　　金额单位：元

应借科目		金额
制造费用	基本生产成本	
生产成本	机修车间	
管理费用		

附表 2-13 水电费分配表

20××年 07 月　　　　金额单位：元

使用部门	电费			水费			合计
	用电度数	分配率	金额	用水量	分配律	金额	
生产车间							
机修车间							
行政管理							
合计							

附表 2-14 辅助生产成本明细账

车间：机修车间　　　　20××年 07 月　　　　金额单位：元

月	日	摘要	原材料	工资	制造费用	合计
7	30	根据原材料分配表				
	30	根据工资福利分配表				

续表

月	日	摘要	原材料	工资	制造费用	合计
	30	根据固定资产折旧费用分配表				
	30	根据水电费分配表				
	30	根据辅助生产费用分配表				
	30	合计				

附表 2-15 辅助生产成本分配表

20××年 07 月　　金额单位：元

辅助生产部门名称			机修车间	合计
待分配费用				
供应辅助生产成本以外单位的劳务量				
费用分配率（单位成本）				
应借账户	制造费用——一车间	耗用量		
		金额		
	管理费用	耗用量		
		金额		
分配金额合计				

附表 2-16 制造费用明细表

20××年 07 月　　金额单位：元

月	日	摘要	工资及福利	辅助材料	水电费	折旧费	机修费	低值易耗品	办公费	合计
9	30	据现金付款凭证								
	30	据材料分配表								
	30	据工资及福利分配表								
	30	据水电费分配表								
	30	据折旧费用分配表								
	30	据辅助生产费用分配表								
	30	据制造费用分配表								
	30	合计								

附表 2-17 制造费用分配表

车间：一车间　　20××年 07 月　　金额单位：元

批号	机器工时（小时）	分配率	金额
0701 号			
0802 号			
0903 号			
0904 号			
合计			

附表 2-18　产品成本明细账

产品批号：0701 批　　　　投产日期：5 月
产品名称：甲产品　　　　完工日期：7 月
批量：10 件　　　　金额单位：元

项目	原材料	工资	制造费用	合计
月初在产品				
生产费用				
生产费用合计				
完工产品成本				
单位成本				

附表 2-19　产品成本明细账

产品批号：0802 批　　　　投产日期：6 月
产品名称：甲产品　　　　完工日期：
批量：15 件　　　　金额单位：元

项目	原材料	工资	制造费用	合计
月初在产品				
本月生产费用				
生产费用合计				
单位产品成本计划成本				
转完工产品成本				
月末在产品成本				

附表 2-20　产品成本明细账

产品批号：0903 批　　　　投产日期：7 月
产品名称：乙产品　　　　完工日期：7 月
批量：20 件　　　　金额单位：元

项目	原材料	工资	制造费用	合计
本生产费用				
生产费用合计				

附表 2-21　产品成本明细账

产品批号：0904 号　　　　投产日期：7 月
产品名称：乙产品　　　　完工日期：7 月
批量：10 件　　　　金额单位：元

项目	原材料	工资	制造费用	合计
本生产费用				
生产费用合计				
完工产品成本				
单位成本				

训练三　逐步结转分步法实训

一、基本情况

启明工厂设有两个基本生产车间，即一车间和二车间，大量生产甲产品和乙产品。第一车间生产甲半成品和乙半成品，第二车间将甲半成品和乙半成品加工成甲产品和乙产品。半成品通过半成品库收发，半成品发出时采用全月一次加权平均法计价。该厂为了加强管理，采用逐步结转分步法计算产品成本。该企业另设有一个辅助生产的机修车间，辅助生产车间的制造费用通过“制造费用”科目核算。产品成本项目设有“直接材料”“自制半成品”“直接工资”“制造费用”4个成本项目。各车间有关产品成本的“直接材料”“自制半成品”成本项目的费用按车间完工产品成本和本车间月末在产品数量进行分配，其他产品成本项目均按本车间完工产品成本和在产品的约当产量分配。第二车间产品成本中包括的自制半成品成本，按第一车间所产半品成本结构进行成本还原，按原始成本项目反应产品成本。

二、20××年10月份的有关资料

（1）有关各项付款凭证汇总的各项货币支出见附表3-1。

附表3-1　各项货币支出汇总表

金额单位：元

项目	办公费	劳动保护费	其他费用
一车间	5 000	6 000	4 000
二车间	6 000	3 000	2 000
三车间	5 000	3 000	5 000
管理费用	20 000	5 000	6 000

（2）本月编制的领料凭证汇总情况见附表3-2，甲产品和乙产品共同耗用A材料，本月共耗用A材料84 000元。各产品的A材料按消耗定额分别为：甲产品6千克，乙产品4千克。甲产品和乙产品共同耗用的A材料按各产品的A材料消耗定额分配，所有低值易耗品采用分期摊销法在5个月内分期摊销。甲产品和乙产品分别耗用的B材料和C材料直接计入各产品成本明细账中。

附表 3-2 材料凭证汇总表

20××年 10 月 金额单位：元

项目		一车间	二车间	三车间
原材料	A	840 000		
	B	2 000 000		500 000
	C	2 000 000		
	D			
	小计	4 840 000		500 000
低值易耗品	E	20 000	10 000	
	F	30 000	20 000	
	G			30 000
	H			10 000
	小计	50 000	30 000	40 000
机物料消耗	I	20 000		
	J	20 000		
	K		20 000	10 000
	L			20 000
	小计	40 000	20 000	30 000

（3）工资费用见附表 3-3，各车间生产工人的工资均为计时工资，各车间的计时工资按各车间生产产品的工时进行分配。

附表 3-3 工资费用表

20××年 10 月 金额单位：元

部门	生产人员	管理人员
一车间	600 000	200 000
二车间	500 000	100 000
三车间	200 000	50 000
行政管理		200 000

（4）各车间有关产品的生产工时资料见附表 3-4。

附表 3-4 生产工时资料

20××年 10 月 金额单位：小时

		工时
一车间	甲半产品	30 000
	乙半产品	20 000
	小计	50 000
二车间	甲产成品	15 000
	乙产成品	25 000
	小计	40 000
合计		90 000

(5)外购动力费用见附表3-5，各车间电费均按各车间的生产的产品成本的生产工时分配

附表3-5　外购动力费用

20××年10月

金额单位：元

部门	生产车间用电	管理部门用电
一车间	120 000	10 000
二车间	100 000	10 000
三车间	50 000	5 000
行政管理		20 000

(6)固定资产折旧费见附表3-6

附表3-6　固定资产折旧费

20××年10月

金额单位：元

项目	一车间	二车间	三车间	行政管理
折旧费用	200 000	150 000	200 000	100 000

(7) 10月份摊销本月应承担的各种低值易耗品费用。

(8)辅助生产的机修车间本月提供机修服务费发生的机修工时为10 000小时，其中为一车间提供4 000小时，为二车间提供5 000小时，为行政管理提供1 000小时。

(9)各车间的制造费用均按各车间生产产品的生产工时分配。

(10)本月初有关半成品库存结存的半成品资料见附表3-7。

附表3-7　月初半成品结存资料

20××年10月

产品	实际数量(件)	实际成本(元)
甲半成品	4 000	1 540 000
乙半成品	3 000	1 472 430

(11)月初在产品成本的资料见附表3-8。

附表3-8　月初在产品成本资料

金额单位：元

项目		直接材料	自制半成品	直接人工	制造费用	合计
一车间	甲半成品	534 400		82 000	110 000	726 400
	乙半成品	762 000		76 000	100 000	938 000

(12) 10月份各车间产量及月末在产品完工程度情况见附表3-9。

附表3-9　产量表

20××年10月

金额单位：元

		月初在产品	本月投入	本月完工	月末在产品	月末在产品完工程度
一车间	甲半成品	2 000	10 000	8 000	4 000	50%
	乙半成品	2 000	6 000	7 000	1 000	50%

续表

		月初在产品	本月投入	本月完工	月末在产品	月末在产品完工程度
二车间	甲产品	—	6 000	5 000	1 000	50%
	乙产品	—	5 000	3 000	2 000	50%

三、实务操作要求

（1）据领料凭证汇总表和其他资料，编制材料费用分配表（附表 3-10）。

（2）据工资费用资料，编制工资及福利费用分配表（附表 3-11）。

（3）据有关各部门用电情况，编制电费分配表（附表 3-12）。

（4）据固定自查资料，编制固定资产折旧费用分配表（附表 3-13）。

（5）据低值易耗品摊销资料，编制周转材料费用分配表（附表 3-14）。

（6）据各项费用分配表登记辅助生产车间制造费用明细账（附表 3-15）、辅助生产车间生产成本明细账（附表 3-17）、基本生产车间制造费用明细账（附表 3-19、附表 3-20）、产品成本明细账（附表 3-23、附表 3-24、附表 3-27、附表 3-28）。

（7）据辅助生产车间制造费用明细账，编制辅助生产车间制造费用分配表（附表3-16）。

（8）据辅助生产车间生产成本明细账，编制辅助生产车间费用分配表（附表 3-18）。

（9）据辅助生产费用分配表，登记辅助生产成本明细账（附表 3-17）、基本生产车间制造费用明细账（附表 3-19、附表 3-20）。

（10）据基本生产车间制造费用明细账，编制基本生产车间制造费用分配表（附表 3-21、附表 3-22）。

（11）据基本生产车间制造费用分配表，登记基本生产车间制造费用明细账（附表 3-19、附表 3-20）、产品成本明细账（附表 3-23、附表 3-24、附表 3-27、附表 3-28）。

（12）据一车间产品成本明细账和其他资料。登记自制半成品明细账（附表 3-25、附表 3-26）。

（13）据二车间领用自制半成品资料，登记二车间产品成本明细账（附表 3-27、附表 3-28），计入二车间产品成本。

（14）编制产成品成本还原计算表（附表 3-29、附表 3-30）。

附表 3-10　材料费用分配表

20××年 10 月　　　　金额单位：元

应借账户		成本或费用明细项目	间接计入			直接计入	合计
			定额耗用量（千克）	分配率	分配额		
生产成本	一车间	甲半成品					
		乙半成品					
		小计					

续表

应借账户		成本或费用明细项目	间接计入			直接计入	合计
			定额耗用量（千克）	分配率	分配额		
生产成本	机修车间	直接材料					
制造费用	一车间	低值易耗品					
		机物料消耗					
	二车间	低值易耗品					
		机物料消耗					
	三车间	低值易耗品					
		机物料消耗					

附表 3-11　工资及福利费用分配表

20××年 10 月

金额单位：元

应借账户			成本或费用项目	生产工时（小时）	分配率	工资费用	计提标准	应付福利费	合计
生产成本	一车间	甲半成品	直接人工						
		乙半成品	直接人工						
	小计								
	二车间	甲产品	直接人工						
		乙产品	直接人工						
	小计								
生产成本	机修车间		直接人工						
制造费用	一车间		工资及福利						
	二车间		工资及福利						
	三车间		工资及福利						
管理费用			工资及福利						
合计									

附表 3-12　电费分配表

20××年 10 月

金额单位：元

应借账户			成本或费用项目	生产工时（小时）	分配率	金额
生产成本	一车间	甲半产品	直接材料			
		乙半产品	直接材料			
	小计					
	二车间	甲产品	直接材料			
		乙产品	直接材料			
	小计					
生产成本	机修车间		直接材料			

续表

应借账户		成本或费用项目	生产工时（小时）	分配率	金额
制造费用	一车间	电费			
	二车间	电费			
	三车间	电费			
管理费用		电费			

附表 3-13 固定资产折旧费用分配表

20××年 10 月

金额单位：元

项目	生产车间				行政管理	合计
	一车间	二车间	三车间	小计		
折旧费						

附表 3-14 周转材料费用分配表

20××年 10 月

金额单位：元

应借科目			摊销金额
周转材料	一车间	低值易耗品	
	二车间	低值易耗品	
	三车间	低值易耗品	
合计			

附表 3-15 辅助生产车间制造费用明细账

××年 10 月

月	日	摘要	工资及福利	机物料消耗	电费	折旧费	低值易耗品	劳动保护	办公费	其他	合计
9	30	据付款凭证汇总表									
	30	据材料分配表									
	30	转出工资及福利分配表									
	30	据电费分配表									
	30	据折旧费用分配表									
	30	待摊费用分配表									
	30	转出制造费用									
	30	合计									

附表 3-16 辅助生产车间制造费用分配表

20××年 10 月

金额单位：元

应借科目	金额
生产成本——机修车间	

附表 3-17　辅助生产车间成本明细账

车间：机修车间　　　　20××年 10 月　　　　金额单位：元

月	日	摘要	直接材料	直接人工	制造费用	合计
9	30	据材料分配表				
	30	据工资及福利分配表				
	30	据电费分配表				
	30	据辅助生产车间制造费用明细账				
	30	据辅助生产费用分配表				
	30	合计				

附表 3-18　辅助生产费用分配表

车间：机修车间　　　　20××年 10 月　　　　金额单位：元

辅助生产部门名称			机修车间	合计
待分配费用				
供应辅助生产部门以外单位的劳务量				
费用分配率（单位成本）				
应借账户	制造费用——一车间	耗用数量（小时）		
		分配金额		
	制造费用——二车间	耗用数量（小时）		
		分配金额		
	管理费用	耗用数量（小时）		
		分配金额		
分配金额合计				

附表 3-19　一车间制造费用明细账

20××年 10 月　　　　金额单位：元

月	日	摘要	工资及福利	机物料消耗	电费	折旧费	机修费	低值易耗品	劳动保护	办公费	其他	合计
9	30	据货币支出汇总表										
	30	据材料分配										
	30	据工资及福利分配表										
	30	据电费分配表										
	30	据折旧费用分配表										
	30	待摊费用分配表										
	30	据辅助生产费用分配表										
	30	据制造费用分配表										
	30	合计										

附表 3-20 二车间制造费用明细账

20××年 10 月

金额单位：元

月	日	摘要	工资及福利	机物料消耗	电费	折旧费	机修费	低值易耗品	劳动保护	办公费	其他	合计
9	30	据货币支出汇总表										
	30	据材料分配表										
		据工资及福利分配表										
	30	据电费分配表										
	30	据折旧费用分配表										
	30	待摊费用分配表										
	30	据辅助生产费用分配表										
	30	据制造费用分配表										
	30	合计										

附表 3-21 一车间制造费用分配表

20××年 10 月

金额单位：元

应借科目		生产工时（小时）	分配率	金额
生产成本	甲半成本			
	乙半成本			
合计				

附表 3-22 二车间制造费用分配表

20××年 10 月

金额单位：元

应借科目		生产工时（小时）	分配率	金额
生产成本	甲成本			
	乙成本			
合计				

附表 3-23 产成品明细账

产品名称：甲半成品　　20××年 10 月　　金额单位：元

月	日	摘要	直接材料	直接人工	制造费用	合计
9	1	月初在产品成本				
	30	据材料分配表				
	30	据工资及福利分配表				
	30	据电费分配表				

续表

月	日	摘要	直接材料	直接人工	制造费用	合计
	30	据一车间制造费用分配表				
	30	生产费用合计				
	30	单位产品成本				
	30	完工半成品成本				
	30	月末在产品成本				

附表 3-24 产成品明细账

产品名称：乙半成品　　20××年 10 月　　金额单位：元

月	日	摘要	直接材料	直接人工	制造费用	合计
9	1	月初在产品成本				
	30	据材料分配表				
	30	据工资及福利分配表				
	30	据电费分配表				
	30	据一车间制造费用分配表				
	30	生产费用合计				
	30	单位产品成本				
	30	完工半成品成本				
	30	月末在产品成本				

附表 3-25 自制半成品明细账

产品名称：甲半成品　　20××年 10 月　　金额单位：元

月	日	摘要	收入		发出		结余		
			数量（件）	金额	数量（件）	金额	数量（件）	单价	金额
9	1	期初							
	30	入库							
	30	发出							

附表 3-26 自制半成品明细账

产品名称：乙半成品　　20××年 10 月　　金额单位：元

月	日	摘要	收入		发出		结余		
			数量（件）	金额	数量（件）	金额	数量（件）	单价	金额
9	1	期初							
	30	入库							
	30	发出							

附表 3-27 产成品明细账

产品名称：甲半成品　　20××年 10 月　　金额单位：元

月	日	摘要	直接材料	自制半成品	直接人工	制造费用	合计
9	1	月初在产品成本					
	30	据自制半成品领用凭证					
	30	据工资及福利分配表					
	30	据电费分配表					
	30	据二车间制造费用分配表					
	30	生产费用合计					
	30	单位产品成本					
	30	完工产成品成本					
	30	月末在产品成本					

附表 3-28 产成品明细账

产品名称：乙半成品　　20××年 10 月　　金额单位：元

月	日	摘要	直接材料	自制半成品	直接人工	制造费用	合计
9	1	月初在产品成本					
	30	据自制半成品领用凭证					
	30	据工资及福利分配表					
	30	据电费分配表					
	30	据二车间制造费用分配表					
	30	生产费用合计					
	30	单位产品成本					
	30	完工产成品成本					
	30	月末在产品成本					

附表 3-29 产成品成本还原计算表

产品名称：甲半成品　　20××年 10 月　　金额单位：元

项目	还原前产成品成本	本月所产半成品成本	产成品成本中半成品成本还原	还原后产成品总成本	还原后产成品单位成本
产量（件）					
还原分配率					
自制半成品					
直接材料					
直接人工					
制造费用					
成本合计					

附表 3-30　产成品成本还原计算表

产品名称：乙半成品　　　　20××年 10 月　　　　金额单位：元

项目	还原前产成品成本	本月所产半成品成本	产成品成本中半成品成本还原	还原后产成品总成本	还原后产成品单位成本
产量（件）					
还原分配率					
自制半成品					
直接材料					
直接人工					
制造费用					
成本合计					

训练四　平行结转分步法实训

一、基本情况

开元工厂设有两个基本生产车间（一车间和二车间），大量生产甲产品和乙产品。第一车间负担成品成本，成本计算采用平行结转分步法计算。该工厂还有一个辅助生产的机修车间（三车间），辅助生产车间的制造费用通过“制造费用”科目核算。产品成本项目包括“直接材料”“直接人工”“制造费用”3 个成本项目。材料在第一车间生产开始时一次投入。

二、20××年 11 月份的有关资料

（1）~（10）项业务资料见训练三逐步结转分步法实训。

（11）本月初半成品库中存放甲半成品 4 000 件，乙半成品 3 000 件。

（12）月初在产品成本资料见附表 4-1。

附表 4-1　月初产品成本资料

20××年 11 月　　　　金额单位：元

项目		直接材料	直接人工	制造费用	合计
一车间	甲半成品	1 667 350	255 840	343 210	2 266 400
	乙半成品	1 958 150	195 300	256 980	2 410 430

（13）有关产量记录见附表 4-2。

附表 4-2　产量表

20××年 11 月　　　　金额单位：元

		月初在产品	本月投入	本月完工	月末在产品	月末在产品完工程度
一车间	甲半成品	2 000	10 000	8 000	4 000	50%
	乙半成品	2 000	6 000	7 000	1 000	50%
二车间	甲产品	—	6 000	5 000	1 000	50%
	乙产品	—	5 000	3 000	2 000	50%

三、实务操作要求

（1）根据材料费用分配表、工资及福利费用分配表、电费分配表、车间制造费用分配表、二车间制造费用分配表，登记一车间和二车间的产品成本明细账（附表 4-3~附表 4-6）。

（2）根据产成品明细账，计算各车间各产品应计入产成品的份额以及月末在产品成本。

（3）编制产成品成本汇总表（附表 4-7、附表 4-8）。

附表 4-3　产成品明细账

产品名称：甲半成品
车间：一车间　　　　20××年 11 月　　　　金额单位：元

月	日	摘要	直接材料	直接人工	制造费用	合计
9	1	月初在产品成本				
	30	据材料分配表				
	30	据工资及福利分配表				
	30	据电费分配表				
	30	据一车间制造费用分配表				
	30	生产费用合计				
	30	费用分配率				
	30	产成品中本步骤的份额				
	30	月末在产品成本				

附表 4-4　产成品明细账

产品名称：乙半成品
车间：一车间　　　　20××年 11 月　　　　金额单位：元

月	日	摘要	直接材料	直接人工	制造费用	合计
9	1	月初在产品成本				
	30	据材料分配表				
	30	据工资及福利分配表				
	30	据电费分配表				

续表

月	日	摘要	直接材料	直接人工	制造费用	合计
	30	据一车间制造费用分配表				
	30	生产费用合计				
	30	费用分配率				
	30	产成品中本步骤的份额				
	30	月末在产品成本				

附表 4-5 产成品明细账

产品名称：甲产成品

车间：二车间

20××年 11 月

金额单位：元

月	日	摘要	直接材料	直接人工	制造费用	合计
9	1	月初在产品成本				
	30	据工资及福利分配表				
	30	据电费分配表				
	30	据一车间制造费用分配表				
	30	生产费用合计				
	30	费用分配率				
	30	产成品中本步骤的份额				
	30	月末在产品成本				

附表 4-6 产成品明细账

产品名称：乙产成品

车间：二车间

20××年 11 月

金额单位：元

月	日	摘要	直接材料	直接人工	制造费用	合计
9	1	月初在产品成本				
	30	据工资及福利分配表				
	30	据电费分配表				
	30	据一车间制造费用分配表				
	30	生产费用合计				
	30	费用分配率				
	30	产成品中本步骤的份额				
	30	月末在产品成本				

附表 4-7 产成品成本汇总表

产品名称：甲产品

完工产量：500

20××年 11 月

金额单位：元

车间份额	直接材料	直接人工	制造费用	合计
一车间份额				
二车间份额				
总成本				
单位成本				

附表 4-8 产成品成本汇总表

产品名称：乙产品
完工产量：300　　　　20××年 11 月　　　　金额单位：元

车间份额	直接材料	直接人工	制造费用	合计
一车间份额				
二车间份额				
总成本				
单位成本				

参考文献

[1] 来臣军，喻硕. 成本会计[M]. 东营：中国石油大学出版社，2020.

[2] 江希和. 成本会计实务[M]. 北京：高等教育出版社，2020.

[3] 吴金山. 大数据背景下基于供应链的成本控制研究[J]. 物流工程与管理，2021(11)：63-65，67.

[4] 朱力维，李想，宋航. RPA机器人流程自动化在财会领域的应用探析[J]. 中国集体经济，2022(3)：165-166.